精益管理实战丛书

流程型企业 5S攻略

Flow-type Enterprise 5S Manual

北京知为先项目管理咨询有限公司 组编

吕梁 杨志宏 方飞虎 编著

机械工业出版社
CHINA MACHINE PRESS

本书分为三篇共 9 章，简要介绍了流程型企业 5S 管理的基础知识、基本原理、常用工具和方法，详细介绍了流程型企业 5S 管理的规划与实施，推进中容易出现的问题及解决方法、5S 管理推进的成功经验，以及如何使 5S 管理在流程型企业中实现常态化，并建立长效机制。本书理论精练、语言通俗易懂，同时案例着眼于流程型企业实际，具有客观性、实践性、可操作性。

本书是流程型企业推行 5S 管理时的必备用书，也可供其他企业管理者和企业咨询师参考使用。

图书在版编目（CIP）数据

流程型企业 5S 攻略/吕梁，杨志宏，方飞虎编著. —北京：机械工业出版社，2014.4（2019.7重印）

（精益管理实战丛书）

ISBN 978-7-111-45818-0

Ⅰ.①流… Ⅱ.①吕…②杨…③方… Ⅲ.①企业管理–生产管理 Ⅳ.①F273

中国版本图书馆 CIP 数据核字（2014）第 026156 号

机械工业出版社（北京市百万庄大街 22 号　邮政编码 100037）
策划编辑：张敬柱　林运鑫　责任编辑：张敬柱　林运鑫
责任校对：申春香　　　　　封面设计：张　静
责任印制：孙　炜
保定市中画美凯印刷有限公司印刷
2019 年 7 月第 1 版第 5 次印刷
169 mm × 239 mm·18.75 印张·367 千字
9 401—10 400 册
标准书号：ISBN 978-7-111-45818-0
定价：49.80 元

凡购本书，如有缺页、倒页、脱页，由本社发行部调换

电话服务　　　　　　　　　　　网络服务
服务咨询热线：010-88361066　　机工官网：www.cmpbook.com
读者购书热线：010-68326294　　机工官博：weibo.com/cmp1952
　　　　　　　010-88379203　　金 书 网：www.golden-book.com
封面无防伪标均为盗版　　　　　教育服务网：www.cmpedu.com

精益管理实战丛书编委会

名誉主任 齐二石

主　　任 郑克杰

副 主 任 刘延齐　张永伟　杨自华

委　　员 刘爱玲　柯贤东　文　杰
　　　　　　李艳丽　谭　媛

秘 书 长 文　杰

主要编委简介

齐二石

博士、教授、博士生导师。天津大学校学术委员会副主任，天津大学管理学院原院长，国务院学位委员会管理科学与工程学科评议组成员，第五届国家863/CIMS主题专家，教育部高等学校工业工程类专业教学指导委员会主任，中国机械工程学会常务理事，中国机械工程学会工业工程分会理事长，中国创新方法研究会管理技术分会理事长，中国管理科学与工程学会副理事长，知为管理研究院名誉院长。

郑克杰

精益管理专家，IPMP国际项目管理专家，ITC国际采购与供应链管理专家、培训师。北京知为先项目管理咨询有限公司创办者、总经理，知为管理研究院院长。中国机械工程学会工业工程分会精益管理推进中心主任，中国创新方法研究会管理技术分会常务理事，拥有23年企业管理咨询、职工教育及培训工作的经验。

刘延齐

北京知为先项目管理咨询有限公司首席顾问，知为管理研究院名誉院长，北京科技大学、东北大学兼职教授、研究生导师，中钢集团资深顾问、中宇钢铁总经理。在酒泉钢铁集团工作30余年，历任酒泉钢铁集团职工大学教师、炼铁厂厂长、发展计划部部长、总经济师等职，是酒泉钢铁集团现代企业制度建设、三项制度改革、企业组织再造、作业长制推进的总设计师和领导者。

杨自华

教授级高级工程师，安全工程与技术专业博士，北京科技大学兼职教授、研究生导师，中国安全生产协会专家委员会专家，中国创新方法研究会管理技术分会理事，北京知为先项目管理咨询有限公司培训总监。

张永伟

高级经济师，北京知为先项目管理咨询有限公司咨询总监、资深培训师，中国机械工程学会工业工程分会精益管理推进中心核心专家，知为管理研究院副院长，济南钢铁集团有限公司原企管部部长。

序一 Preface

我国是全球制造业第一大国，是世界的制造业中心。但是，我国现在还不能称为制造强国，因为我们许多的关键技术还需从国外引进，我国制造企业实现的经济效益至今还不能和世界经济强国制造企业实现的经济效益相提并论。许多制造企业在迅猛发展的同时，业务量增加了，厂房规模扩大了，技术装备先进了，人员素质提升了，但生产效益却没有相应地提高，其中原因有很多，很重要的一点就是现场管理出了问题。

现场管理是企业管理的根本。企业的生产效率、生产成本和竞争优势，首先取决于现场管理水平。我国要想实现从制造业大国向制造业强国的转变，现场管理是我们不得不加以重点改善的"软肋"。

说到现场管理，就必须谈谈精益生产和工业（产业）工程。工业工程（Industrial Engineering）是世界上发展多年的技术与管理有机结合的一门工程技术，是一种通过综合治理，旨在提高企业生产率、产品质量和经济效益且行之有效的管理工程技术。精益生产是一个应用了大量工业工程知识的管理体系，是工业工程管理应用的主要代表，现在很多企业都在学习应用，而5S管理是精益生产中最基础、最有效、最可行、最直观的一个模块。

5S作为一种现场管理理念，是通过以人为本的管理和制度机制，充分发挥员工的积极性，借助现场目视化、定置管理实现低成本、高质量的有序生产，同时减少多种浪费、保障企业安全生产的一种管理方式。

无数成功的经验表明，5S管理能给企业在塑造形象、降本增效、准时交货、安全生产、标准化作业、创造清爽宜人的工作环境等方面带来显著的改善。我国不少企业多年前也采用了现场管理方法，但由于不得要领，大多数企业实施到最后，都陷入了"虎头蛇尾"，甚至"不了了之"的尴尬境地。

我认为，在我国企业推行5S管理，必须要从以下三个方面着手：

第一，理念要正确，不能照搬，一定要对我国企业的实际情况进行深入研究，进而通过管理创新实现整体管理水平的提升。5S管理的创新一定要在实践中总结，并且要经过实践的检验。

流程型企业5S攻略

第二，培训要先行。企业要实施5S管理，必须首先通过学习得到真经，做好总体规划，做好培训学习计划。另外，在IE的研究和应用上也必须进行规划。

第三，5S活动是企业文化建设的重要组成部分，可以说现场文化是形成企业文化的基础。企业推行5S管理，必须塑造一个从上到下、共同认可的价值观，再由这种价值观形成一种企业凝聚力。

本书将5S的基本原理创造性地与我国大型流程型企业的具体实际紧密结合，是一本对流程型企业现场管理有重要指导意义的专业书籍。希望这本操作性很强的书籍能成为实施现场改善的流程型企业的好教材，从事现场管理工作的专业人员的好帮手，成功推进5S管理的一盏指路灯。

中国机械工程学会工业工程分会理事长
知为管理研究院名誉院长

序二 Preface

党的十八大明确提出：以科学发展为主题，以加快转变经济发展方式为主线，是关系我国发展全局的战略抉择；要适应国内外经济形势新变化，加快形成新的经济发展方式，把推动发展的立足点转到提高质量和效益上来；更多依靠科技进步、劳动者素质提高、管理创新驱动……不断增强长期发展后劲。

如何贯彻落实科学发展观，转变经济发展方式，全面建成小康社会，实现中华民族伟大复兴的"中国梦"，已成为各级政府、企业和全国人民共同面对的宏大课题。在秉承中国特色社会主义建设道路、理论体系、制度体系基础之上，我们还需要在发展与转型的方向、目标、方法和工具体系上进行积极的探索，为转型发展提供支持。

"推行精益管理，构建精益社会"应当是我们实现科学发展、促进社会转型的有效路径、方法，也是阶段性目标之一。精益管理源于精益生产（Lean Production），是国际著名的管理研究团队在对全球数十家汽车制造企业进行比较研究后，以著名企业日本丰田的生产方式 TPS 为基础总结提炼出的全球最佳管理实践。20多年来，精益管理已经成为全球各国企业争相学习、应用，并且成效卓著的管理模式。无数企业把推行精益管理作为转型发展的方向和战略举措。目前，精益管理的应用范围已经突破了传统的离散制造行业，逐渐渗透到流程型行业、服务型行业、非盈利机构，以及政府、社区的运作和管理。

精益管理的核心是"精益思维"，就是以最小资源投入，包括人力、设备、资金、材料、时间和空间，创造出尽可能多的价值。在特定的时间，按特定的数量，提供符合客户要求的特定产品和服务，可概括为高质量、低成本、准时交付。精益的本质是在创造价值的前提下彻底消除浪费，通过持续不断的改进和创新实现资源的高效利用和利益最大化。

改革开放 35 年来，我国经济社会发展取得了举世瞩目的成就，我们用几十年的时间完成了发达国家上百年的工业化进程，经济总量已经位列全球第二，社会生产力、经济实力、科技实力迈上一个大台阶。我国经济社会在高速发展的同时，也产生和暴露了一些问题，如某些领域的生产和管理方式粗放，产品创新和技术

创新乏力，附加值低，市场竞争力不强，赢利空间狭小等。

综上所述，运用精益的思维、方法和工具改变我们的经营管理理念，改变我们的生产和生活方式，提高企业管理水平和社会资源的配置和利用效率，既适合国情，也符合经济社会发展的现实需要。

那么，我们该如何推行精益管理，最终构建一个精益化的国家呢？我认为应该从精益生活、精益工作、精益生产（服务）、精益组织和精益社会五个层面来进行。

倡导精益生活，意味着从人生价值、身心健康、幸福满足的层面提高每个公民的生命质量。这要求我们树立正确的人生观和价值观，有理想有追求，在人生目标的指引下统筹安排自己的生活；要求我们珍惜时间，珍爱生命，集中精力做好最有意义的事情；要求我们培养良好的生活习惯，强身健体，抛弃生活中的不良嗜好和不良行为，按时作息，以充沛的精力迎接每一天；要求我们回归家庭，关心他人，尊老爱幼，遵纪守法，做一个优秀的社会公民。

倡导精益工作，意味着重新审视工作的意义和目标，岗位的责任和义务，工作的流程、制度和标准，团队的配合和协作，完美体现岗位工作的价值，并获得自身的职业发展和事业成功。这要求我们拥有职业化的工作心态，投入产出的价值思维，下道工序就是顾客的责任感；要求我们坚守质量第一、追求极致的工作要求，杜绝一切拖延时间和效率的观念，不查出原因绝不放过的问题解决意识，一切皆有可能的改善和创新习惯，持续改进、尽善尽美的改善精神。

倡导精益生产（服务），意味着面向顾客需求定义产品和服务价值，设计科学、高效的价值创造流程，按顾客的要求在特定的时间，提供特定数量并满足客户要求的产品（服务）。这要求我们用精益思维转变我们的经营理念，研究并准确把握客户的需求，与时俱进地整合营销、研发、设计和产品实现过程，高效率地响应顾客需求；要求我们从整个产业链和企业供应链的高度审视优化产品与服务的价值创造流程，持续消除系统浪费，降本增效，最大程度地彰显客户价值；要求我们更全面地关注利益相关者，关注企业、组织、社会及自然环境的和谐发展，更好地履行社会责任，做合格的企业公民。

倡导精益组织，意味着无论是企业、社团、学校、医院、政府或者是军队，都要用精益思想和精益思维进行组织的建设和运行管理，为社会提供完美的产品和服务。这要求我们要进一步明确组织使命，厘清组织愿景，明晰组织战略；要求我们不断优化和精简组织结构，设计科学合理的管理流程、业务流程和服务流程，强化组织功能，提高组织效率；要求我们积极适应快速变化的生存环境，推进组织变革，提高组织柔性；要求我们不断发现和消除组织中的各种浪费，包括资源浪费、沟通浪费、时间浪费和作业浪费等，不断提升组织效能；要求我们尊重人性，以人为本，不断激发组织成员的潜能，倡导自主管理，实现无为而治。

倡导精益社会，意味着从社区、城市、国家甚至全球层面，从建设美丽家园，构建理想社会，实现人与自然和谐发展的高度，统筹经济建设和社会治理。这要求我们建立基于全球生态的系统思维，正确处理人与自然、生产与生活、资源利用与环境保护的关系，尊重自然规律，约束和规范人类行为；要求建立生态链、产业链、供应链的系统思维，审视并不断优化我们的需求结构、生产结构和消费结构，消除价值创造和公共管理中的各种浪费，最大程度地提高资源的配置效率和利用效率；要求我们统合精益生活、精益工作、精益生产（服务）和精益组织，打造幸福、和谐、富足、高效的美好社会。

提笔作序之前，我接到国家某部委机关事务管理局的咨询电话。该局领导欣闻包钢集团推行精益管理给企业带来了翻天覆地的变化，就想了解一下精益管理是否可以应用于机关事务，借以推动政府工作的转型。我的回答是肯定无疑的，同时说明推行精益管理在打造一流机关和社区环境，精简管理及事务流程，提高工作效率，改进工作作风，保证工作和服务质量等方面，肯定会收到意想不到的效果。

作为一个致力于精益管理推广应用的专业咨询机构，当看到越来越多的企业和组织在关注精益、学习精益、尝试精益、运用精益和赞美精益，看到越来越多的企业和组织借助精益实现了管理变革和转型发展，并取得了引人注目的效果和效益时，我们感到无比的自豪和欣慰。这不仅仅是因为我们的工作为客户带来了帮助和收获，赢得了社会的尊敬和认可，更重要的是，我们从精益管理实践中体验了精益的思维之美和力量之美。

5S是迈向精益管理的基石。这本《流程型企业5S攻略》，是知为咨询"精益管理实战丛书"中的第一本。编著者都是知为咨询的核心专家和咨询顾问，他们集精益生产的理论、方法和丰富的一线实战经验于一身。几位专家牺牲宝贵的休息时间，认真梳理、分析、总结知为咨询数年来的咨询案例，编写了这本通俗易懂、结构严谨、图文表单并茂、实用性很强的专业书籍，可为我国流程型企业在学习、推行5S时提供参考。

在此，向参与此书编著的组织者、作者、编辑表示衷心的祝贺和感谢！也向为本书编写提供素材支持的老客户们表示衷心的感谢！

构建精益社会，我们在路上！

中国机械工程学会工业工程分会精益管理推进中心　主　任
北京知为先项目管理咨询有限公司　总经理

前言
Foreword

目前，市场上有关5S管理知识的书籍很多，但与流程型企业5S管理相关的参考书却未见一本。这些年，我们深深扎根于流程型企业，潜心探索、研究大中型流程型企业的5S管理，将5S管理理论与企业的现场实际紧密结合。通过我们努力钻研、不断创新，无论在理论上还是实践中，都积累了丰富的经验，实现了新的突破。实践证明，流程型企业要想走精益管理之路，必须做好企业的基础管理，而5S管理恰恰是夯实企业基础管理的科学而有效的手段。没有扎实的基础管理，一切现代化管理都无从谈起，所以，5S管理是精益管理的基石。

伴随着我国流程工业的快速发展，流程型企业的竞争日趋激烈。受原材料价格波动及主要产品供求关系的影响，流程型企业产品成本大幅度上升，利润空间逐渐缩小，大中型流程型企业纷纷转向降本增效、内部挖潜、调整产品结构的发展道路。产品品种的多样化、产品质量的高标准化和企业之间竞争的白热化等问题，导致流程型企业需要面临快速交付产品、为客户提供高质量产品的挑战。这就要求企业管理者在进行生产、设备、安全、技术、质量、成本、效益管理时，应牢牢抓住企业现场5S管理。因为只有搞好现场管理，才能赢得市场。

当今，面对竞争激烈的市场环境，流程型企业既承受着市场的压力，同时又面临着新的机遇。面对压力和机遇，企业应当学会转型发展，导入和推行5S管理，夯实基础，转变效益增长方式，变粗放式管理为精益管理，这是大中型流程型企业面对市场的必然选择。

针对目前流程型企业连续生产的特性、现场情况复杂、管理粗放、浪费严重的现状，作者依据多年从事流程型企业管理的经验，提出符合流程型企业实际的现场管理思路和方法，旨在通过现场持续改善，实现员工素养的提升，以此增强企业的核心竞争力。

本书是国内一本专门针对流程型企业推行5S管理的专业图书，填补了流程型企业5S管理类图书的空白，其核心内容包括流程型企业5S管理的规划与实施，推进中容易出现的问题及解决方法，5S管理推进的成功经验，以及如何使5S管理在流程型企业常态化、实现长效机制。本书理论精练，语言通俗易懂，所举的企业案例着眼于流程型企业实际，具有客观性、实践性、可操作性。本书还编入了丰富的钢铁等企业案例，可作为拿来即可学习运用的工具书。

　　本书在编写过程中，得到了包钢集团、河北钢铁集团承德钢铁公司、河北迁安市九江线材有限公司、唐山东华钢铁公司、五矿集团、石家庄公交集团等企业的大力支持，在此深表感谢。期望本书能开启流程型企业精益管理之门，对流程型企业管理提升起到一定的推动作用，并为这些企业实施精益管理提供切实的帮助。

　　由于作者水平有限，书中难免有不妥和错误之处，欢迎广大读者批评指正，来信请发至：pdcalean@126.com。

编　者

目录
Contents

序一

序二

前言

基 础 篇

第1章 5S管理基础知识

1.1 5S概述 /4
    1.1.1 5S的起源 /4
    1.1.2 从《弟子规》看5S /5
    1.1.3 5S的含义 /6
    1.1.4 5S在中国的发展 /7

1.2 5S的作用 /8
    1.2.1 5S管理是企业最基础的管理 /8
    1.2.2 5S管理是企业改变面貌、员工提升素质的良药 /8
    1.2.3 5S管理为企业健康和持续发展奠定基石 /9
    1.2.4 推行5S管理对流程型企业生存和发展有特殊的意义 /11

第2章 5S管理基本原理

2.1 整理 /14
    2.1.1 整理的定义 /14
    2.1.2 整理的目的 /14
    2.1.3 整理的要领 /15

    2.1.4　整理的注意事项　/17
2.2　整顿　/18
    2.2.1　整顿的定义　/18
    2.2.2　整顿的目的　/19
    2.2.3　整顿的要领　/19
    2.2.4　整顿的注意事项　/20
2.3　清扫　/21
    2.3.1　清扫的定义　/21
    2.3.2　清扫的目的　/21
    2.3.3　清扫的要领　/22
    2.3.4　清扫的注意事项　/24
2.4　清洁　/25
    2.4.1　清洁的定义　/25
    2.4.2　清洁的目的　/25
    2.4.3　清洁的要领　/26
    2.4.4　清洁的注意事项　/35
2.5　素养　/37
    2.5.1　素养的定义　/37
    2.5.2　素养的目的　/37
    2.5.3　素养的要领　/37
    2.5.4　素养的注意事项　/39
    2.5.5　素养的案例　/39

第3章　5S管理常用工具和方法

3.1　红牌作战　/44
    3.1.1　红牌作战的目的　/44
    3.1.2　红牌作战的定义　/44
    3.1.3　实施步骤　/44
    3.1.4　注意事项　/45
3.2　定点摄影　/45
    3.2.1　定点摄影的概念　/45
    3.2.2　定点摄影的作用　/46
    3.2.3　注意事项　/46
3.3　检查表单　/46
3.4　油漆作战　/47
    3.4.1　油漆作战的原因　/47
    3.4.2　油漆作战的意义　/47

　　3.4.3　实施步骤　/48
3.5　抹布作战　/49
3.6　引线作战　/49
　　3.6.1　引线作战的定义　/49
　　3.6.2　引线的标注要求　/49
　　3.6.3　标注引线的材料　/50
　　3.6.4　标注尺寸的大小　/50
　　3.6.5　引线标注的画线方法　/51
3.7　标识牌战　/51
　　3.7.1　标识牌战的定义　/51
　　3.7.2　标识牌战的目的　/51
　　3.7.3　标识牌战的对象　/51
　　3.7.4　实施步骤　/52
　　3.7.5　设备标识　/54
3.8　现场巡视　/54
3.9　目视管理　/54
　　3.9.1　目视管理的定义　/54
　　3.9.2　目视管理的作用　/55
　　3.9.3　目视管理的内容　/55
　　3.9.4　目视管理的水准　/57
　　3.9.5　目视管理的实施工具　/58
　　3.9.6　注意事项　/62

实　践　篇

第4章　流程型企业推进5S实务

4.1　流程型企业特性　/68
　　4.1.1　流程型企业行业特性　/68
　　4.1.2　流程型企业对现场管理的需求　/69
4.2　流程型企业推进5S方案设计及九大步骤　/71
4.3　成功推行5S必须遵循的十大原则　/82
　　4.3.1　"一把手"工程和全员参与相结合　/82
　　4.3.2　必要投入和软实力提升相结合　/82
　　4.3.3　制订明确的5S目标　/83
　　4.3.4　建立合理的评价考核机制　/83

4.3.5　5S 推进必须以绩效为导向　/83

4.3.6　以循序渐进的方式逐步推动 5S　/83

4.3.7　灵活运用 5S 活动的各种技巧与手法　/83

4.3.8　以惠及员工为出发点　/84

4.3.9　借用外部因素，短期内实现效果　/84

4.3.10　坚持不懈地进行 5S 活动　/84

第 5 章　5S 管理的体系建设

5.1　5S 管理组织　/86

　　5.1.1　5S 管理推进的组织　/86

　　5.1.2　各级组织推进的职责划分　/87

5.2　5S 管理制度　/88

5.3　5S 管理标准　/88

　　5.3.1　5S 管理标准的设计原则　/88

　　5.3.2　5S 管理标识标准　/91

　　5.3.3　5S 管理检查标准　/105

5.4　5S 管理闭环　/112

第 6 章　5S 推进的员工自主改善

6.1　什么是自主改善　/114

　　6.1.1　自主改善提案的概念和范围　/114

　　6.1.2　自主改善提案的分类　/114

6.2　企业开展自主改善的步骤　/115

6.3　如何开展自主改善提案活动　/116

　　6.3.1　检查开展现场改善、培养员工自主改善意识　/116

　　6.3.2　班组长带头示范、立足岗位进行改善　/116

　　6.3.3　按流程开展提案活动、及时进行评价奖励　/116

6.4　自主改善提案的评审组织机构及其职责　/117

　　6.4.1　5S 管理推进委员会职责　/117

　　6.4.2　5S 管理推进办公室职责　/117

　　6.4.3　企业各基层单位 5S 管理推进组织的职责　/118

6.5　自主改善成果申报程序　/118

6.6　自主改善成果的评审和发布　/118

　　6.6.1　自主改善成果的评审　/118

　　6.6.2　自主改善成果的发布　/120

6.7　做好自主改善的要点与案例　/120

第 7 章　5S 推进的配套活动

7.1　知识竞赛活动　/143

7.2　漫画、摄影、书法、感言大赛　/143

7.3　演讲比赛　/146

7.4　安全小品大赛活动　/149

经 验 篇

第 8 章　5S 推进中的常见问题及注意事项

8.1　5S 推进中容易出现的问题　/154

  8.1.1　5S 推进很容易内部整体发展不平衡　/154

  8.1.2　对 5S 推进存在认识偏差，理解不深、浮于表面　/154

  8.1.3　对固化和保持认识不足，5S 管理的长效机制未形成　/154

  8.1.4　专业管理与 5S 推进组织工作关系的转换　/155

  8.1.5　厂容环境与 5S 推进同时并举　/155

8.2　5S 推进中的注意事项　/155

  8.2.1　提高认识，发挥好企业中层干部在 5S 推进中的作用，防止中间堵塞　/155

  8.2.2　按项目管理的规律推进 5S　/156

  8.2.3　坚持以人为本的改善，把惠及员工的事情放在首位　/156

  8.2.4　5S 推进过程中，咨询公司与企业密切配合　/156

  8.2.5　企业推行 5S，适当的投入是必要的　/156

8.3　流程型企业推行 5S 的要点　/157

第 9 章　5S 推行成功的经验与案例

9.1　5S 成功推进的基本思路　/161

  9.1.1　不断提高对 5S 推行的认识　/161

  9.1.2　有效推行 5S 的原则　/161

  9.1.3　5S 管理必须与专业管理结合　/162

  9.1.4　大型钢铁企业成功推行 5S 的要领　/162

9.2　5S 成功推进的经验　/164

  9.2.1　培训引导，标准先行　/164

  9.2.2　分类要求，重在参与　/165

  9.2.3　投资改善，源头治污　/166

9.2.4 资源配置，员工受益 /167
9.2.5 现场指导，及时见效 /167
9.2.6 规范验收，严肃认真 /168
9.2.7 树立样板，以点推面 /169
9.2.8 领导亲为，显示威力 /170
9.3 流程型企业成功推行5S的案例 /172

附录

附录A 钢铁企业现场改善图片 /245
附录B 5S管理知识测试题 /277

参考文献

ow-type Enterprise 5S Manual

基础篇

Chapter 1

第1章

5S管理基础知识

1.1　5S概述

1.1.1　5S的起源

关于5S的起源，学术界众说纷纭。一种说法是，该思想的雏形起源于《弟子规》。《弟子规》原名《训蒙文》，是清朝李毓秀（1662～1722）以《论语·学而篇》"弟子入则孝，出则悌，谨而信，泛爱众，而亲仁，行有余力，则以学文"为中心编纂而成的。全书分五个部分，具体列述了弟子在家、出外、待人、接物与学习上应该恪守的守则规范。后经清朝贾存仁修订，改名《弟子规》。在《弟子规》一书中，可以清晰地领略到5S的精髓和内涵。

《弟子规》这本书，在中国影响之大、读诵之广，仅次于《三字经》。它于1722年出现，比1911年美国弗雷德里克·温斯洛·泰勒出版的《科学管理》早189年，比1986年日本的5S著作问世早264年。这些文献足以证实，"整理、整顿、清扫、清洁、素养"这后来被日本人归结为5个S的实际内涵应该最早起源于中国。

5S起源的第二种说法是，该思想起源于日本18世纪的江户时代。200多年前，日本江户时代的人以捕鱼为生，在渔船上狭小的空间生活久了，往往习惯性地抛掉那些不需要的东西，以追求环境的整洁及空间，这套生活管理哲学应用于今日，便成为企业管理的5S。

有关5S起源的第三种说法是，它起源于日本，最先在这方面研究和重视的是制造业方面的质量管理专家。20世纪四五十年代前，日本制造的工业产品因品质低劣，在欧美市场上只能摆在地摊上卖，面临被市场淘汰的命运。为此，日本企业认识到只有提升产品质量，抢占国际市场，才能走出困境。这一时期日本的许多质量管理专家纷纷从现场管理的角度，提出了很多有利于提高产品质量的实质性做法。比如：各种物品按规定，定量摆放整齐；经常对现场物品实施盘点，区分有用和没用，没用的坚决清除；确定物品的放置场所，规定摆放方法；对工作场所经常打扫、清除脏污，保持干净整洁。

从以上几种说法中可以看出5S管理的发展雏形，这为5S管理最终形成体系和发展创造了条件。

1950年，日本劳动安全协会提出"安全始于整理整顿，终于整理整顿"的宣传口号，当时只推行了5S中的整理、整顿，目的在于确保生产安全和作业空间。后来因生产经营的需求和管理水平的提升，才继续增加了其余3个S：清扫、清洁、素养，从而形成目前的5S管理构架。管理的重点也由关注环境品质扩展到关注人的行为品质，在安全、卫生、效率、质量及成本管理方面得到进一步改善。

1986年，世界上第一本5S著作问世，作者是日本的古谷诚。这本书的面世对整个日本现场管理模式起到了冲击作用，由此掀起了5S热潮，使5S后来发展成为企业改变现场管理中的一种有效管理模式。到1995年，5S管理开始正式地传入中国。

1.1.2 从《弟子规》看5S

5S的各项要求，都可以从《弟子规》中寻找到相应的内容。

1）5S中整理的意思是：要与不要，一留一弃。在日常工作中要分清需要的东西和不需要的东西，需要的东西留在我们身边，不需要的东西放置在仓库、扔掉或妥善处理。

《弟子规》云："亲所好，力为具，亲所恶，谨为去。"意思是父母喜欢、需要的东西，一定要尽力替他们准备好；父母讨厌的东西，一定要小心地处理掉。这是对我们思想意识的整理，可以引申到生产现场中，需要的各种物料、工具、设备等要准备好，长期不需要的物料、工具、设备等放在仓库里或处理掉，这样主管也一定会欣赏你。同样，在市场上，客户需要的产品，我们就要生产，不需要的产品，就要停止生产。

2）5S中整顿的意思是：科学布局，方便快捷，能在30s内能找到要找的东西。也就是对需要的东西，分类定置摆放。

《弟子规》中讲："置冠服，有定位，勿乱顿，致污秽。"意思是脱下来的衣服和帽子，要放置在一个固定的地方，不能到处乱丢，以免把衣帽弄脏。"列典籍，有定处；读看毕，还原处。"意思是存列各种书籍、文件资料等，要有固定的地方；阅读完一本书，一定要放回原处，这样便于下次查找。这些理念可以引申到生产现场中，原材料、半成品、成品及工具要放在固定的位置，各种工具使用后，放回原来位置，目的是使下次寻找时间为零。

3）5S中清扫的意思是：清扫环境、擦拭设备。不仅要清扫地面、设备、产品等，还要扫除我们头脑中的消极思想、不良习惯，并通过清扫来发现和解决问题。

《弟子规》指出："房室清，墙壁净；几案洁，笔砚正。"意思是房间里要收拾清理，摆放整齐，墙壁要保持干净；桌子要保持整洁，笔墨纸砚等文具要摆放端正。同样可以引申到办公和生产现场中，车间的门窗、墙壁要清扫，操作台、使用工具、材料、产品要保持干净，摆放端正，不歪斜，同时还要扫除我们头脑中旧思想、旧习惯。

4）5S中清洁的意思：制定制度，检查评比。巩固和维持前3个S的结果，做到规范化、标准化，必须落实到制度。再深一步说，这不仅要做到形体上的"清洁"，还要做到精神上的"清洁"。

《弟子规》中讲："衣贵洁，不贵华；上循分，下称家。"意思是穿衣服贵在整洁大方，而不在于华丽；不但要符合自己的身份，还要和自己的家庭条件相适合。

这是5S形体上的清洁。《弟子规》中又讲："见人恶，即内省；有则改，无加警。"意思是看到了别人的恶行，要立刻反省自己。如果发现自己也有，就要马上改正；如果没有，也要引起警惕，防止自己犯同样的过错。这就是5S精神中的清洁。引申到生产现场中，不仅要做到物品、环境上的清洁，同时，员工本身也要保持清洁。除工作服、仪表要保持整洁外，还要及时理发、刮须、修指甲、洗澡等，保持良好的个人卫生。同时还要做到精神上"清洁"，如讲话要有礼貌，要尊重别人。

5）5S中素养的意思是：养成习惯，主动改善。素养是5S的核心，要求员工严格遵守规章制度，养成良好的习惯或作风，形成和谐的团队。提到养成良好习惯，能做到《弟子规》中所提到的任何一点都是一个非常好的习惯。

《弟子规》一文中很多话都含有与5S中素养相通的内容。如《弟子规》总序中："首孝悌，次谨信。"意思是首先在日常生活中，要做到孝顺父母，友爱兄弟姐妹。其次在一切日常生活中，行为要小心谨慎，言语要讲信用。孝敬父母是做人的天德，也是事业成功的基础。试想，如果一个人连他的父母都不孝敬，在企业里，他怎能团结他人，融入一个和谐团队？凡是这样的人，无论是老板、管理者还是员工，人们都会远离他，不信任他，不重用他。《弟子规》里还有一句经典："身有伤，贻亲忧；德有伤，贻亲羞。"意思是我们身体受伤了，会给父母带来忧愁。我们品德有了缺失，会让父母感到羞辱。无论做什么事情，我们要把安全放在第一位，不让父母操心。做好5S也是员工生命安全的基本保证。

1.1.3　5S 的含义

所谓5S，是指对生产现场各种要素所处状态不断进行整理、整顿、清扫、清洁和持续提高人的素养的活动，是一种现代企业管理模式。由于整理（Seiri）、整顿（Seiton）、清扫（Seiso）、清洁（Seiketsu）和素养（Shitsuke）这5个词在日语的罗马拼音中第一个字母都是"S"，所以简称为5S（见表1-1）。5S可以说是教育、启发、养成良好工作习惯，以获得高品质工作环境、工作成果的最有效的方法。

表1-1　5S的基本含义

5S	日语拼音	改善对象	典型活动	目标
整理	Seiri	空间	定期处置不用的物品	简洁整齐的工作环境
整顿	Seiton	时间	标准：30s内就可以找到所需要的物品	一目了然、高效率、防错、安全的工作环境
清扫	Seiso	环境和设备	自己的区域自己负责清扫	整洁、高品质的工作环境、生活环境
清洁	Seiketsu	标准和制度	每天5S活动制度化	完备良好的管理体系
素养	Shitsuke	行为和习惯	严守规定、养成习惯	全员参与、形成自觉按5S要求做事的企业文化

5个S之间并不是相互独立，而是彼此关联，缺一不可的。整理、整顿、清扫是进行日常5S活动的具体内容；清洁则是对整理、整顿、清扫工作的规范化和制度化管理，以便能够保持前3S已经取得的良好状态和水平，使整理、整顿、清扫工作得以持续改善；素养则是要求员工建立自律精神，养成自觉进行5S活动的良好习惯。5个S之间的关系如图1-1所示。

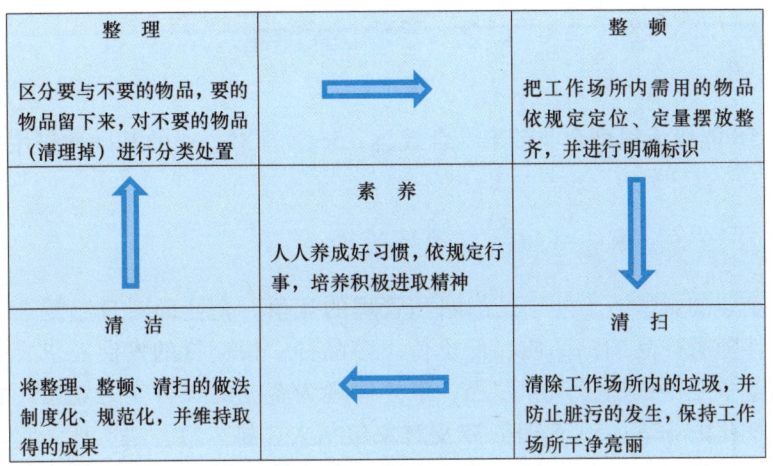

图1-1　5个S之间的关系

1.1.4　5S在中国的发展

日本企业将5S活动作为工厂管理的基础，推行各种质量管理手法，使日本在第二次世界大战后产品质量得以迅速提高，从而奠定了其世界经济大国的地位。

QCC（Quality Control Circle的缩写），中文意思是品质管制圈，简称品管圈，其差不多是与5S同一时代出现的日本企业内实施现场管理的方法。早在1978年QCC就已经传入我国，相比之下，5S传入我国相对较晚。1995年初，香港工业署邀请何广明教授介绍5S，至此，香港的工商界才开始有人知道5S是怎么回事，一些精明的老板开始领悟了其中的奥妙，并不断地让企业改变。

近年来，随着我国改革开放的不断深入和经济全球化进程的不断加快，特别是我国加入了WTO后，来华投资的外国企业越来越多，5S在外资企业，特别是日资企业中普遍推行。据有关资料显示，目前我国有88.2%的日资和台资企业将5S纳入到日常工作中，68.7%的港资企业正在推行5S。长江三角洲和珠江三角洲有70.1%的企业了解5S或者正在推行5S，但真正系统有效地推行5S管理工作的企业还不到30%。

5S进入中国后，这种"认真对待每一件小事，有规定按规定做"的管理方式，引起了我国管理界的普遍重视。国内知名企业，如美的、海尔、正泰等都先后导入这项活动，并取得了预期的效果。

随着5S在中国的推广，现在许多企业将5S进行了扩充，在原有的基础上增加了节约（saving）、服务（service）、客户满意度（satisfaction）等内容，例如，海尔公司在推行5S的基础上又增加了安全（Safety）形成了"6S"。

1.2　5S的作用

推进5S能给流程型企业带来综合效益，5S管理对企业的基础性作用也是不可估量的。

1.2.1　5S管理是企业最基础的管理

当今企业的竞争，不外乎是战略和管理的竞争。企业面对日趋复杂多变的市场环境，伴随着产品的高品质、低价位、多品种、快交货的发展要求，企业与企业之间竞争变得更加激烈和残酷，最终体现为企业的综合实力竞争，管理的竞争，企业文化的竞争。5S管理的涉及对象包括人、机、料、法、环，它是企业管理的基石，是夯实企业基础管理的杀手锏。它能够帮助解决企业的内部问题，减少浪费、提高效率、提振员工的士气，帮助企业员工改变心智模式，养成遵守纪律的良好习惯，有利于培育企业的管理文化，形成有素养的团队精神，是企业导入任何先进管理模式必须扎实做好的基础管理。

万丈高楼平地起，我们只有把高楼的根基做稳、打牢，楼房才能越盖越高。5S就像是高楼的地基，只有把最基础、最本质的管理做好，企业才会有发展壮大的基础。

1.2.2　5S管理是企业改变面貌、员工提升素质的良药

1.2.2.1　人造环境、环境育人

5S是环境与行为建设的管理文化。对于5S管理来讲，第一步改进就是从改善企业的生产环境和工作环境开始的。通过人对环境的改变和创造，营造一个整洁、有序的良好氛围，而人又在这个美好的环境中受到感染，行为得到改变，素养得到提高，养成遵守纪律的良好习惯，进而在工作中按照标准化进行作业，提高工作效率，提升团队业绩。

1.2.2.2　开展5S管理，提升企业品质文化

5S管理主要是通过企业自上而下的全员参与，从最基本的整理、整顿、清扫、清洁、素养做起，倡导从小事做起、从细节做起，形成"人人有事做，事事有人管"的管理文化，全面提升企业的效率、品质、安全、形象和竞争力，降低生产成本、消除浪费、改善工作环境，创建优良的企业文化。

1.2.2.3　5S 始于素养，终于素养

5S 管理的最终目标是提升员工的素养，在实践中培养人的严谨周密的思维；培养员工遵章守纪、执行企业制度、按标准化操作、积极自主改善和自主管理，打造让员工有成就感和归属感的企业；使得员工在工作过程中心情舒畅的同时，培养员工以厂为家的情感，提高员工的进取精神，使企业的竞争力从员工层面上得到全面提升。

1.2.3　5S 管理为企业健康和持续发展奠定基石

1.2.3.1　5S 是企业提高品质、提升形象、扩大影响的必由之路

企业是生产产品的经济组织，一个企业能否在激烈的市场竞争浪潮中站稳脚跟，顺利健康地发展，取决于企业高品质的管理。而 5S 管理是企业各项管理的基础活动，它有利于消除企业在持续发展中可能面临的诸多不良影响。5S 管理在推进过程中，经过整理、整顿、清扫的基本活动，进而形成制度化、标准化的规范，最终提升员工的职业素养，夯实企业基础管理，促进企业各项管理的提升。

5S 管理可以打造整洁清爽的一流工作现场，不但能激发企业员工和领导的活力，鼓舞员工士气和坚韧员工的意志，还能改变企业的外部形象，增强企业的责任感，提高客户的满意度，使企业迅速提升知名度，在竞争中和行业中脱颖而出，保持基业常青。

案例　海尔的洗手间与订单

在参观海尔时，工作人员曾向我们讲述了这样一个故事：一家日本公司准备在中国投资，在考察了 60 多家中国企业后，决定与海尔合作。事后日本这家公司的老板说了一个极简单的原因：他在参观海尔公司生产线的时候，趁人不注意摸了一下备用模具，竟未见一丝灰尘。就凭这点，这位日本老板用没沾灰尘的手与海尔签了合同。

还有一次，另一家日本公司的客商来海尔谈判，他们考察了车间与物流，也去了研发部，可回到会议室谈来谈去，就是拿不定主意。这时，这家商社的社长似乎想起了什么，说休息一会儿，就去了卫生间。回来后他二话没说就签了协议。后来，海尔的谈判人员才知道，说休息的社长去海尔的卫生间"检查卫生"去了，他去摸了摸让人最容易忽视的灯泡是否干净，或许他的逻辑是这样的：如果海尔连卫生间的清洁都能够做好，那么这个企业的产品也一定能信得过。

可见，良好的现场管理是吸引顾客、增强客户信心的最佳广告。此外，良好的企业形象一经传播出去，就会使 5S 企业成为其他企业学习的对象。

1.2.3.2　5S 是企业实现安全生产的基础和有力保障

5S 管理要遵循企业现场、现物和现实的原则。对现场的改善，为实现安全生产创造了基本条件。无论什么企业，降低生产过程中安全事故的发生，是企业长

期追求的重大目标之首。5S管理使工作现场宽敞明亮，空间增大，地面不随意摆放物品，安全通道畅通，从客观上为安全生产提供了有力保障。

而员工在5S活动中的长期坚持和素养提升，培育了员工自觉遵守规章制度、按标准化作业和认真负责的工作态度，这样也就减少和避免了安全事故的发生。

1.2.3.3　5S是企业降低成本、减少浪费的重要措施

企业推进5S管理，能最大限度地减少企业人力、设备、场所、时间等方面带来的浪费，从而较大幅度地降低生产成本。随着市场经济竞争的激烈，各个企业的产品形象与质量日趋相同。在这种情况下，谁的成本更低，谁的产品竞争力就越强，谁就更有生存下去的可能。5S可以有效帮助企业节约空间与成本。它能节约现场空间，减少库房占用，把现场清理出的不要物品加以盘活与利用，得以降低物料成本和备品备件成本。

中国有句话："省下的钱就是挣下的钱"。5S清扫过程中，可以发现跑、冒、滴、漏等现象，通过控制污染和浪费的源头，既改善了现状，又能节约水、油、气等的费用，减少了浪费，降低了产品的生产成本，最终结果是为企业增加了利润。

1.2.3.4　5S是企业有效提高产品质量的基础保证

高品质的产品是通过人操作机器设备去完成的，产品质量保障的基础在于人做事认真严谨的工作态度。5S管理对设备的清扫本身就是设备点检的重要内容，对提高产品质量提供了设备基本条件。同时，5S管理对人的操作行为进行规范，消除操作中的不良现象，防止工作人员马虎行事，养成认真对待每一件小事的习惯，这就为提高产品质量提供了操作行为的基础保证。

例如：一些生产高端电子产品的工厂，对工作环境中空气的质量都有极为严格的、苛刻的要求，5S管理对这类企业的作用就更为重要。

1.2.3.5　5S是企业提升效率的前提

5S管理创造出的良好的工作环境，可以帮助企业提升整体的工作效率。优雅的工作环境和良好的工作氛围，可以促使员工心情舒畅地工作，员工的内在潜力得到发挥，工作的积极性得到充分调动。同时，5S管理可以让我们做到需要时立即找到所需的物品，这样既做到了方便快捷，又减少了物品查找、辨认、搬运的时间，工作效率得到显著提升。

1.2.3.6　5S是企业有力促进综合效益提升的助跑器

5S管理强调作业标准化，而有效地使用标准化可以使工作更便捷、高效、稳定。员工养成遵照标准做事的工作习惯，只有这样才能保证品质稳定，顺利完成生产目标。

5S管理可以提高设备的使用寿命。5S活动中对设备进行清扫的同时，可以发现设备可能存在的异常隐患，将其消除在萌芽中。在清扫中对设备进行点检，同时对设备进行保养维修，消除故障发生的源头，从而提高设备的使用寿命。

5S管理可以改善零部件、备件在库周转率。整洁的工作环境，有效的保管和布局，加强对备品备件的管理，彻底进行最低库存量管理，这使得工序间物流通畅，减少和消除寻找、滞留时间，从而改善物品库存周转率。

　　5S管理可以缩短作业周期，确保交货期。由于5S创造了"一目了然"的管理，使异常现象明显化，能减少人员、设备、时间的浪费，促使生产顺畅，提高了作业效率，缩短了作业周期，从而确保了交货期。

1.2.3.7　5S是企业增强员工士气、激发活力的源泉

　　5S管理可以创造员工心情舒畅的工作环境，改善员工的情绪，增强员工的士气，增加员工的归属感。在一个干净、整洁、有序的环境中工作，员工的尊严和成就感可以得到一定的满足。5S强调的是自主和自我改善，员工在实践中自律、自信、自爱，不断增强员工进行改善的意愿，员工在5S活动中参与5S、感悟5S、享受5S，更愿意为工作现场付出爱心和耐心，进而把工厂当成自己的家。

　　一个明亮整洁的环境，让人心情愉悦地去工作，自然激发了员工的活力，员工自然就热爱这个企业。这样的企业既增加了组织的活力，提高了员工的幸福指数，同时也创新了企业文化的发展。由此可见，推行5S，可以提升企业管理水平，为企业健康、稳定、快速成长打下坚实的基础，实现企业、客户、员工和社会都满意的发展目标。

1.2.4　推行5S管理对流程型企业生存和发展有特殊的意义

1.2.4.1　流程型企业的生存环境正在发生深刻变化

　　以前传统的流程型企业规模迅速扩张，产量提升，产品品种、规格增多，却忽视了基础的现场管理。随着流程型企业微利时代的到来，产能严重过剩，资源日益稀缺，环境压力越来越大，市场竞争越来越激烈，产品同质化严重，供大于求、价格低迷，原料国际依存度上升、价格上涨，人才稀缺。

　　面对不断恶化的市场竞争环境，流程型企业既承受着压力，又面临着新一轮洗牌带来的挑战。在压力和机遇面前，转变增长方式，变粗放式管理为精细管理，夯实企业基础管理（5S管理），是流程型企业的必然选择。

1.2.4.2　5S管理通过现场改善能为流程型企业带来效益

1. 搞好现场，赢得市场

　　搞好现场，有利于提高工作效率；搞好现场可以有效地减少污染，维持设备的效率、精度和正常运行，提高工作质量和产品品质；搞好现场有利于保障生产安全；搞好现场有利于供、需间物流通畅，改善流动资产的周转率，降低物流成本。最终，搞好现场可以提高市场竞争力，赢得市场。

2. 践行以人为本的理念，履行企业的社会责任

　　员工是企业最重要的资产，5S管理是一项惠民工程，首先要从惠及员工入手，改善员工的操作、休息环境，履行企业的社会责任，提升企业的凝聚力，增强员

工对企业的认同感。人造环境，环境育人，通过员工亲手改善自己的作业环境，让其养成爱护环境、爱护设备的习惯，增强其以企业为家的责任感。

3. 良好的现场环境是企业文化的体现

企业文化建设是企业快速发展战略的重要工作，现代企业组织管理理论告诉我们，一个企业有效的运作离不开企业文化的支撑，而现场环境的持续改善是企业文化建设的坚实基础。

1.2.4.3 走精益之路是大型流程型企业的必然选择

目前，流程型企业面临的生存和发展环境发生了深刻变化，企业需要快速适应变化，实现可持续发展。企业的发展需要科技和管理的支撑。企业要实现持续发展的目标，越来越凸显提升管理的需求。

精益管理是企业必然的选择。因为粗放式管理必将导致企业产品成本居高不下、各类事故频发、产品品质损失较高、企业核心竞争能力不明显、企业文化的凝聚力不足。而精益管理是治理管理粗放的良药，是任何企业发展的必然选择。

现场改善是精益生产、精益管理的基础，精益管理的切入点在现场。安全生产决定在现场；生产均衡、稳定决定在现场；产品品质决定在现场；生产成本的中心在现场；企业内部运营效率在现场；企业文化的直观体现在现场；企业的现场连接着市场；而5S是现场管理的基础。

Chapter 2

第 2 章

5S管理基本原理

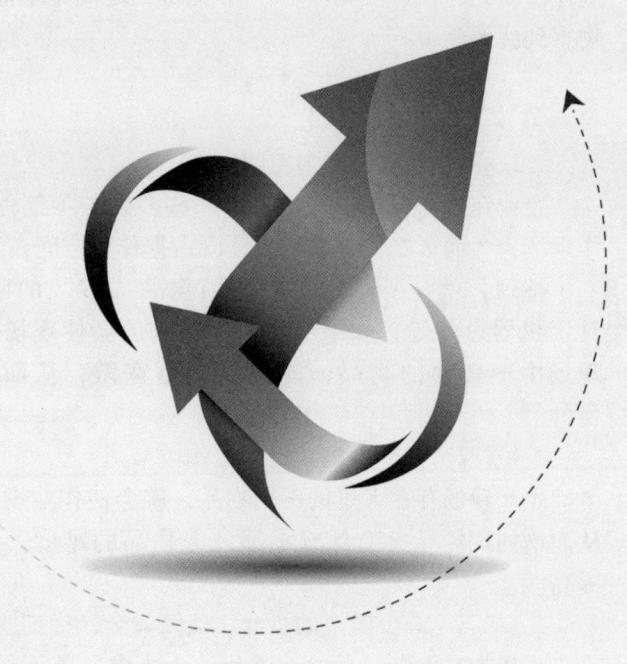

2.1 整理

2.1.1 整理的定义

整理就是区分要与不要的物品，保留要的物品，将不需要的物品坚决清除出工作现场。

先把要与不要的物品分开，再将不需要的物品加以整理，并规定现场必需物品的最多允许存放数量，做到所有必要的物品在现场都能找得到，这是开始改善生产现场的第一步。

整理的要点首先是对生产现场的所有物品进行分类，区分什么是现场需要的，什么是现场不需要的；其次，对于现场不需要的物品，诸如用剩的材料、多余的半成品、切下的料头、切屑、垃圾、废品、多余的工具、报废的设备、员工不常用的个人生活用品等，要坚决清理出生产现场。这项工作的重点就是"只留下能够满足区域功能的必需物品"。

在整理的同时，应保证不论觉得多可惜，只要是应该废弃的物品就要坚决清理掉。因此，在"要物"和"不要物"之间是不能含糊的。整理千万不能对不要物感到犹豫。

2.1.2 整理的目的

2.1.2.1 改善和增加空间

企业在生产过程中，经常有一些多余的零部件、返修品、报废品等滞留在工作现场，久而久之，越聚越多，既占据作业空间，又妨碍生产。

整理，就是要首先解决现场物品"多"的问题，一些无法使用的工装模具、机器设备等，如果不及时清除，就会使现场变得很零乱。通过整理，清除现场中不必要的物品，使现场变得宽敞，从而达到改善和增加"空间"的目的。

2.1.2.2 行道通畅，提高工作效率

生产现场存在大量的不用物品，就会使作业现场变得拥挤、狭小，通道堵塞，从而增加现场寻找工具或零部件等物品的难度，浪费时间，工作效率自然不会提高。

2.1.2.3 减少磕碰的机会，保障安全，提高质量

现场物品太多、太过于混乱，会造成通道不畅、阻碍视线、堆放过高、影响作业等不良状况，增加了安全事故发生的机率。如果这样的现场发生紧急情况，后果将不堪设想。

2.1.2.4　消除管理上的混放、混料等差错事故

未经整理的工作现场，大量的零部件杂乱无章地堆放在一起，给管理上带来难度，极易造成工作上的差错。

2.1.2.5　有利于减少库存量，节约资金

经过整理的物品，应对其品种、规格、数量清清楚楚，避免因摆放混乱一时找不到而重新采购所带来的资金浪费。

2.1.2.6　塑造清爽的工作环境

员工亲自动手整理，使现场变得明亮、整洁。清爽的工作现场，使员工心情舒畅，工作热情高涨。

2.1.3　整理的要领

整理阶段：整理是关键，整理是5S的基础。

2.1.3.1　判定去留、合理数量

必需品和非必需品的判别，是解决现场压力的问题，判定标准直接影响后续的工作。现场留下的物品，必须合理数量，例如，备用轧辊是一个还是两个，直接反映了管理者敢不敢大幅度降低库存，没有这个观念的转变，降低库存就只是口号，更不可能涉及整个企业物流的改善。统计现场所有的物品，必需品和非必需品都要填，这就等于盘活家底、盘活资产，这个困难只能降低，不能提高。判定去留、合理数量，即：

1）对现场备品、备件、机套件进行判定去留。

2）对现场生产物料、消耗料、检修用的材料进行判定去留。

3）对现场工具器具、吊具、钢丝绳、水冲管、电焊氧割器具、移动小车进行判定去留。

建立一个合理留用、快捷有序、减少浪费、提高效率的现场。

2.1.3.2　清出现场、流程处置

对于已经判定出的不要物品坚决果断、不留死角地清出现场。

1）清理现场"不要物"：已经判定废弃的、不能用的、可修复再利用的、多余超储的，对以上三类物品必须清出现场，集中分类管理，按照不要物的流程处置。

2）整理现场"必要物"：必须用的，正常备用的，准备替换的，对以上三类物品，登记建账，核定数量。

3）清理现场员工的个人物品：与工作无关的拿回家。

培育员工"废物"清走、"用物"有序、"留物"准确、正常保供的良好习惯，避免将现场当做库房使用的现象。

2.1.3.3　拆除不良、重新布局

对现场不良资产、违章搭建，进行资源整合、共同享用。

流程型企业5S攻略

1）拆报废的不良工建和临建：长期以来私搭乱建的厂房、工房、库棚、车棚和车间内的房中房等，废弃的井沟、盖板，破损的料池和挡墙，坏掉的烟囱和水塔。

2）拆报废的废旧设备：长期失去作用、仍在现场或工艺改造不再使用的设备，或淘汰落后的不用设备，废弃的设备基座，废弃的走梯、栏杆、平台。

3）拆报废的管线、电路：厂房内、外破旧不用的管线，废弃的电缆、电杆，废弃的管线支架，废弃的墙面和地面上的钢筋、钢丝。

总之，与工作无关的全要拆除，拆出一个宽敞、平坦、安全、秩序的现场。

2.1.3.4 修补完善、恢复功能

对年久失修仍然发挥作用的工建设施应加固修补完善，延长使用寿命。

1）修补破旧的地面和墙面、破损的门窗、失修的屋顶、坑洼不平的路面，网线、电线遗留的孔洞。

2）修复碰坏的现场平台、走梯、沟盖板，对地面重新划线。

3）修复破损的电气设备、管线桥架，备品、备件支架，现场照明。

恢复到原来干净、整洁、清爽、明亮、设施完善的现场。

2.1.3.5 查找"6源"、源头治理

对现场跑、冒、滴、漏进行排查，消除隐患，阻断源头。

"6源"排查：一查污染源；二查危险源；三查故障源；四查清扫困难源；五查缺陷源；六查浪费源。创建一个没有"跑、冒、滴、漏"，生产顺行的现场。

整理阶段查"6源"，要统计、要分类，理清哪些是公司要治理的，哪些是单位要消除的，哪些是班组自己可以解决的。"6源"排查是企业长期自我改善周而复始的一项活动，无终点、无完结。

2.1.3.6 清除脏污、整洁有序

一个品质优秀的企业一定是现场整洁、物流有序、标识规范、一目了然，必须做到以下五洁：

一洁：现场环境干净、整齐，地面平整、无锈渍、无油污、无积水、无积尘；墙体无孔洞、无积尘；门窗无破损，设备和备件无锈蚀，窗明几净；屋顶明亮整洁、无蜘蛛网，照明完好；管线、电路、电气设施无锈蚀、无灰尘、见本色；机台、设备无油污。

二洁：现场清洁工具干净、整齐，规范管理（可采用吊、挂、插放）。

三洁：现场消防器具干净、整齐，按规定数量摆放。

四洁：现场废弃物箱干净、整齐——废钢斗、垃圾箱、废弃的备件箱分类回收。

五洁：液压站、电磁站、员工的工房、休息室、操作室、更衣室、会议室、卫生间干净整齐，一尘不染。

营造整洁明亮、清爽宜人、定置有序的工作和休息环境。

2.1.4 整理的注意事项

2.1.4.1 整理不是扔东西

在整理活动阶段，要从生产现场清理出很多不要的物品，其中，有的只是在本部门无用，但可以用于其他的地方；有的是很多年的库存积压，但可与供应方进行调剂和作退货处理。所以，整理不是扔东西，如果确实需要报废的，也应该按财务的有关规定，办理报废手续，并收回其"残值"。千万不可只图一时处理"痛快"，不分青红皂白地当做垃圾一扔了之。

因此，在整理过程中，要遵循先"分开"后"处理"的原则。分开和处理是一个阶段内的两个步骤。分开是先将要的和不要的东西分开，过期的和未过期的分开，好的和坏的分开，经常用的和不经常用的分开，原件和复印件分开，生产必备和多余的分开等。

在分开这一步骤中，先不要去考虑如何处理。在这一过程中，如果你脑海中浮现出一些处理的方法，最好先记下来，供下一步参考用。分开这一步完成了，然后才考虑如何去处理现场。不要物的处理流程如图 2-1 所示。

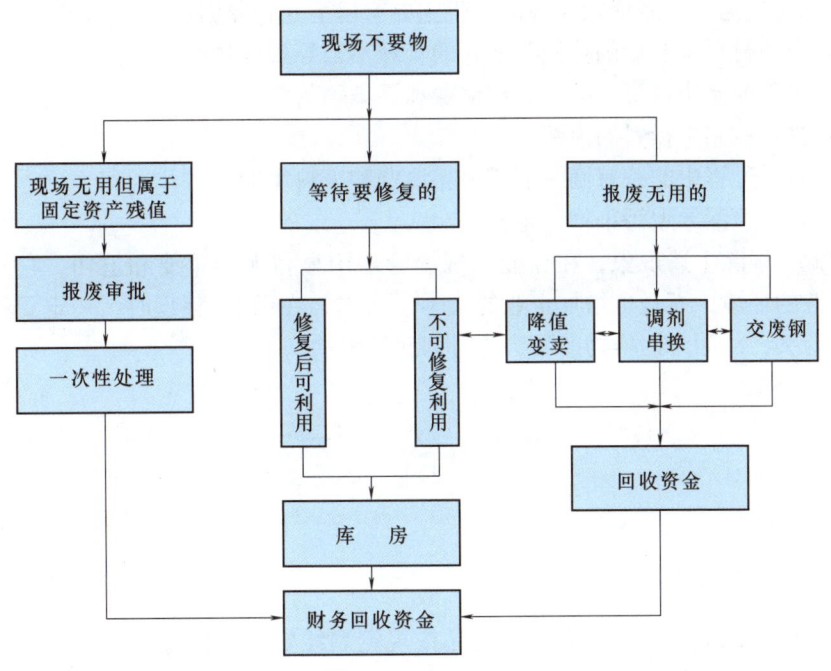

图 2-1 现场不要物的处理流程

2.1.4.2 不允许产生新的不要物

不少企业在实施 5S 整理之后，现场面貌有了很大的改善，但过了一段时间后，又回到原来的老路上去。究其原因，是在生产现场中又有新的不要物产生。对一

些公司产生的不要物进行调查分析，发现产生不要物的原因主要有以下几个方面：

1）未严格执行限额领料制度，多余的零部件、材料未办理退库手续，因而滞留在生产现场。

2）未按照生产部门下达的计划进行生产，有时因为套料而多生产的部件未入库而摆在操作现场。

3）生产过程中产生的废弃物未及时清理，包括各种包装物、塑料袋等，占据生产空间。

因此在日常整理时，要注意不要超过计划多领仓库的物品，不生产计划外的产品，制造过程中，要搞好过程控制，不生产不合格品。对作业后残留的物品要立即清理，生产现场不要放置私人物品。放置物品时要遵循平行、直角、直线的原则，一目了然。对不能使用的工具和用不上的工具，要整理出现场。办公室内不产生多余的备份文件、资料，不采购、存放多余的办公用品。

2.1.4.3 整理的同时，需做到追源溯流

在整理的同时，还须做到追源溯流，日本人称之为"源头行动"。所谓追源溯流，即不断追溯，直到找出问题的根源所在，彻底加以解决，不能有"眼不见为净"的思想。通常，企业污染源的产生主要有以下几种原因：

1）原辅材料采购量的控制和库存的管理不当导致废物产生。
2）过程控制中计量不准确导致浪费和污染物的产生。
3）过程控制中投料的浪费。
4）投料过程中的跑冒滴漏造成原料浪费和废料增加。
5）设备泄漏导致污染物产生。

因此，根除上述现象，在企业的现场管理中显得尤为重要和迫切。它们不仅影响企业的环境，而且也增加企业的成本，所以，在做5S整理时，一定要找出污染物的源头，从而对污染物的源头进行彻底的根治。

2.2 整　　顿

2.2.1 整顿的定义

整顿就是将工作场所内需用的物品按规定划线定位、定量摆放整齐，并加以明确的标识，使物品处于在必要的时候马上就能取出来的状态。

现场经过一番整理之后，不用的物品撤离了现场，现场作业空间变大了，货架空出来了，人行通道变宽了，其实这只是第一步，紧接着要进行整顿。整顿就是要使"摆放方法标准化、科学化"，它要求任何人都能在最短的时间内知道和找到所需要的东西；任何人都能立刻看到、及时拿取、方便使用；任何人都能将物

品用后立即归回原位。

在工作现场，我们经常会看到这样的情景：一些员工在寻找东西，"扳手昨天明明放在这儿，今天怎么就找不着呢？""这付模具今天要用，到仓库去找找，看在不？"等类似这样的场面还有很多。因此，必须对每个物品进行标识，规定放置区域和摆放位置，只有这样才能使整理带来的良好开端进一步巩固、扩大。

2.2.2 整顿的目的

2.2.2.1 工作场所一目了然

通过整顿，各种物品按规定摆放在指定的区域，并加以明确的标识，使每个人都随时知道要用的东西放在哪里，做到一目了然。

2.2.2.2 理顺现场秩序，提高工作效率

采用形迹管理、颜色管理等目视管理的方法，从而能在 30s 之内找到所需的物品。

2.2.2.3 合理存量，节约资金占用

通过整顿，使现场要用的物品按"最低配套数"配置，避免物品积压。当物品低于最低配套数时，及时从仓库加以补充，这样就不会造成由于现场物品过多而占据宝贵的生产空间。

2.2.2.4 创造整洁、干净、清爽的工作环境

通过整顿，物品摆放合理，井井有条，没有过高、过重、越位现象。员工对使用机器设备、工具、刀具等都能正确操作和防护。危险物、危险点都有醒目的安全标识和隔离措施，安全有保障，意外有预防，从而创造一个干净、整齐有序的工作环境。

2.2.3 整顿的要领

整顿阶段：整顿出效率，整顿是现场改变效果最显现阶段。

1）准确定位：物物有位、物物在位。

所有现场必要物有合理的位置，所有物品依功能分类定置。

一是定位置，二是定数量，三是定容器，四是定责任人，营造有秩序的现场，实现规范放置，达到易见、易取、易放。

2）科学摆放：方便快捷、性状摆放。

根据物品状况因地制宜、科学合理摆放，达到安全、方便、美观、容易归位。

一是分类摆放；二是分区摆放；三是分规格放；四是分性状放；五是分形状放；六是采用多种形式放置，如横、竖、插、吊、挂、架放，遵循大下上小、重下轻上，现场所有物品不落地原则。实现物品科学放置，取用方便。

3）明确标识：准确明了、悬挂规范。

现场所有物品、区域、设备、运行状态都要标识准确，统一规范。

流程型企业5S攻略

一是行政单位、科室、工房等名示牌；二是现场安全、危险告知警示牌；三是现场功能标识牌，如物品、区域、管线、配电室、风机房、水泵房、液压站等。实现现场无需确认、清楚易懂、一目了然。

4）地面划线：确定区域、标准划线。

现场所有划分区域、物品定置、安全通道、可移动物品定置等都要严格按标准划线，如通道线、区域线、定位线（用于移动物品定位）、斑马线、警示线，从而打造功能明确、物流有序的现场。

2.2.4　整顿的注意事项

2.2.4.1　彻底落实前一阶段的整理工作

有些企业和单位领导急于出成效，要求现场短时间内发生变化，在现场仍存在废弃物、灰尘、死角等不要物的情况下，就开始刷漆、划线，只会导致员工重复劳动，增加成本，更重要的是影响员工的士气。

2.2.4.2　杜绝"走过场"、"一阵风"的现象

刚开始整顿时，大家都能按规定摆放好每一件物品，可过一段时间后，又慢慢地乱了起来，回到原来的老路上去。因此，在开展5S活动中，必须提高认识，杜绝应付思想、短期意识、突击行为的现象发生。

2.2.4.3　注意标识的统一

标识是整顿的最终动作，是物品的身份证。看到标识，就能知道你要找的相关物品的信息。因此，相同类别的标识，在公司内要尽可能地做到统一规格、样式、材质，最好统一招标采购、加工制作。只有自己看得懂、别人看不懂的标识，形同虚设。如果做不好，整顿的效果就会大打折扣。

2.2.4.4　摆放位置要相对固定

物品摆放要严格按照设定的区、架、层、位的要求进行规范摆放，有固定的地点和区域，放置场所明确，以便于寻找，消除因混放而造成的差错。不能今天换一个地方，明天又换一个地方，这样不但会造成物品的领用困难，增加寻找时间，而且会影响生产周期，造成顾客报怨。同时也会因物品没有及时找到，而又去重新申请采购，从而增加生产成本。

2.2.4.5　物品摆放地点要科学合理

例如，根据物品使用的频率，经常使用的东西应放置在较近的地方，如放在手头或身边，偶尔使用或不常使用的东西则应放得远一些，如集中放在车间某处或库房。

2.2.4.6　物品摆放目视化，尽量使物品做到过目知数

摆放不同物品的区域采用不同的色彩和标记加以识别，如在地板上画线定位、对场所内物品进行标识等。

生产现场物品的合理摆放有利于提高工作效率和产品质量，保障生产安全。

2.3 清　　扫

2.3.1　清扫的定义

清扫就是将工作场所和设备清理干净，保持工作场所和设备的干净、整洁。

清扫包含三个步骤：第一，要进行扫除；第二，要进行检查；第三，要进行维护。因为清扫即清除工作场所内的脏污并防止脏污的发生，保持工作场所干净亮丽，彻底的清扫很大程度上可以保持设备处在正常状态下运转。

5S 活动离不开清扫现场，但绝不只是打扫卫生。在生产过程中，现场会不断产生灰尘、油污、垃圾、切屑等，从而使现场变得脏乱不堪。脏污会降低设备精度，影响产品质量，影响员工心情。清扫还包括对设备进行点检。擦拭设备过程中，及时发现设备是否需要加油紧固，是否处于正常运转状态，所以从某种角度来说，"清扫就是点检"。要通过清扫活动来清除现场杂物，营造一个安全、舒适、整洁的工作环境，从而保证安全高效的生产。

2.3.2　清扫的目的

2.3.2.1　创建亮丽环境，保持良好心情

很难想象，一个积满灰尘、脏、乱、差的工作环境，能够激发员工的工作热情。在条件恶劣的环境下工作，效率自然会大打折扣。所以，必须通过清扫活动来清除那些脏污、垃圾，创建一个清爽、亮丽的工作环境。

2.3.2.2　减少设备故障，减少工业事故

在实际生产中，设备故障与工业事故是客观存在的。为了最大限度地提高企业的经济效益，其中相当重要的一点就是把设备故障次数降低到最低限度。假如其他条件都不变，减少了设备故障的次数，就是提高了设备运转率，就可以提高产量，降低消耗，从而降低成本。从理论上讲，设备故障次数的最低限度为零，此时设备的可利用时间达到百分之百。然而，设备运转过程中技术状态的变化是不可避免的，所以这种设想也就难以实现。但是，要使设备故障发生率尽可能降低并非不能实现。通过对设备全面彻底清扫、点检，可以减少设备故障、减少工业事故。设备清扫不充分可能带来的影响见表 2-1。

灰尘虽小，但它的破坏作用却很大。机器上有灰尘，就会造成氧化，就会腐蚀设备而生锈。腐蚀、生锈易造成接口松动，造成脱落或零部件变形，甚至产生断裂，从而引发故障。所以灰尘的危害的确很大。清扫就是要让我们的岗位以及我们的机器设备没有灰尘。由灰尘到故障的演变过程是：灰尘→划痕→存水→电化学反应→锈蚀→松动→振动→疲劳→微裂纹→裂纹→断裂→故障。

流程型企业5S攻略

表2-1 设备清扫不充分可能带来的影响

故障原因	回转部、空压机、油压系、电器控制系、传感器等处脏污或混入异物，产生摩擦、阻抗、通电不良等，导致设备精度降低或误动作
品质不良	制品内混入异物或设备误动作，导致品质不良
设备劣化的原因	因异物、脏污产生松弛、龟裂、摩擦、断油导致设备劣化
速度低下的原因	因脏污引起松弛、摩擦、颤动增加，导致设备能力下降或空转

因此，企业员工要去关心设备的微小变化，细致入微地对设备进行维护，为设备创造一个无尘化的使用环境，设备才有可能达到"零故障"。

2.3.2.3 提高设备性能，稳定产品质量

企业在生产过程中会产生灰尘、油污、切屑、垃圾等，从而使现场变得脏污不堪。整理是因为多，整顿是因为乱，清扫是因为脏。多乱脏的现场会使设备精度降低，影响产品质量，使安全事故经常发生。

而通过清扫，一方面使设备经常得到保养，精度保持稳定；另一方面可以及时发现设备运行过程中的异常，防患于未然，从而在一定程度上可以稳定产品质量。

2.3.2.4 打造无尘车间，提升产品品质

目前，国际上出现了很多无尘化的"无人工厂"。

无尘实现无人。无人工厂又叫做自动化工厂、全自动化工厂，是指全部生产活动由电子计算机进行控制，生产第一线配有机器人而无需配备工人的工厂。无人工厂能把人完全解放出来，而且能使生产率提高一二十倍。无人工厂是未来制造业工厂的一种发展方向。

无人化工厂并非真正没有人，而是自动化程度非常高，工人数量很少。日本人说，无人始于无尘，也就是说，高度自动化的企业若能真正保证无人运转顺利、稳定，首先就是要做到无尘。

2.3.3 清扫的要领

2.3.3.1 清扫的要求

清扫是重点，清扫是5S管理保持常态化的本质，也是现场最基本的要求。具体体现在以下几个方面：

（1）明亮：干净整洁、物见本色

地面、墙面、玻璃、设备、管线、电器、备件、工机具、物品干净整洁，物见本色。

清扫包括扫环境、扫现场、扫设备，保持干净整洁的操作环境，做到铁见光、沟见底、设备油漆见本色。

（2）杜绝：跑冒滴漏、及时处理

对现场跑、冒、滴、漏追溯源头，阻断污染，治本堵漏。

一堵漏水；二堵冒烟；三堵滴油；四堵跑气。营造改善环境，节约能源，减少浪费。

（3）处置：设备异常、马上处理

在清扫过程中通过感觉器官发现问题，及时处置。

一看螺钉是否松动、需要紧固；二看是否需要润滑、给油；三看电器仪表是否准确；四看设备运转是否异常；五看油压是否合理。通过"五看"确保实现设备稳定、生产顺行。

（4）问责：责任到人、检查落实

清扫中最重要的是明确责任、检查落实。没有检查考核评价等于没有清扫。高标准清扫能够创建干净整洁、有序高效的现场。

2.3.3.2 清扫的要素

为了确保责任到人，落实清扫，必须把握好清扫的七要素，即对象、责任人、方法、工具、周期、标准和检查人。

1. 确定清扫对象

标识牌、区域线、通道线的日常维护应达到干净、整洁、完好，发现磨损要及时修复。特别要关注：

1）清扫从地面到墙面到顶棚的所有杂物。

2）彻底清扫设备及其周围，不要忘了工具箱和工具的清扫。

3）发现、消除区域及设备隐蔽处的脏污。

4）改善清扫困难源。

2. 安排清扫责任人

确定清扫对象与区域后，要明确每个区域的负责人，进行区域划分，实行区域责任制，分配任务到人，责任到人，不留无人负责的死角。

3. 确定清扫方法

现场环境复杂多变，要达到清扫标准、现场明亮，就必须根据实际确定清扫方法，如粉尘较多的地面可以用水管冲洗，缺水的地方可以考虑用油推等。

4. 准备清扫工具

进行彻底的清扫，必须配备专业的清扫工具。根据企业环境和机器设备的实际情况，准备好水桶、抹布、清洁剂、垃圾袋、吸尘器等清扫工具。

针对墙面、可能出现问题的塑钢门窗，要用湿布擦净；针对油脂问题，要使用中性洗涤剂清洗；灰浆、残胶、油漆用铲、刮刀等除去。

（1）清扫工具规范放置

对清扫用具要认真管理，不能让清扫用具成为污染的源头。清扫工具要整齐挂放，工具架要划线定置标识。各类清扫工具使用后，要选择合适的地方集中摆放，切不可随手乱放，否则不仅有碍现场美观，还会增加下次寻找工具的时间。

流程型企业5S攻略

（2）垃圾箱规范放置

设置分类垃圾箱，便于垃圾分类回收。垃圾分为可再生垃圾（塑料、金属等）和不可再生垃圾（生活垃圾）等。注意把生活垃圾和工业垃圾分开放置。

在垃圾存放标准中，要划线标记出垃圾箱的倒入上限，做到及时清空，避免垃圾外溢。

（3）清洁工具就近放置

当我们发现地面有杂物、碎屑，想要进行打扫时，如果发现清扫工具放置过远，有可能因此而产生懈怠。因此，清洁工具要就近放置，便于取用。

5. 明确清扫周期，确保次数，不留死角

根据现场的污染程度、清扫困难度及检查标准，确定现场各个区域、不同清扫对象的清扫周期和频次，以达到检查标准为目标。

6. 明确清扫标准

清扫首先要制定明确的清扫标准，以便于员工按照标准进行清扫，做到现场整洁明亮、无杂物、沟见底、水泥地面见本色。

7. 清扫结果检查人

根据实际调查发现，即使明确了清扫区域和责任人等方面的要求，由于难以坚持，时间长了不容易做到按照要求去清扫，所以必须确定清扫结果检查人员。

2.3.4 清扫的注意事项

清扫就是使现场达到没有垃圾、没有脏污的状态，这是清扫的第一目的。对于高品质、高附加价值产品的制造，更不能有垃圾或灰尘的污染，从而造成产品的不良。清扫实施应注意以下要点：

2.3.4.1 清扫工作首先要进行责任化、标准化

责任化即明确责任和要求。在5S管理中，需要通过清扫责任表来确认责任化，在责任表中，对清扫区域、清扫部位、清扫周期、责任人、清扫标准等都要明确要求。清扫一定要标准化，通过制定、发布和实施标准，达到清扫目的。

2.3.4.2 不能简单地把清扫看成是打扫

清扫不仅仅是打扫，而是加工制造过程中的重要组成部分，清扫是要用心来做的。如对设备的清扫，应着眼于对设备的维护保养。清扫也是为了改善。当清扫地面发现有纸屑和油水泄漏时，要查明原因，从源头上对污染进行根治。打扫是表面的，而清扫是深层次的。

2.3.4.3 清扫过后的废弃物要立即处理掉

在清扫过程中，往往会产生大量的废弃物品，对这些废弃物品，要进行分类集中存放，集中处理，能回收残值的尽量回收，不能回收的要立即处理掉，不能扫干净一个地方，又弄脏了另外一个地方。

24

2.3.4.4 清扫不仅仅是清洁工的事

在企业经常发现，不少员工把清扫理解为简单地去灰尘、打扫卫生、做表面文章，以为只要多请几个清洁工就能保持干净，这是一种错误的观念。除了洗手间和一些公共区域，如走廊、楼梯以外，所有车间、工段、办公桌，清扫工作必须由员工来做，才能实现清扫的真正目的。尤其是负责设备维护保养的人员，更要注意在设备维护的同时要清扫检查，以便及时发现隐患，及时加以解决。这样做，可以大大地提高设备的运转效率，预防事故的发生，减少不少必要的损失。

2.4 清　　洁

2.4.1 清洁的定义

清洁就是将"整理、整顿、清扫"阶段的做法制度化、标准化，通过建立5S管理制度体系来维持、巩固、深化前面3S的成果。

在前述3S阶段，依托一系列的宣传和集中推进活动是很有必要的，这样才能让大家动起来、重视起来，正是这些集中推进活动让工作现场的面貌在短期内迅速得到了改善。然而活动的特点是"来得快、去也快"，因此必须认识到：实现前3S暂时做到并不难，要长期维持就不容易了。工作现场的良好状态是需要长期保持的，只有将有关的方法和要求总结出来，不断检查改进，形成规范和制度，才能将好的做法长期贯彻，这样也就达到了清洁的目的。

清洁的含义并不能单单从字面上来理解，必须要把它和前面的3S结合起来。整理、整顿、清扫是5S的具体内容，是推进的形式阶段。清洁是对整理、整顿和清扫的规范化和制度化管理，以达到巩固成果和持续改进的目的，进入推进的行事阶段。

换言之，整理、整顿、清扫是动作，达到的状态是清洁，同时必须通过清洁来巩固取得的成果。要保持清洁就要不断地进行整理、整顿、清扫，因此"清洁"需要在前面3S的基础上维持、巩固、深化。

2.4.2 清洁的目的

2.4.2.1 通过制度化、标准化来维持前面3S的成果，是标准化的基础

通过进一步对整理、整顿、清扫工作的检查，发现前面3S工作中的不足，认真进行改善。将推行3S中好的工作经验制度化，通过宣传教育来维持成果，再不断地循环操作，使员工作业方法不断地标准化，使5S的工作不断向纵深发展。

2.4.2.2 维持整洁状态，提高生产效率，改善整体绩效

保持工作现场的洁净明亮，创造一个良好的工作环境，消除发生安全事故的

根源，使员工能愉快地工作，对企业提高生产效率、改善整体的绩效是很有帮助的。

2.4.2.3　形成卓越的企业文化，提升企业形象

1）通过清洁，可以给企业文化建设注入新的内涵，良好的企业文化反过来又为5S的深化奠定了基础。

2）企业最宝贵的财富是人才，员工通过参加各种培训，知识和素质得到了提升，有助于形成企业的核心竞争力。

3）管理文化的创新，生产行为的规范，统一了员工对企业愿景、使命、价值观的认识，增强了员工对企业的信任度和忠诚度，有利于团队精神的培养。

4）清洁形成的标准化和规范化，使生产管理现场整齐而有序，面向用户的产品质量不断提升，有助于提升企业形象，塑造良好的企业品牌。

2.4.3　清洁的要领

清洁是固化，是通过建立5S运行体系保持现场良好状态。清洁包含三个要领：巩固——固化前3S成果，继续改善深化；建章——整章建制，标准作业；执法——监督检查，考核评价。

2.4.3.1　固化前3S成果、继续改善深化

当5S管理活动推进到清扫阶段后，现场会得到明显改善，员工对5S的认识有所提升，取得一定的成绩。为进一步提升标准、固化成果，避免滑坡或出现反复，必须认真开展前3S回头看，固化前3S取得的成果，建立长效机制，应重点做好以下几项工作：

1. 固化前3S成果的思路

1）建立健全规章制度迫在眉睫。从公司到每个单位都要结合实际，建立公司级、分厂级、车间级、班组级的日常管控机制。

① 从现场实际出发，制定切实可行的、可操作性的规章制度。

② 严格遵循贯彻企业5S管理标准（检查标准、标识标准），起草下发5S管理检查、考核、评价办法，以便于长效运行。

③ 规章制度的建立应在鼓励员工参与讨论、广泛征求员工意见的基础上进行，通过认真细致的修改、完善后发布执行。

④ 要定期对日常检查的问题考核兑现，对单位评价、排序，形成长效机制。

2）在固化过程中，开展多种形式专项整治活动，集中力量攻克难点，充分发动和鼓励员工踊跃参加，掀起员工积极参与5S自主改善活动的高潮，持续营造不断改善、敢于创新的氛围。

3）总结先进典型，推广辐射全局，鞭策落后行为，形成比、学、赶、超的良好态势。

4）把"整理、整顿、清扫"工作形成PDCA循环，不断改进、不断提升。

2. 采取强有力措施确保固化前3S成果

1）持续发挥"一把手"工程的作用，各级"一把手"要对固化工作高度重视并亲力亲为，对实施过程关心和控制。

2）固化阶段签订目标责任书，与中层干部的绩效奖惩、组织考评挂钩，层层分解指标。

3）层层发动，形成氛围。一定要做到标准落地，规章、制度落地，检查、考评落地，奖惩落地，取得实效。

3. 固化前3S的具体方法

（1）整理的固化

完善、健全"非必需品"的判定标准，对生产过程中新产生的"非必需品"进行判定，确保现场没有非必需品，如废品、废料，以及更换下来的备品、备件。根据"非必需品"的判定标准对现场物品判定后，按流程报批处置（固定资产按照财务审批流程处理）。

整理不是一次完成的，生产在运转，整理就要不断进行，使其制度化、常态化，这就是整理的固化。整理的固化是保持5S成果的基础，通过现场不断的整理，达到对现场物品、备品、备件数量控制的目的。现场的物品和备品、备件存放数量保证生产正常运行即可，不能超储。坚持对现场"6源"进行排查、记录，及时处理日常出现的跑冒滴漏、危险源等问题。必须建立健全整理阶段的制度、标准、表单和检查、考核、评价运行机制。

（2）整顿的固化

科学定位、合理布局；方便快捷，易见、易取、易放；充分利用好平面空间和立体空间；严格按规定位置存放，强调用完归位；严格按规定要求摆放，强调合理方法，如分类摆放、立体摆放等。

完善和规范标识。标识内容（名称、规格、数量）描述必须准确、醒目；标识材质耐用，设计美观；悬挂规范，被标识对象与标识内容相对应；划线要严格按照公司5S管理标识标准进行规范、整改，废线必须清除；严格按照标准定期检查、纠正、考核。

整顿的固化，要达到"有物必有位、有位必分类、分类必标识、标识必规范"的效果，要坚持有错必纠的原则，尽快整改。

（3）清扫的固化

区域划分必须到班组；清扫对象必须到人头；按标准周期检查；清扫结果不达标准，责任人受罚，检查人必须有连带责任；检查出的问题必须考核兑现。

清扫的固化，要达到"人人有事做、事事有人管"的目的。

2.4.3.2 整章建制、标准作业

清洁的最紧要的任务就是将前3S成果固化下来，固化就必须要制定明确的清洁制度和标准来规范员工的行为。只有全员都按照统一的标准来进行，才能长期

保证清洁的状态，然后大家要按既定的标准进行整理、整顿、清扫工作。

从5S管理标准的性质来分，清洁制度包括两方面内容：5S推进标准和5S检查标准。

1. 推进标准

推进标准是指整理、整顿、清扫活动中的标准，这些推进标准在前面各阶段就要制定出来，如：不要物判定标准、不要物处理流程、定置管理制度、标识标准、清扫制度等。而在清洁阶段要将这些标准进一步健全完善并系统化，像下班时工作台应该打扫到什么程度，按什么步骤处理这类问题，都需要形成一套完整的制度来保证。

5S管理推进标准示例：

（1）整理、整顿、清扫推进标准

1）办公室物品和文件资料。

① 办公室物品实行了定置管理，摆放整齐有序，办公室内使用的各类导线集束，整齐美观，并实施色标管理。

② 办公设施保持完好、整洁。

③ 文件资料实行分类定置存放，标识合理、清楚，易于取放和查找。

④ 文件柜内的文件资料、计算机存储介质分类存放在适当的文件夹（盒）内，夹（盒）有标识，内有文件目录清单。

⑤ 办公桌面放置的文件资料是当日要用的。桌面及抽屉内的东西是保证正常办公最低限量的用品。

⑥ 办公室内不放置与工作无关的私人物品。

2）办公区通道、门窗、地面、墙壁。

① 办公区门厅、通道干净通畅，办公室外地面平整。

② 门窗、墙壁、顶棚、室内照明设施完好，且保持整洁。

③ 室内明亮、空气清新、温度适宜。

④ 室内张贴、悬挂物与其环境和谐、统一。

3）作业现场的设备、工装、工具和物料。

① 作业现场实行了定置管理，设备、仪器、工装、工具和物料分类合理，有序摆放，易于查找和取放。

② 作业现场没有无用或者长久不用的物品。

③ 作业现场的设备油、液的跑、冒、滴、漏、飞溅问题，以及粉尘、飞屑、喷雾等污染源应得到控制或根除。

4）作业现场的通道和地面画线。

① 通道保持平整、畅通、干净，无占用通道的障碍物。

② 地面画线清楚，功能分区明确，并标示出所有可移动设备的定置摆放位置，且画线颜色规格统一。

5）作业区地面、门窗、墙壁。
① 地面平整、干净。
② 门窗与墙壁完好、洁净。
③ 作业现场光亮，空气清新。
④ 统一按照要求张贴悬挂标语牌或图板。
⑤ 各类管路和线布置合理、整洁，并实施色标管理。
6）作业现场的产品。
① 作业现场的产品（包括零件、部件等）采取了有效的保护和防护措施，产品保护完好。
② 产品状态标识清楚，合格品与不合格品采取隔离措施，并有清楚的标识。
③ 产品放置区域合理，且标识清楚。
7）作业现场的文件和记录。
① 作业现场的文件是适用版本。
② 填写的记录完整、清楚。
③ 作业现场的文件和记录摆放适当，并保持完好、清洁。
8）库房和储物间。
① 实施了定置管理，物品分类摆放，整齐有序。
② 环境整洁、通道顺畅。
③ 账务卡相符，标识清楚。
④ 温、湿度等环境达到要求，各种防护措施有效落实。
9）公共设施。
① 公共设施（洗手间、卫生间、浴室、开水房、垃圾箱等）保持完好。
② 公共设施环境卫生有专人负责，随时清理并保持地面不湿滑，公共设施干净明亮，没有异味。
10）厂区建筑物和物料。
① 建筑物整洁如新，色彩协调并符合公司规定及视觉识别系统（VI）要求。
② 建筑物周围无工业垃圾和露天无序存放的物料。
③ 建筑物外面没有搭建的棚库等违规建筑。
11）厂区道路和车辆。
① 道路平整通畅，交通标志和画线规范、醒目，路灯完好明亮。
② 非机动车入棚，按画线整齐有序存放。
③ 机动车辆停放在规定的停车场内，按画线整齐有序存放。
④ 机动车辆车况良好，保持整洁干净，行驶遵守交通法规，注意行车安全。
12）厂区绿化和卫生。
① 厂区绿化统一规划，绿化面积达到可绿化面积 90% 以上，绿化效果美观、协调。

②绿地花草树木布局有层次,养护良好。

③厂区道路和绿地干净整齐,随时清扫,无卫生死角。

④工业排放物符合环保标准。

13)厂区标识系统。

①落实公司标识系统的要求。

②产品商标和包装体现标识系统并符合要求。

14)厂区文化氛围。

①宣传、张贴、悬挂体现公司企业文化和质量文化的标语。

②企业文化和质量文化的宣传形式多样(橱窗、报纸、电视、广播、培训授课等),内容丰富多彩。

(2)5S管理培训标准

将5S管理培训纳入员工培训计划并形成制度。严格按培训计划实施培训。全员培训率达到95%以上。

对培训的结果进行了有效性评价,培训结果达到预定目标。

(3)素养推进标准

1)行为规范。

①使员工养成积极自觉执行5S有关规定和严格遵章守纪的好习惯。

②以"诚实守信,遵章守纪,严慎细实,持续改进"为行动准则,发生质量问题或有过错时不弄虚作假,不扯皮,查找原因后及时予以纠正。

③工作中坚持高标准,精益求精,始终追求"一次做好,缺陷为零",具有积极主动的精神。

④树立"用户至上"的观念和"下道工序就是用户"的思想,以用户满意为最高质量标准。

⑤制定并自觉遵守礼仪守则。

2)团队精神和班组建设。

①员工爱岗敬业,具有团队意识、集体荣誉感和责任感。

②员工参与管理的积极性、创造性高,积极开展"质量信得过班组"活动和QC小组活动。

3)服装和仪容。

①穿着整齐洁净,对外交往注意着装。

②工作时间不在工作场所穿拖鞋、背心以及短裤、超短裙等过于暴露的服装。

③按规定穿着厂服、佩带识别牌(证)。

4)日常5S活动与创新。

①坚持经常持久地开展5S活动,并勇于、善于解决难题。

②为推进5S活动投入必要的人力、物力和财力资源。

③鼓励5S管理方法创新。

④ 积极推进看板管理、零缺陷管理等先进管理方法和技术。

2. 检查标准

5S 管理检查标准是现场检查评分的依据，必须结合现场实际，具体评分标准见表 2-2。

表 2-2　5S 评比检查评分标准

序号	项目	1 分标准	3 分标准	5 分标准
1	区域线、通道线	区域线不全或缺少	有区域线，但脏污	经常保持色泽鲜明
2	地面	各处均有垃圾，无清扫，各处常有油水，有不必要的杂物	进行清扫，没有垃圾，没有油水，但略有灰尘	地面干净且明亮
3	标志牌	脏污严重，无法辨认字迹 物品内容重复未及时更换	不脏，但有一部分不需要的物品标志牌	标志牌标识清晰、新颖
4	物料	没有按场所放置物品 放置数量无规定	物品放置在区域线外	保持放置于规定场所
5	工具	工具不全 摆放混乱无定位	工具齐全，但位置不清，标志不明确	每件工具均有自己的位置 标识明确，使用更方便
6	消防器材	灭火器、消防栓有变形破损	一部分已脏污，周围没有不必要的东西	周围不放置不需要的东西 保持清洁，无过期限的器材
7	材料架	材料架脏污 物品放置混乱 有不需要的物品	材料架较清洁，且物品未按规定的位置摆放，标志不齐全	保持材料架清洁 必要的物品放置整齐 标志明确
8	清扫用具	清扫用具脏污 不齐全、摆放混乱	清扫用具安全，按规定摆放，部分脏污	清扫用具保持清洁、整齐摆放
9	工作台	工作台脏污 物品放置混乱 有不需要的物品	进行整理，仍有部分脏污，没有不需要的物品	工作台洁净 保持最必要的物品置于台上，摆放整齐
10	油桶区	油桶摆放位置、数量无规则 地面油污严重	进行整理，但地面脏污	油桶、倒油机定置 标识明确 地面无油污

2.4.3.3　监督检查、考核评价

制定出完善的标准和制度后，为了保证标准和制度的落实，就要进行 5S 检查、考核评价。依据检查主体的不同，5S 管理的检查方法可分为自我检查、巡视检查和评比检查。

1. 自我检查

自我检查，简称自检，就是现场员工定时、不定时地依照自我检查表中的内容进行自我检查与整改。员工通过自检可以发现个人责任区与5S规范要求之间的差距，及时加以改进。某公司生产现场5S自我检查表见表2-3。

表2-3 某公司生产现场5S自我检查表

分 类		自检内容
5min 5S活动	1	检查着装状况和清洁度
	2	检查是否有物品掉在地上，将掉在地上的物品都捡起来，如零件、产品、废料及其他
	3	用抹布擦干净仪表、设备、机器的主要部位及其他重要的地方
	4	擦干净溅落或渗透的水、油或其他脏污
	5	重新放置那些放错位置的物品
	6	将标识牌、标签等擦干净，保持字迹清晰
	7	确保所有工具都放在应该放置的地方
	8	处理所有不需要的物品
10min 5S活动	1	实施上述5min 5S活动的所有内容
	2	用抹布擦干净关键的部件及机器上的其他位置
	3	固定可能脱落的标签
	4	清扫地面
	5	扔掉废料箱内的废料
	6	对个人工具柜进行整理或对文件资料、记录进行整理

员工通过自我检查，就会主动进行现场5S活动，为养成5S的好习惯打下基础。

2. 巡视检查

巡视，指主管人员定期或不定期到现场巡查，了解5S活动的实际成果及存在的问题，通过巡视及时发现问题、督促整改，巩固和提升5S成果。

巡视检查是按一定的巡视路线进行的，所以，巡视检查的项目也要按照巡视时的行走路线来编排顺序，具体内容见表2-4。

表2-4 某公司洗手间巡视检查表

项 目	清洁内容	周一	周二	周三	周四	周五
镜子	镜子表面无污迹、无水珠，非常光洁					
洗手盆	洗手盆内侧干净、无污垢，水龙头保持光亮					
	洗手盆台面上的抹布、板刷等工具必须整齐挂放或摆放					

Flow-type Enterprise 5S Manual

（续）

项　目	清洁内容	周一	周二	周三	周四	周五
干手器、洗手液分配器	自动干手器外表干净，出风口无污迹					
	插座、电源线干净无灰迹					
	洗手间备足洗手液，并保持外表面清洁卫生，洗手液少于孔内1/2时应及时加液					
大便池、小便池	大便池、小便池内、外侧干净、无污物					
	小便池内放置两三颗樟脑丸，以保持空气清新					
	小便池上放置烟灰缸，有烟蒂就及时更换					
地面、墙面等	洗手间地面、洗手台面无积水、纸屑或其他污物					
	洗手间墙面、门干净无污痕					
气味	洗手间内无异味					

巡查时，对于重要问题要进行记录，然后跟进问题的改善。5S整改任务单见表2-5。

表2-5　5S整改任务单

问题描述	整改要求	责任人	完成日期	检查人	反馈日期

现场巡视检查要注意以下几点：

1）领导要重视、要参与，要经常巡视。

通过高层主管的带头巡查，来带动全员重视。上级关心，下级才有责任心。

巡视时态度要严肃、认真、重视，不能敷衍了事。领导轻视，员工就会更加无所谓。有缺失的地方必须当场指正。

2）巡视领导要鼓励现场人员自己找问题，尤其要鼓励他们自己提出改善方法。

3）巡视领导对好的地方要肯定和表扬；不好的地方毫不留情地指出；屡次指出却没有改善的要严厉批评并限期改正。对主要的问题点应发出5S问题整改单，并跟踪改善。

4）员工要抱着"立即纠正"的心态来执行改善。

3．评比检查

1）评比检查评分标准必须严格设计，提前下发。

2）评比检查的注意事项。

① 要有规范的检查表格，并根据检查的实况填写。这样，根据检查的结果评比出的总成绩才有说服力，便于充分发挥检查评比的作用。

② 5S评比的检查人员不要太多，以两人为宜。一个人检查容易不全面，两个人检查会避免这方面问题，一个人主攻常规检查，如灰尘、杂物、放置、卫生等；另一个人主攻专业检查，如安全、设备等。另外，两人还可以相互分工协作，一个人负责计分，另一个人拍照。

③ 充分利用照片的视觉效果。检查中遇到问题后，应拍照留存，记录清楚问题点，便于责任人整改。

④ 检查的目的是为了改善，而不是为了惩罚。

⑤ 检查时，除了带检查表，还要带整改任务单或问题记录表记录下需要整改的问题，以便于通知相应负责人，并对整改结果进行跟踪。问题记录表见表2-6。

表2-6　问题记录表

被检查责任区（单位）：　　　　　　　　　　　　　　　　　　　检查人：

序　号	问题所在区域	问题描述	改善建议	备　注

⑥ 检查之后，还应针对5S活动中的问题，由被检查者提出改进措施和计划，促进现场5S的水准不断进步和提高。

⑦ 检查时应把注意力放在容易忽视的阴暗角落。解决问题要抓住重点，学会全面运用老鼠蟑螂法则，像阴暗的角落等容易被人忽视却被老鼠、蟑螂重视的地方就是重点。

⑧ 检查时不能只关注垃圾、灰尘，还要关注不要物、张贴物、物品堆放、安全隐患、跑冒滴漏、着装等各个方面。

3）进行评比检查前的准备事项。

在5S考核检查前，一般由5S督导员准备好相关检查工具和表格，如5S检查评分表、5S问题现场记录表、评分夹、笔以及检查袖章等。

为考虑工作上的方便，各责任区域划分情况和系数表可贴在评分夹上，便于各个评委在检查过程中参照和检查结束后计算分值。

4）检查完后要及时进行5S检查情况通报并考核奖惩。

有了完备的检查制度，还要将检查与考核奖惩结合起来才能更有效地提高大家的积极性。一般由 5S 推进办公室组织有关人员进行检查，对各个部门的 5S 推行状况进行打分、评比，并将检查评比结果与奖惩制度挂钩，以推进 5S 管理持续开展。

检查评比之后要及时开会公布评比结果。总结会议应在检查完成之后一到两天内召开。在会议上，公布各部门的检查结果、评比名次，以 PPT 形式通过投影仪展示各部门存在的问题，进行问题讲解和总结，并部署下一个阶段的改善重点。

每次的检查结果应该在管理看板上及时进行展示。每月或季度进行奖惩。将本月或本季度每次检查结果进行汇总，根据汇总结果进行奖惩。有奖有惩，才能使现场员工有动力、有压力进行现场改善和持续提升。每年年末，将各单位在 12 个月内的 5S 情况汇总，对各单位进行全年度 5S 排名，可以将排名与单位奖金挂钩，和领导干部工作业绩考评挂钩。

2.4.4　清洁的注意事项

2.4.4.1　加强宣传以保持全员 3S 意识

清洁既然是以 3S 为基础，所以做一些宣传工作，以维持员工的 3S 意识是首要的工作。可以通过教育培训、观摩 3S 实施中优秀的标杆单位、举办一些活动发布 3S 成果相互交流经验，利用内刊、5S 简报、宣传画（见图 2-2）、标语等形式来加强员工的意识。这样可以使员工提升清洁的标准，养成"看不惯脏污"的良好清洁素养。

2.4.4.2　切忌将清洁理解为卫生问题，用于应付评比检查

国内许多企业管理者将整洁、清爽认为仅仅是卫生问题，与生产关系不大。持这种观点之后，做起清洁来自然会把它摆在与生产不相干的次要地位。或者当有上级领导来检查工作时临时做一次全面的大扫除，做给别人看。而日本企业管理

图 2-2　5S 宣传画

者认为 5S 是现场管理的基石，5S 做不好的企业不可能成为优秀的企业，因此它们将坚持 5S 管理作为重要的经营原则。

2.4.4.3　清洁的对象不能只考虑现场的材料和设备方面

工作环境不仅要整齐，而且要符合卫生要求，防止职业病的发生，保证员工身心健康。

不仅要考虑现场的材料和设备的清洁，而且要考虑整个工作环境的清洁，清除粉尘、噪声、有害气体，保持空气新鲜。

流程型企业5S攻略

保持形体整洁，员工统一着装，不仅可以展现公司的良好形象，而且能够培养员工的集体观念和团队精神。

保持精神"清洁"，员工遵守职业道德，语言"清洁"，礼貌待人，不仅可以体现个人涵养，而且能够展示企业文化。

2.4.4.4 职责要划分明确

厂区里所有的区域或设备都要有明确的整理、整顿、清扫的责任者，没有无责任者的区域或设备。区域或设备的使用者要负责该区域的整理、整顿、清扫等工作。在明确职责的同时还要建立与之对应的监督检查制度，以确认整理、整顿、清扫工作的保持是否按要求实施。监督检查措施是否有效，对整理、整顿、清扫工作保持高水准非常重要。

2.4.4.5 重视标准化工作

对整理、整顿、清扫工作，如果不进行标准化，员工就只能按自己的理解去做，实施的深度就会很有限，就只能进行诸如扫扫地、擦擦灰、摆放整齐一点之类的事情。要彻底地进行整理、整顿、清扫工作，就必须重视作业的标准化工作，以维持前3S工作的成果和标准，避免由于作业方法不正确导致的实施水准不高、工作效率过低等问题和可能引起的对设备和人身造成伤害的安全事故。

2.4.4.6 注重对新员工的教育

对新员工的教育非常重要，有些新员工上班前一周全天都在进行5S管理的工作，虽然非常辛苦，但却有效地传递了本企业十分重视5S管理的理念，以及必须接受的心理准备。不能对新员工及时灌输5S管理理念，5S管理就容易受新员工"坏习惯"的影响，久而久之又回到了启动前的状况。

2.4.4.7 检查必须长期坚持，通过反复检查来固化提升5S

5S如果只是短期检查，是没有任何意义的。因为短期检查完毕之后，很快又会恢复原状。一旦恢复原状，就需要重新花费大量的人力、物力、时间，从头开始。因此，如果希望现场能够长期保持良好状态，就需要每个月定期检查5S的固化程度，"在出现倒退苗头的时候及时控制"，这是非常重要的。不能总是以忙碌为借口而一拖再拖，必须扎扎实实地把5S活动持续下去。必须认识到整理的必要性、整顿的关键性以及清扫的重要性。要慢慢地养成习惯，每个月都要定期进行检查，必须毫不动摇地坚持下去，直到整理、整顿、清扫固化成为全体员工的工作习惯为止。

检查越深入，状态就越好。如果能够坚持每个月在各个现场进行检查，那么，我们会惊奇地发现，我们需要关注的细微之处越来越多，可以改善的点越来越多。比如说，之前从来没有被人注意到的新问题，之前从没有被人发现的死角。像这样发现越来越多细微之处，实际上是好现象。因为这意味着显而易见的问题几乎都已被解决了，之前3S的实施水平还可以再提高。

2.5 素　　养

2.5.1　素养的定义

素养就是努力提高员工的修养，人人养成好习惯，依规定行事，培养积极进取精神。素养是5S的核心，也是5S活动的最终目的。人员素质没有提高，各项活动就不能顺利开展，开展了也坚持不下来。所以，抓5S活动，要始终着眼于提高人的素质。

2.5.2　素养的目的

素养的目的在于使员工养成良好的工作习惯，自觉遵守规章制度，营造良好的工作氛围和构建团队作战精神，以形成保持整洁、井然有序的现场，打造朝气蓬勃、雷厉风行的团队。

2.5.2.1　养成良好工作习惯

通过整理、整顿、清扫、清洁的程序化活动，使标准化作业潜移默化地成为员工的习惯化作业，以养成保持现场整洁、有序的良好工作习惯。形成素养应具备以下品质：革除马虎之心，讲究细节，对待工作时时处于认真的状态；遵守规定，养成习惯，自觉维护工作环境的整洁、有序，文明礼貌等。当5S工作如同每天早晨起来刷牙一样成为无需提醒就自觉遵守的事情时，5S活动才能持续、健康地进行下去。

2.5.2.2　自觉遵守规章制度

提高员工素养是为了使其形成良好工作习惯，按照标准进行作业。而规章制度是依据操作标准、员工行为规范制定的。因此，两者具有一致性和重合性。素养的提高自然对员工自觉遵守规章制度具有促进作用。

2.5.2.3　营造良好工作氛围与构建团队精神

5S的推行需要全体员工的参与，只有少数人实施是没有成效的。每个员工都能形成良好的工作习惯，都能按照标准化程序进行工作，每一个人都能主动、积极地把责任范围内的事情通过整理、整顿、清扫、清洁予以贯彻执行，做到讲文明、讲礼貌，就会营造出一个良好的工作氛围，形成团队凝聚力。

2.5.3　素养的要领

素养是5S的核心。5S管理的终极目标就是素养。必须把以下两个方面作为抓手：自律——改变观念、改变态度、遵守规则；行为——规范行为、强制形成、4S习惯化。

5S素养具体可以表现在以下八个方面：

1）严格遵守各种规章制度、员工行为规范。自觉遵循企业的各种规章制度，包括着装整齐、正确佩戴厂牌或工作证，自觉维护工作环境的整洁，讲文明、讲礼貌，符合安全、文明生产要求和服装仪容规定，有强烈的时间观念，遵守出勤、会议及其他约定时间。

2）养成良好的工作习惯，按标准作业。在5S活动中，要反复地要求员工做好整理、整顿、清扫工作，通过简单易行的活动引导，潜移默化地改变不良做法，使5S变成一种良好的工作习惯。

3）不断改善，勇于创新。素养不仅体现在遵守规范方面，还体现在现场的持续改善上。员工在日常工作中，要主动发掘、思考工作中的"浪费"、"误差"等不良现象，寻找解决问题的突破口。养成主动发现问题、改善问题的好习惯，并能从解决问题中获得乐趣，这是素养的更高体现。

4）形成良好的工作氛围和企业文化。通过5S素养的实施，不仅能使个人对工作更加精益求精，同时还能让员工感受到强烈的团队合作氛围，不知不觉地内化团队合作意识，使企业文化得到提升，从而使企业核心竞争力得到增强。

5）遵守礼仪守则。

① 语言礼仪：如早上好、请、谢谢、对不起等。

② 电话礼仪：如对不起、他不在、请问能帮助您吗？

③ 仪表礼仪：包括坐姿、走姿、发型、化妆、佩戴胸牌等。

④ 行为礼仪：如正确穿戴工作服、劳动保护用品，在规定场所吸烟，在指定地点就餐等。

6）进行教育训练。

① 新进人员的教育培训：讲解各种规章制度、管理规定。

② 对老员工进行新（修）订规章的讲解。

③ 利用班前、班后会时间进行5S教育。

④ 通过以上各种教育培训建立共同的认识。

7）开展各种精神提升活动。

① 班前会、班后会。

② 推行礼貌月活动。

③ 实施适合员工的自主改善和单点课活动。

8）坚持落实5S交接班制度，做到以下三点。

① 区域环境彻底清扫。

② 物品工具完好归位。

③ 责任设备擦拭点检。

2.5.4 素养的注意事项

2.5.4.1 形似且神似

所谓"形似且神似",指的是做任何事情都必须做到位。

国内很多企业以前也学习日本和欧美企业的管理体系,如推行过 TQM、6 西格玛等管理方法,但大多数是以失败告终。也有许多企业推行早会制度,但员工往往表现出慵懒闲散、或坐或站、或靠或撑的消极状态,即使列队,也松松垮垮,没有精气神。

而有些企业却能做到每天每人固定位置列队整齐,服装整洁,身体挺直,双手自然下垂,目视前方,一起整齐洪亮地高呼口号,这就叫形似且神似。

2.5.4.2 领导表率

榜样的力量是无穷的,企业在推行任何先进管理的过程中都需要领导层的表率作用。比如领导每天早上主动对员工亲切地问候一声"早上好"或"您好",这对周围的下属和员工的影响是非常大的,会对他们产生强大的榜样作用和影响力。久而久之,这样的良好习惯会在广大员工中扩散、形成并固化下来。因此,作为领导一定要身先士卒、率先垂范,带领大家一起提高个人素养。

2.5.4.3 长期坚持

5S 管理需要长期坚持实施。5S 管理通过整理、整顿、清扫、清洁等一系列活动来培养员工良好的工作习惯,最终内化为优良的素质。如果连 5S 管理都做不好,不能坚持下去,其他先进的管理都是空话。

目前,日本、韩国、欧美国家的企业已经推行了几十年的 5S 管理,依旧坚持,因而企业从中获得了巨大的利益。

2.5.4.4 活动多样

提升素养需要开展形式多样的活动,如 5S 感言、漫画、摄影、书法比赛等。因为唤起企业中所有人员参与 5S 活动的意识是推进 5S 管理的关键。无论是领导还是员工,都需要深刻理解 5S 的意义,才能确保 5S 工作的顺利开展。在 5S 管理实施的过程中,定期举办相应的活动是必不可少的,这样才能发挥群众的智慧,从而收到增强意识、事半功倍的效果。

2.5.5 素养的案例

太原钢铁(集团)有限公司的"十八字方针":衣要整、表要准、地要平、物要洁、灯要亮、数要实。

十八字方针的具体内涵为:

1. 衣要整

表象:着装干净、整齐、规范。

内涵：从着装入手培养员工良好的行为规范，展现企业精神风貌。

2. 表要准

表象：钟表、仪表等各种计时计量工具要准确无误。

内涵：从生产、检修、施工、上下班、会议等工作要遵守时间的要求入手，培养员工严格的时间观念，按时完成任务，树立诚信意识。

3. 地要平

表象：生产现场的平台、通道、走廊等空间要平坦、畅通。

内涵：创造出平坦畅通的生产现场，使员工作业心情舒畅。

4. 物要洁

表象：工作现场的用品和工具等物品保持干净、整洁。

内涵：物料、物品保持完好，摆放合理，取用方便，从细微处体现出管理到位、责任到人。

5. 灯要亮

表象：照明灯、指示灯、警告灯、监控设施等完好。

内涵：创造明亮、安全、舒适的生产环境，为生产、安全、质量创造良好的条件，有利于工作效率的提高。

6. 数要实

表象：操作、运行、控制、管理等各种原始记录及台账、报表按时填报，数据真实、准确，项目完整；各种仪器、衡器、显示器运行准确可靠。

内涵：真实描述反映生产运行过程，培养员工对工作一丝不苟、求真务实的敬业精神。

 某公司员工行为规范

随着公司的快速发展，业务范围不断拓宽，每位员工与客户接触的机会也日渐增多，员工的言行举止就代表了公司，为了规范员工的行为，提高公司的整体形象，制定员工行为规范如下：

一、总则

第一条　公司要求每一位员工关心公司发展，忠诚本职工作，信守职业道德，树立文明服务观念，处处维护公司声誉和企业形象。

第二条　公司鼓励每一位员工努力学习专业知识，刻苦钻研业务，不断提高综合素质，切实规范个人举止言行和遵守规章制度。

二、岗位规范

第一条　按时上下班，杜绝迟到、早退。做好个人、公共环境卫生。工作时间不得擅自离岗，不得大声喧哗、说笑，不得无事乱窜办公室或岗位。

第二条　工作过程中，不准吃东西、听音乐、上网浏览与工作无关的信息；不准借用公司电话打私人电话；不准看与工作无关的书报、杂志等。

第三条　服从领导安排，工作有始有终，有合理意见能及时汇报。会议做好记录，工作汇报或请示以书面形式或电子邮件形式进行。领导交代的任务，确有困难不能及时完成，应及时报告，不得擅自拖延或随意自行处理。

第四条　爱护办公设备（计算机、传真机、电话、照相机、录音笔等）和生活设施，有计划地使用办公物品。

第五条　计算机专人专用专管，定期杀毒，非经批准不得动用他人计算机。计算机内保存的文件，非经同意，不得自行删改。

第六条　严守企业秘密，不该说的不说，不该问的不问。绝对禁止将公司的印鉴、资质证明、财务文件、经营方案、内部价格等商业信息提供给对手或不相关的人和外单位。

三、工作规范

第一条　在公司内外，和客人、上司、前辈见面问候、打招呼。

第二条　在工作中要保持热情、信心十足的良好精神风貌。

第三条　对企业忠诚，以企业的事业为己任，与企业同呼吸共命运。

第四条　同事间互助友爱，排忧解难，同心协力为创造企业内外和谐的环境而献计献策。

第五条　业务配合，部门配合，一切以公司整体利益为出发点，以公事为重，不设置障碍，不扯皮、推诿，相互体谅。

第六条　加强与同事、客户的联络，提高工作效率。

第七条　以公司制度为本，按岗位职责行事，依据业务流程做事，发扬求实精神，把工作落到实处。

四、礼仪规范

第一条　仪容仪表

公司员工着装要求一律以正装或工服为准。

1. 男士要求：剪短发，不留胡须，不穿着奇装异服。

2. 女士要求：化妆要淡，不留怪异发型，不得佩戴3件以上的首饰。

第二条　举止要求

1. 每天上班时应以最佳的精神面貌出现在工作场合，工作时间内排除一切个人情绪，以积极向上、热情乐观的工作态度示人。

2. 上班时坐姿要端正，切忌出现"趴、躺、歪"等不雅体态，站立要双手下垂或双手轻握放于体前。

3. 部门之间、上下级之间、同事之间工作接触首先要点头微笑，相互致意后谈工作。到其他部门办事要先敲门，得到允许后方可进入。

4. 对人要友善、和蔼；谈话要音量适中，以对方能听清为准，不得大声喧哗、嬉闹、争吵。

第三条　接人待物

1. 接待来访热情周到，做到来有迎声，去有送声，有问必答。
2. 客户来访办事，不论是否对口，不能说"不知道"、"不清楚"。要认真倾听，热心引导，快速衔接，并为来访者提供准确的联系人、联系电话和地址，或引导到要去的部门。
3. 拜访客户要事先预约，一般用电话预约。
4. 遵守访问时间，预约时间5min前到。
5. 如果因故迟到，提前用电话与对方联络，并致歉。

第四条　接打电话

1. 接电话时，要先说"您好"。
2. 电话沟通应简洁明了。
3. 不用单位电话与客户聊天。

第五条　参加会议

1. 事先阅读会议通知，并积极做好各项准备工作。
2. 按会议通知要求，在会议开始前5min进场。
3. 开会时应仔细倾听别人发言，并认真做好文字记录。切忌交头接耳，随意走动；举手起立发言，发言时声音响亮，条理清楚，重点突出，简明扼要。
4. 开会时不要吸烟，以免影响他人。
5. 开会时必须将手机调至振动或关机。
6. 会议完后向领导报告，按要求传达。
7. 保存会议资料，分类归档。

五、行为规范要点

文明礼貌、开口问候，与人会面、右侧行走；
遇到贵宾、礼貌让行，公共场合、低声说话；
着装整洁、系全衣扣，讲究卫生、勤于洗手；
发现脏污、及时清理，努力克制、不良行为；
无用物品、及时处理，使用工具、完必归位；
爱护设备、勤擦点检，节约用电、顺手关灯；
消除浪费、从我做起，遵守规章、责任到己；
安全第一、标准操作，熟练技术、爱岗敬业；
团结协作、助人为乐，良好习惯、天天坚持。

本规范自下发之日起执行，解释权归公司人力资源部。

×××年××月××日

Chapter 3

第3章

5S管理常用工具和方法

3.1 红牌作战

3.1.1 红牌作战的目的

运用醒目的红色标志标明问题的所在。

3.1.2 红牌作战的定义

红牌作战是指对现场存在的问题挂示红牌,督促责任人积极改善,达到整理、整顿、清扫的目的。红牌示例见表3-1。

表3-1 红牌

部门		日期		
品名		型号		数量
类别	□设备　□计量器具　□材料　□部件 □半成品　□成品　□事务用品　□其他			
原因	□老化　□订单取消　□设计变更　□失去用途 □加工不良　□生产预定的操作错误　□其他			
处理方法				
判定者		审核		核准

3.1.3 实施步骤

1. 红牌作战方案出台

1)成员:各部门负责人、督导员。

2)时间:1~2个月。

3)重点:教育引导现场人员不能把不要物藏起来。

2. 决定挂红牌的对象

1)在库:原材料、零部件、半成品、成品。

2)设备:机械、设备、工装夹具、模具、刀具。

3)储运:货架、生产线、车辆、托盘、货架等。

注意:人不是挂红牌的对象,否则容易打击员工士气或引起冲突!

3. 明确判定标准

什么是必需品,什么是非必需品,要把标准确定下来。

4. 红牌的下发

记录发现区、问题、内容和理由等。

5. 挂红牌

1）红牌要挂在醒目的地方。
2）不让现场的人自己贴。
3）坚决果断地挂红牌，不要顾及面子。
4）红牌就像交警的罚单，不轻易下发，一旦出示红牌，必有惩罚。
5）挂红牌要集中，时间跨度不可太长，以免让大家厌烦。

6. 红牌的对策与评价

1）对红牌要跟进改善制度。
2）对实施效果进行评价。
3）可将改善前后的情况对比拍摄下来，作为经验和成果向大家展示。

3.1.4　注意事项

1）挂红牌的频率不宜太高。
2）挂红牌理由要充分，说明原因，便于整改。
3）对挂红牌的物品和对象，要明确责任人，限期整改。

3.2　定点摄影

定点摄影，又称为对比摄影，是在5S活动现场发现问题后，从某个位置、某个角度、某个高度将现状拍摄下来，改善完成后，在同样地点、同样角度、同样高度再次进行拍照，以便清晰地对比改善过程中的状况，使员工与管理者了解改善的进度和改善效果的方法。定点摄影是一种用于跟进和解决问题的常用方法。

3.2.1　定点摄影的概念

用于对比的定点摄影可以分为两类：一是纵向对比；二是横向对比。

1）纵向对比：将同一单位或部门整理前和整理后的现场照片放在一起进行对比，实施整理的效果就会突显出来；然后对这些变化进行比较分析，这样会显现改善成果，增强本部门的信心。

2）横向对比：不同部门的横向比较，对设备类似、场所类似，但现场状况不同的部分车间进行定点摄影，进而对照，这会给较差部门造成无形的压力，促使这些部门做出整改措施，形成一个理想的作业现场。

我们可以把定点摄影的照片作为看得见的成果，在总结报告及成果展示文件上应用。另外，如果对改善前、改善中（过程及步骤）、改善后的现场都能够全程跟踪拍摄，这样的一组照片就具备了方法借鉴、成果分享、成就珍藏的三重价值，

流程型企业5S攻略

详细记录了现场改善的历史过程。

3.2.2 定点摄影的作用

3.2.2.1 压力变动力

定点摄影的运用过程中，每个车间、部门都应贴出一些有代表性的照片，并在照片上部或下部标明补充信息，如部门、领导（部门领导、车间主任）、问题（违反了5S管理的什么规定）、时间（照相日期）等。这样，就能将问题揭露得清清楚楚，对存在问题的部门产生巨大的整改压力。

对于已经改善的地方要马上再照相并及时公布出来，让做得快、做得好的部门或区域有成就感，让做得慢、做得差、没有变化的部门产生巨大的整改压力。

定点摄影充分利用了各部门与员工的竞争心理和面子心理，能够有效改善生产现场的脏、乱、差等不良状况。

3.2.2.2 展示改善成果

将持续改善过程中的照片放在一起进行对比，并加以归纳说明，进行展示，可以增强实施改善员工的成就感。将对比照片展示出来给大家交流、探讨，能不断提高改善方法和技巧。

定点摄影不仅可以增加员工的成就感，还可以增加公司领导的关注度。有些领导口头上支持5S，但在实际行动方面未必有太多投入，但如果我们能够定期、不定期地将改善成果通过定点摄影的方式展示给领导，这会大大增加领导对5S的关注，领导也会对推进5S效果好的人员提供更多支持。

3.2.3 注意事项

1）实施5S活动前，第一件事是给工作场所拍照，这些照片在5S全面展开后，用来做效果对比。

2）仔细标明每张照片的拍摄地点，以便进行照片拍摄前后的对比。每张照片上都要标明日期。

3）要拍摄彩色照片，这对实施色彩管理有用。

4）摄影时只对现象，不对人和岗位。

5）改善后要注重对比效果。

6）不要以考核为主要目的，要使员工产生一种成就感。

3.3 检查表单

检查表是QC手法中的一种，通过检查表中所列点检项目对计划的进展情况或计划推行的质量进行定期检查、评价，以期随时对存在的偏差采取纠正措施，从而使过程能得到及时的控制。检查表的使用方法有两种：
1）点检用，只记入好与不好的符号。
2）记录用，记录评鉴的数据，以对结果作出量化评价。

5S 活动检查表是对现场进行定期检查时所用的表格。5S 检查表常用类型分为阶段性检查表和考核评比检查表。检查表范例见表3-2。

表3-2 检查表范例

序号	检查（评比）内容	检查（评比）标准	检查（评比）方法	检查（评比）结果
1				
2				
3				

检查（评比）日期：　　　　　　　检查（评比）人（单位）：

3.4 油漆作战

3.4.1 油漆作战的原因

油漆作战主要适用于清扫活动，其实施要点是彻底清扫、修理修复、全面油漆，以创造清新宜人的工作场所，使老旧的场所、设备、用具等恢复如新，给员工以信心。

在清扫阶段，通常的做法是搞一次彻底的清扫，把看得见和看不见的地方都清扫干净。

但是，仅仅做到这一点是远远不够的。一般情况下，5S 不好的管理现场经常会出现各类设施破旧、设备表面锈迹斑斑，地面、墙面油漆经常脱落等问题，单纯的扫除并不能解决这类问题，其结果只能是由于看不到令人信服的效果，员工对 5S 活动的参与热情将不能很好地保持。

经验告诉我们，在需要修理、修复的问题项目中又有多数的问题是老化和年久失修的地面、墙面、门窗、顶棚、机器设备表面以及其他物品的损毁现象。解决这类问题的最好办法就是实施"油漆作战"，通过自主刷油漆，彻底改变现场的面貌。

3.4.2 油漆作战的意义

1）促进员工的广泛参与。
2）节约成本。
3）员工技能和能力的提升。

4）体会旧貌换新颜的成就感。

5）有利于日后保全工作的推动。

3.4.3 实施步骤

油漆作战的实施一般按照以下几个步骤进行，如图3-1所示。

1）计划：油漆作战的准备和标准的制定。进行油漆作战之前，要制定一个具体的行动计划，计划包括以下几个方面的内容：

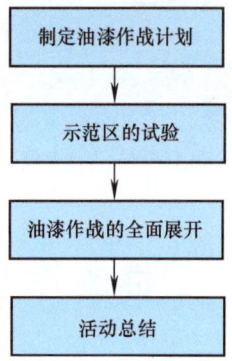

图3-1 油漆作战流程

① 决定对象区域、设备等。

② 对处理前的状况记录、照相等。

③ 标准的决定，即进行区域、通道的规划，决定不同场所使用油漆的颜色等。

④ 工具、材料的准备。

⑤ 参与人员和责任分工。

⑥ 学习涂刷油漆的方法等。

2）试验：示范区域、示范设备的试验。在全面涂刷油漆之前，要选定一个示范区域或示范设备，按照事先确定的标准进行试验。试验的目的是为了确认计划阶段所做的标准是否合适，试验后可以在听取多方意见的基础上对计划中所列的标准进行修改。

3）推广：油漆作战的全面展开。根据修改后的结果，具体安排和实施油漆涂刷活动。当然，做好油漆作战还需要注意几个问题：

① 选择合适的时机，即以不影响生产为前提确定实施的时间；

② 注意在涂刷之前，要彻底清理设备、地面、墙面上的脏污和其他附着物；

③ 注意实施过程中的安全防范。

4）总结：做好油漆作战前后的对比总结工作也是一项重要的内容。

3.5 抹布作战

抹布作战就是用各种清洁用具对场地、区域进行擦拭、去脏的活动，如用扫把、拖布对地面的清扫、拖擦，用抹布对地板、墙壁进行抹擦、清洗，用拖把、鸡毛掸子、玻璃擦等对车间进行擦拭、去污。

抹布作战的基本原则是每天都要拿着扫把和拖布进行清扫和擦洗。另外，每个月、每个季度都要进行一次全公司性的大规模清扫活动，将清扫落实到日常工作中，自觉把清扫作为日常工作的一部分。

3.6 引线作战

3.6.1 引线作战的定义

引线作战就是根据不同的区域确定地板的颜色，并用引线将其加以区分的方法。常见引线的标示方法见表3-3。

表3-3 常见引线的标示方法

类 别		颜 色	线宽/cm	线 形
通行线		黄色		箭头
门开闭线		黄色	10	虚线
区域线		黄色	10	实线
出入口线		黄色	10	虚线
虎纹线		黄黑相间	10	斜线
斑马线		红白色	5	实线
定置线	在制品	黄色或白色	5	实线
	作业台	黄色或白色	5	实线或直角线
	垃圾桶等	黄色或白色	5	虚线
	不合格品、危险品	红色	5	实线

3.6.2 引线的标注要求

通道和作业区采用区域线；右侧通行、左侧通行采用箭头指引线；出入口为虚线；设备、工作台等采用定置线。具体要求如下：

1. 通行线

黄色或白色箭头，表示通道的通行方向，一般在通道的转弯处、楼梯的起点处进行标示。

2. 门开闭线

黄色虚线（线宽为10cm），平时人需站在虚线之外，防止在过道内行走时，被突然打开的门撞到。

3. 区域线

区域线通常使用于通道和作业区两种情况。用于通道时，应尽量少转弯，避免"⌐"转角。在转弯处，最好呈45°的切角或用圆弧过渡。

4. 出入口线

从通道进入作业区必须从出入口线进入。出入口线通常采用黄虚线（线宽为10cm）表示，也就是说，只能从画虚线的地方出入工作区。

5. 虎纹线

虎纹线为黄黑相间的斜线，用来标示危险地段的警示，如通道上有突出物、横切物、危险地段等，常用于小心触电、小心碰头、小心脚下、小心楼梯、小心台阶、小心机械移动等情况的标识。两种颜色间的宽度应相等，一般线宽为100cm，但可根据设备大小和安全标识位置的不同，采取不同的宽度，在较小面积上其宽度要适当地缩小，每种颜色不能少于两条，斜度与基准面呈45°。

6. 斑马线

放置灭火器、消防栓、配电箱的前面应画上红白斑马线，斑马线前面的通道应宽敞，不应有堵塞，线内禁放任何物品。

7. 定置线

主要针对在制品放置场所、作业区、台车、周转箱等，一般采用黄色或白色，但不合格品可采用红色。

3.6.3　标注引线的材料

油漆、胶带、瓷砖、栅栏、钢板、涂料、角钢等。

3.6.4　标注尺寸的大小

1）主通道线宽：10cm。

2）次通道线宽：5~7cm。

3）人行通道宽度：80cm。

4）单向车道宽度：$W+60$cm以上。

5）双向车道宽度：$2W+90$cm以上。

注：其中W为车的宽度。

3.6.5 引线标注的画线方法

1. 清洗地面

首先要对画线区域的地面进行清洗，对地面上残留的污垢要彻底清洗干净，否则将影响油漆的附着力。此外，地面破损的地方要加以修补，以免影响地板油漆效果和美观。

2. 工具、材料准备

常用的画线工具有卷尺、直尺、尼龙绳、刷子、粉笔、美工刀等，材料为油漆。油漆应选用耐磨性能好的油漆，如环氧树脂漆。

3. 画线

在刷漆之前，应将底线打好。打底线的方法首先是确定两端点，在两端点之间用尼龙绳拉一条线，然后用长直尺（可用直的木板条或铁板条代替）和记号笔（粉笔）沿连线边画出底线。打好底线后，就可进行画线。画线通常有两种方法：

1）用喷枪进行喷漆刷线。将预先制作好的画线模板沿底线放置，注意模板两侧应与底线保持重合，然后进行喷漆。喷完后再移动模板喷下一段，由此不断往复，直至整个线段完成。

2）沿底线的两端贴上胶带，然后在两胶带之间用手工进行刷漆画线。等油漆干后，揭去两端的胶带，于是整齐、漂亮的线条就显现出来了。

3.7 标识牌战

3.7.1 标识牌战的定义

标识牌战就是明确标识出所需要的东西放在哪里（场所）、什么东西（名称）、有多少（数量）等，让任何人都能够一目了然的一种整顿方法。日本著名的生产管理专家平野裕之把这种推行方法称之为"视线整顿"。

3.7.2 标识牌战的目的

经过红牌作战后，现场只剩下必需的物品，标识牌战的目的就是对这些物品重新进行布局，把它们放在最适宜的地方，使人们能够一目了然地知道物品的位置。例如，让人们一看就知道办公用品在哪个货架上，五金电器有哪些种类等。

3.7.3 标识牌战的对象

标识牌战的主要对象是库存物品和机器设备。图3-2给出了标识牌战的全部内容。

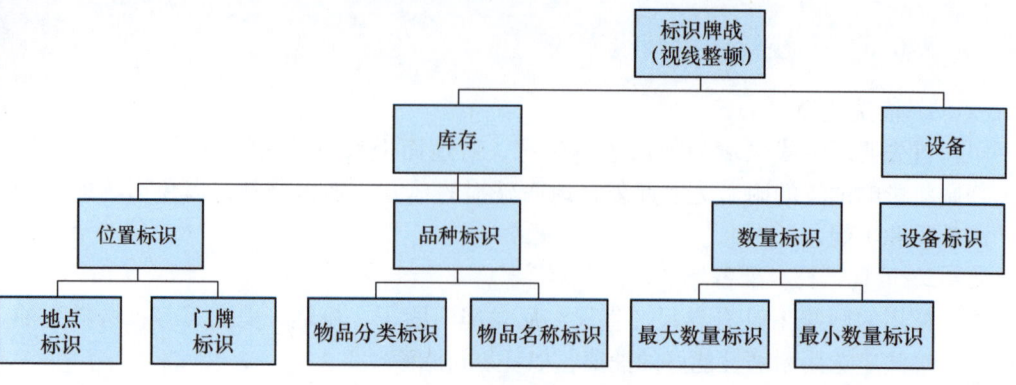

图 3-2　标识牌战的内容

值得注意的是，标识牌战是以现场工作必需的物品为中心的。因此，在实施 5S 过程中，标识牌战和红牌作战应同时进行，这样可取得事半功倍的效果。

3.7.4　实施步骤

1. 确定放置区域

红牌作战结束后，物品变少了，场地变宽敞了，这就需要对一些产品的生产工艺流程进行相应的改进，对现有的机器设备进行重新调整，对物品的放置区域进行重新规划，而且要将必需的物品合理地布置在新的区域内。此时，要把使用频率高的物品尽量放置在离工作现场较近的地方或操作人员视线范围内，使用频率低的物品放置在离工作现场较远的地方。

另外，还要把易于搬动的物品放在肩部和腰部之间的位置，重的物品放置在货架的下方，不常用的物品和小的物品放在货架的上方。

2. 整顿放置区域

确定了放置区域后，接下来就是要把经过整理后的必需物品，放置到规定的区域和位置，或摆放到货架上、箱子里和容器内。

在摆放过程中，要注意不要将不同的品种和同一品种的物品重叠堆放在一起：不同的品种物品堆放在一起，在取拿 A 物品时，需要移动堆在上面的物品，取拿非常不便；相同品种的物品堆放在一起，导致后放进去的物品先取出来使用，先放进去的物品一直压在下面无法使用，最后造成变质、生锈、报废，带来不必要的损失。

3. 进行位置标识

当我们问"把物品放在哪里？"或者"物品在哪里？"时，这个"哪里"可用"位置标识"或者"区域编号"来表达。如某物品在 A 区，某物品在成品区等。位置的标识方法主要有两种：

1）垂吊式标识牌：垂吊式标识牌适用于大型仓库的分类片区、钢架或框架结构的建筑物，标识牌吊挂在天花板或者横梁下。

2）门牌式标识牌：这种标识牌适用于货架、柜子等位置的标示。

货架或柜子的位置标识包括：表示所在位置的地点标识、表示横向位置的标识和表示纵向位置的标识。

需要注意的是，纵向位置的标识要从下到上用1、2、3来表示。如果从上向下用1、2、3来表示，就有可能造成浪费和返工，因为一旦需要增加第4层，就只能重新制作或悬挂标识牌。因此，考虑到日后的增加，要从下向上进行标识，并且不要使用0。

此外，表示货架或柜子的所在地点位置的牌子应与架子或柜子的侧面垂直，这样站在通道上就可看到牌子上所标识的内容。如果张贴在货架的端面，那么只有走到牌子前才能看清，这样效果就大打折扣。

4. 品种标识

一个仓库里往往放有很多不同品种的物品，即便是物品的品种相同，规格也是各有不同，如何在位置区域确定之后来进行区分呢？这就要进行品种标识。品种标识分为物品分类标识和物品名称标识两种：

（1）物品分类标识

按货架上放置物品的类别来进行标识，如轴承类、螺钉类、办公用品类等。标识牌可贴（挂）在货架的端面和放在货架的上方。

（2）物品名称标识

物品名称标识可贴在放置物品的容器上或货架的横栏上。名称标识（标签）的内容如图3-3所示。对一些放置在区域内的大宗物品，可采用立式移动标识牌进行标识。

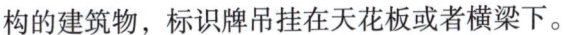

图3-3 名称标识的内容

5. 数量标识

如果不规定库存的数量，就会使库存数量不断增加，造成积压，影响资金周转。

限制库存最好的办法就是要根据生产计划来采购物品，留有合理的库存。合

理的库存可通过色彩管理的方法来进行：规定用红色表示最大库存量，绿色为订货库存量，黄色为最小库存量。当达到绿线时，仓管员可立即通知采购，这样就可一目了然了。

3.7.5 设备标识

现代工业生产离不开设备，因此，设备的运转质量，直接影响生产的正常运行和企业的经济效益。

设备标识是设备管理的有效方法之一，其标识对象和方法包括设备名称标识、液体类别标识、给油缸液面标识、点检部位标识、旋转方向标识、压力表正常与异常标识、流向标识、阀门开闭标识、温度标识、点检线路标识、使用状态标识等。

3.8 现场巡视

现场巡视主要用于整理、整顿、清扫活动，其实施的要点包括记录问题、改善和改善后的结果记录。

现场巡视由5S推行组织、部门负责人或5S督导员参与，在推进委员会成员或公司领导的带领下，对全公司范围进行巡视检查，指出生产现场存在的问题，并要求限期整改。这种巡视找问题的做法在5S推行初期、员工对问题意识比较淡薄时，对活动的推进能起到非常积极的作用。

巡视找问题重点完成的工作如下：
1）指出现场存在的问题。
2）对改善的方法提出指导意见。
3）对解决跨部门的难点问题进行现场协调。
4）同所在部门的负责人约定改善实施及完成的最后期限。
5）监督落实对所指出问题的改善实施。

3.9 目视管理

3.9.1 目视管理的定义

目视管理是利用形象直观、色彩适宜的各种视觉感知信息来组织现场生产活动，达到提高劳动生产率的一种管理方式。它是以视觉信号为基本手段，以公开化为基本原则，尽可能将管理者的要求和意图让大家都看得见，借以推动自主管理、自我控制。所以目视管理是一种以公开化和视觉显示为特征的管理方式，也称之为"看得见的管理"、"可视化管理"。

3.9.2 目视管理的作用

以视觉信号为基本手段，以公开化为基本原则，尽可能让大家明白管理者的要求和意图，借以推动自主管理、自我控制。目视管理有以下几个作用：

1. 标识、引导

目视管理在我们周围可以说是无处不在，和我们的日常生活、工作有着息息相关的联系。例如：我们走在大街上，可以根据商家的店牌，来选择我们要进入的商店；第一次去客户那里办事，通过标识牌可找到自己要拜访的客户；在交通十字路口，驾驶员根据红、绿信号灯的显示情况决定是否通行；生产现场中，我们可以通过各种标识、显示屏掌握当前的生产运行动态等。

2. 异常化显示

在现场生产活动过程中，每时每刻都会有异常情况发生，如何在第一时间内发现这种异常，进而加以消除和改进，可以通过目视管理的运用加以解决。例如：生产线在运行中发生异常时，可通过灯光颜色的不同显示来判断哪个方面出现了故障；灭火器中的干粉是否失效，看一看压力表上的指针在不在绿色区域内就可知晓；仓库的物品一旦超出警戒线，就要立即提出采购申请，防止耽误生产；设备出现故障时，为避免误操作，挂上"等待修理"的标识牌，提醒其他员工注意安全。

3. 提醒或警示

目视管理的另外一个特别重要的作用是提醒或警示。

在生产管理现场，为了有效防止人员、设备事故的发生，我们经常会在一些容易发生事故的地方挂上相关的标识，提醒人们注意。例如，"当心烫伤"、"当心触电"、"小心滑倒"、"请节约用水"等。对一些重要的工作场所，如配电房、仓库等，则在显著位置挂上"止步高压危险"、"禁止烟火"等警示性标识。

4. 有利于激发员工的工作热情

目视管理通过对员工现场改善的成果展示、优秀事迹和先进人物的表彰，使员工有一股积极向上的动力，从而形成你追我赶的工作氛围。同时，通过大量的目视管理活动，使各项工作一目了然，减少了许多不必要的中间环节，使各项工作变得更加顺畅，有利于提高员工的工作热情。

3.9.3 目视管理的内容

目视管理可以应用在许多方面，下面举例说明。

1. 仓库管理

一看就知道所要的东西在哪里，即使是新人也能明白：

1）目视做好先进先出。
2）目视物品有没有放对位置。
3）目视物品是否存放太多了。
4）目视物品是否采购了。
5）目视大容器内的容量。
6）目视掌握呆滞料在哪里。
7）目视知道谁是这些材料的责任人。
8）目视帮助出货人员避免出错货。
9）哪一条生产线该来人补料。
10）如何减少寻找、搬运工具的时间。
11）如何掌握出货状况。
12）如何做好油料出错的概率。
13）如何做好油料管理。

2. 模具、工装夹具管理

1）如何减轻工具遗失的机会。
2）穿上彩衣辨身份。
3）如何规划切削刀具的位置。
4）如何给模具设计合理的存放空间。
5）用模具履历表来掌握模具的状况。
6）通过"模具离库告知牌"就可以掌握所有模具的动态。

3. 机器设备管理

1）如何让大家更容易掌握仪表的状况。
2）如何让大家更容易掌握机器的动态。
3）如何加强大家对机器停摆的注意力。
4）如何让机器日常保养得以落实。
5）做好机器三级保养（看颜色）。
6）如何避免机器加错油。
7）一看就知道螺钉松动了。

4. 生产管理、采购与外包管理

1）如何有效掌握生产进度。
2）如何掌握机器负荷状况。
3）如何避免缺料发生（预警）。
4）如何有效掌握外包加工的动态。
5）如何掌握生产线的异常管理。
6）如何做好工厂的信息管理。

5. 品质管理

用全面管理来提升供货商的质量。
1）如何降低无意识差错带来的质量上的困扰。
2）如何区分物品的检查状态。
3）如何区分合格与不合格。
4）如何给工作质量差的人施加压力。

6. 安全管理
1）让员工们知道何处是安全禁区，何处是工厂的"猛兽区"。
2）消防器材的使用方法。
3）如何增强对堆高机（叉车）超高的警觉性。
4）规划一个易于辨识的急救箱。
5）如何让员工在出现危机时正确应对。

3.9.4 目视管理的水准

我们把目视管理取得的效果分为三级。
1）初级水平：谁都能明白现在处于什么状态。
2）中级水平：谁都能够判断是否正常。
3）高级水平：异常处置、管理标准等都明确。

下面我们用表格来直观地说明目视管理的三级水平，见表3-4。

表3-4　目视管理三级水平分析

无　水　准	初　级　水　平	中　级　水　平	高　级　水　平	
○　　○ ○　○ ○　● ●　○ ●　○　○	○○○○ ○○○○ ○○○○	○○○○ ○○○○ ○	○○○○ ○○○○ ○	门牌 标识
状态不明确，容易造成混用和错误	排列整齐，便于对物品进行必要的确认	通过一般标识使物品的数目一目了然	通过标识和提示，使物品的数目和数目不足时应该怎么做都一目了然	

注：○表示仓库内的某一物料是良品，●表示仓库内的某一物料为不良品。

1. 不同层次实施水平的含义

表3-4中有三个不同层次的实施水平，其具体含义如下：
1）无管理水平：有用的与无用的物品混放在一起，数量不清、缺乏管理。
2）初级管理水平：经过整理，将无用物品清除，并把留下的物品整齐摆放。
3）中级管理水平：经过初步整理，将有用的物品进行标识，使物品处于便于点数的状态。

4）高级管理水平：应用目视管理，标示出物品的安全库存量、最大库存量，以及库存量不足或出现其他异常时的应对措施。物品的管理状况一目了然。

2. 目视管理的管理效果

在许多企业里，通常只达到目视管理的初级水平，达到中级水平的已不多见，能达到高级水平的更是凤毛麟角。另外，目视管理工作还具备以下管理效果：

1）能够判断正常与否。
2）容易判断、精度高。
3）无论谁去判断，结果不会因人而异。

3.9.5　目视管理的实施工具

在目视管理中，作为常用的工具一般有颜色管理、灯号管理、对齐管理、看板管理等。

3.9.5.1　颜色管理

1. 颜色管理的定义

颜色管理就是运用人们对色彩的分辨能力和特有的联想能力，将复杂的管理问题，简化成不同色彩，区分不同程度，以直觉与目视的方法呈现出问题的本质和改善情况，使每个人对问题都有相同的认识和了解。

2. 颜色管理的用法

1）对于模具、胶水、油类、管线等可漆上不同的颜色来加以识别，防止误用并易于辨识，以能在最短的时间找到自己所需的物品来完成工作。例如，在保管架上把各种油品用颜色区分标识，减少整理整顿及寻找的时间浪费，避免油品的混杂，提高注油的效率。

2）在空间规划上，可以用各种颜色来做适当的标识。

① 黄线：通道线（警示不要在线内放置物品或作业）。
② 红线：线内放置不合格品。
③ 绿色：在作业区域内涂上绿色，使作业场所看起来舒适，眼睛不易疲劳。
④ 红色斑马线：线内禁放任何物品。如配电箱、灭火器前面，禁放任何物品。
⑤ 虎纹斑马线：黄黑相间的斑马线，用于危险地点警示。如小心触电、小心碰头、小心机械移动等。

3）使用各种不同颜色的卷宗来识别文件资料，用于提高文件处理的作业效率。

例如：红色代表 A 客户，黄色代表 B 客户，蓝色代表 C 客户。

4）通过不同颜色的衣帽及肩章、襟章来识别不同工种和职位的人员。规模越大的公司，越需要进行人员培训，便于工作展开。例如，戴红帽子的为班组长，戴蓝帽子的为普通员工。

5）为有效管理或降低原料的库存，对各种原料设定最低库存量和最高库存量，可以在所要管理原料的架上或墙上使用不同颜色标识出其最大库存量、最小库存量和订货库存量。

6）在现场标识出标准。

例如：温度表、压力表、重量、速度等，若指针在标准内代表正常，在标准外则代表异常，这样，原来需要查资料才能判断是否异常或不合格，现在变成只要看一下指针便可知晓。

7）使用不同颜色的周转箱代表不同的产品状态。例如，在仓库管理中，规定红色箱装不合格品，绿色箱装合格品，黄色箱装尾数，这样对尾数箱一目了然，即减少了寻找时间，又不容易混淆合格品与不合格品；在品质管理中，贴白色胶带的物品表示等待检查，贴红色胶带的物品表示不合格，贴绿色胶带的物品表示合格，通过胶带颜色深浅即可判断出物品状况。

8）使用不同的颜色代表管道中的不同介质，并且用箭头清晰地标出介质的流向。

9）制作红色飘带，一眼就可以看出空调是否在运转，达到人走机停、节约用电的目的。在噪声很大的生产车间里，也可在电动机风罩上系一彩色飘带，一看就知道电动机是否在正常运行，既提高检查效率，又确保生产安全。

3.9.5.2 灯号管理

1. 灯号管理的定义

灯号管理就是在机器设备、流水线以及一些关键的工作场所安装信号指示灯，用来表示合格、异常或工作中等意义，使操作者和管理者远距离就可知道工作情况，较直观并缩短处理时间。

2. 灯号管理的对象

灯号管理的对象为机器设备、关键工作岗位。

3. 灯号管理的用法

1）在检验或测试设备上加装闪灭的灯号，并赋予其意义，使异常现象能立刻被识别。

2）在机器设备上装置闪灭的灯号，让大家了解机器设备的不同工作状态，若有发生工作瓶颈、异常等情况，则由该设备操作人员按钮来显示，主管或相关人员可立即加以处理。

3）在生产线装上警示灯号，如一般用绿色表示设备运行良好，白色表示中性状态，黄色表示需要警惕，红色表示报警或系统不工作，蓝色表示生产备用等，通过警示灯的颜色变化来反映运转情况，以便操作者和维修人员随时随地地掌握生产线的运转情况，及时采取措施。

3.9.5.3 对齐管理

1. 对齐管理的定义

对齐管理就是在物体处于正常标准状态下，作对齐或正中标记，用来对照、

发现位移、松动等现象。

2. 对齐管理的对象

对齐管理的对象包括运转设备、关键设备、精密仪器、紧固件等。

3. 对齐管理的用法

1）在设备（如传送带）上画上对齐标志，若发现传送带中心线有偏差，则应予以调整。

2）对紧固在机器设备上的螺钉、螺母作对准标记。有些螺栓（如垫块的调整螺栓）一旦松动就会导致严重的后果，这类螺栓必须紧固后标上对准标记。因此，要根据螺栓功能的重要性，决定其是否列入管理对象的范围内，然后调整到正确的位置上，标上对准标记。

3）在传送带上画线，使运送产品的速度均衡，操作人员能有规律性地工作。若是空格内没有产品，则代表异常。

4）在半成品或在制品、零配件、成品储存区域内按栈板或盛载容器的规格画线，如停车场的格子，易于定位，增加空间的利用率。

3.9.5.4 看板管理

1. 看板管理的定义

看板管理是管理可视化的一种表现形式，即对数据、信息等状况一目了然地表现，主要是对于管理项目，特别是信息进行的透明化管理活动。它是通过各种形式，如标语、现状板、图表、电子屏等，把文件上、大脑中或现场等隐藏的信息展示出来，以便任何人都可以及时掌握管理现状和必要的信息，从而能够快速制定并实施应对措施。其主要作用是传递信息、消除隐患、鞭策激励、促进改善、提升企业形象。

看板管理是打造一流5S现场的重要方法，是给顾客信心及在企业内部营造竞争氛围、提高管理透明度非常重要的手段。一般现场常用的看板包括现场定置图、公示栏、生产指标看板、设备点检看板、绩效考核看板、管理和操作制度看板、日常事务提示看板、改善看板和宣传看板等。

2. 看板管理的作用

看板管理的作用包括信息传递、消除隐患、鞭策激励、促进改善、提升企业形象。

3. 看板管理的类别

看板包括管理类看板、信息类看板、标识类看板、事务类看板等。

（1）管理类看板

管理类看板主要是用来展示现场的管理运作状况。常见的有：生产计划看板、生产线看板、质量信息看板、制度看板、现场布局看板、发货动态看板等。

1）生产计划看板。生产计划看板主要是针对本阶段的工作计划而制成的，主要内容包括产品的名称、本月计划数、本月实际完成数以及生产进度完成情况等，

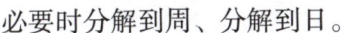

必要时分解到周、分解到日。

生产计划看板通常置于生产管理部门办公室的墙面上。班组分解的生产计划看板，也可置于生产现场中，给员工一种赶超目标的动力。

2）生产线看板。这种看板在流水线上出现得比较多，随着微电子技术、电子技术的快速发展，这种看板由过去的人工填写改为电子屏实时显示。如在流水线一端的显示屏上，随时显示生产信息（目标、实际生产数量、差额数等），使各级管理人员随时都能掌握生产情况，直观、一目了然。

3）质量信息看板。质量信息看板主要反映每日、每周及每月的产品不良率、直通率、合格率和趋势图以及改善目标，一般置于部门办公室和生产车间的墙壁上。

4）发货动态看板。将发货单置于发货动态看板内，将有关信息填写在发货单上，如产品名称、数量、客户名称、送货地点等，员工拿到发货单就可知道自己的工作任务，当本次任务完成后，再到发货动态看板上领取下一个工作任务。

5）生产现况看板。这种看板主要采用电子屏进行实时显示，所有生产过程全部由计算机进行控制，所有生产过程都会在计算机显示屏实时进行动态显示，操作者只要根据计算机显示屏上显示的信息来进行操作。

6）人员动态看板。人员动态看板主要反映人员的动态情况，如出勤、行踪等，类似的叫法有人员去向牌、行踪表等。

7）绩效考核看板。通过绩效管理看板，展现每位员工的工作成绩，营造有形与无形的压力，让员工了解绩效考核的公正性，积极参与正当的公平竞争，增强企业的凝聚力。

（2）信息类看板

信息类看板主要用来公布管理措施的信息。常见的信息类看板有：工程看板、提示看板、物品信息看板和制度看板等。

1）工程看板。这类看板在建筑工地和施工现场比较常见，主要用来反映项目的建设单位、项目名称、内容、项目的建设规模等。另外还有一些施工现场的安全防火制度、生活卫生制度、作业要求等也用相应的看板表现出来，让大家互相监督、共同遵守。

2）提示看板。提示看板主要把提示语或图形印制在看板上，以固定或活动的形式安置在现场，起到现场秩序的温馨提示和发生异常情况时必要的提示和指引作用。

3）物品信息看板。在种类不多的仓库里，对每批来货都用图板标明品名、数量、入库日等，所有人都清清楚楚。

4）制度看板。企业制度是企业的法规性文件，企业员工必须严格执行。在生产现场中，我们可以将一些企业的制度做成相关的看板，用来指导企业员工的行为规范。常见的这类看板有公司制度、操作规程、作业指导书、工艺流程图、岗位责任制等。

（3）标识类看板

标识类看板主要用来指出管理要求或指明某种规定状态。常见的标识类看板有：要求看板、区域标识看板、安全看板等。

1）要求看板。要求看板主要是对现场环境和工作提出各种要求。

2）区域标识看板。

① 仓库区域看板。以看板的形式把物品所存放的区域展示出来，使相关人员对现况一目了然。

② 区域分布看板。将区域的分布情况以看板的形式展示出来，使外来客人便于知道要去的地方，提高办事效率。

3）安全看板。安全看板主要是针对现场或操作过程中的安全事项用看板的表现形式来加以说明。

（4）事务类看板

事务类看板主要是企业方针、企业文化的宣传和公告、奖惩的展示，是体现企业形象的窗口。它是企业文化宣传的重要形式和载体，具有沟通桥梁、信息提示和丰富员工文化生活的作用。

事务类看板的主要内容包括公司的重大决定、临时性通知、时事新闻、厂务平台、安全知识、重大节日专栏、文艺副刊、生活小知识、技术专栏、员工与公司交流平台、党团知识、5S知识等。例如，企业的宣传栏、公告栏、学习园地等。

（5）宣传画

宣传画又叫做招贴画，是以宣传鼓动、制造舆论和活跃气氛为目的的绘画，一般都带有醒目的、号召性的、激情的文字标题。其特点是形象醒目，主题突出，风格明快，富有感召力。

宣传画一般可做成看板形式悬挂在引人注目的公共场所，也可直接张贴或绘制在工作现场，通过直接面向员工、影响人心而及时发挥作用。在5S活动中，可用来进一步丰富5S的活动内容。

3.9.6 注意事项

推行目视管理，要防止搞形式主义，一定要从企业实际出发，有重点、有计划地逐步展开，在这个过程中，应做到的基本要求是：统一、简约、鲜明、实用和严格。

1）统一，即目视管理要实行标准化，消除五花八门的杂乱现象。

统一的目的是消除在目视管理活动中由于不必要的多样化而造成的混乱，为5S活动建立共同遵守的秩序。如安全标志和警示标志及其设置，必须遵守国家标准和行业标准；同一企业的标识，规格尺寸要统一，颜色也要和标识的内容相一致，如红色代表不合格品区，绿色代表合格品区等。

2）简约，即各种视觉显示信号应通俗易懂，一目了然。如交通路口的信号灯，红灯停，绿灯行。还有一些标识使用形象的图形，使人便于理解和领会，如安全警示标识等。

3）鲜明，即各种视觉显示信号要清晰，位置适宜，现场人员都能看得见、看得清。

在设置各种视觉显示信号时，一定要事先界定有效的目视范围；其标识字符、主体物及其载体的颜色要鲜明和协调；字体、字号在选择上要适宜；高度一般以和普通人的眼睛对齐为宜；距离可根据现场的实际空间设定最佳的目视效果，一般不少于1.2m。

4）实用，即不摆花架子，少花钱、多办事，讲究实效。

在实施目视管理过程中，要注意在考虑美观的同时兼顾成本，不要脱离实际，不要只做表面文章，要尽量让员工自己去发挥。

5）严格，即现场所有人员都必须严格遵守和执行有关规定，有错必纠，赏罚分明。例如，在有"禁止烟火"标识的油库抽烟，就要对当事人进行批评教育。如屡教不改的，要按公司的相关规定进行行政处罚和经济处罚。

ow-type Enterprise 5S Manual   实践篇

Chapter 4

第4章
流程型企业推进5S实务

流程型企业5S攻略

4.1 流程型企业特性

依据生产过程是否连续，可以将生产企业分为流程型生产企业和离散型生产企业。流程型企业是相对于离散型企业而言的。

流程型生产企业是指被加工对象不间断地通过生产设备，如炼铁厂、炼钢厂、焦化厂、发电厂、化工厂等，它们的基本生产特征是通过一系列的加工装置使原材料进行规定的化学反应或物理变化，经过制造、加工最终得到满意的产品的企业。由于生产过程是24h连续不断的，人们也称此类生产为过程型或连续型。

离散型生产企业主要是指一大类机械加工企业。它们的基本生产特征是机器（机床）先对工件外形加工，再将不同的工件组装成具有某种功能的产品。由于机器和工件都是分立的，故称之为离散型生产方式，如汽车制造、飞机制造等。

4.1.1 流程型企业行业特性

流程型企业主要通过对原材料进行混合、分离、粉碎、加热等物理或化学方法，使原材料增值。它主要包括炼铁、炼钢、焦化、化工等，最终产品类型有固体、液体、能量和气体，通常以批量或连续的方式进行生产。流程型企业的生产单位和销售单位是不统一的，具体特点如下：

4.1.1.1 产品结构

流程型企业的产品结构与离散型企业有较大的不同。首先，上级物料和下级物料之间的数量关系可能随温度、压力、湿度、季节、人员技术水平、工艺条件不同而不同。例如，电气系统、能源介质设备与生产的关系就因季节的变化而波动。在流程ERP中，采用配方的概念来描述这种关系，其含义除了进行物料计划之外，还可用作企业的考核技术指标。其次，在每个工艺过程中，伴随产出的不只是产品或中间产品，可能细分为主产品、副产品、协产品、回流物和废物。描述这种产品结构的配方还应具有批量、有效期等方面的要求。

4.1.1.2 工艺流程

流程型企业的特点是品种固定、批量大，生产设备投资高，而且按照产品进行布置，通常设备是专用的，很难改做其他用途。

4.1.1.3 物料存储

流程型企业的原材料和产品通常是液体、气体、粉状等，因此，存储通常采用罐、箱、柜、桶等进行存储。

4.1.1.4 自动化水平

流程型企业采用大规模生产方式，生产工艺技术成熟，控制生产工艺条件的自动化设备比较成熟，因此，生产过程多数实现了自动化，生产车间的人员主要负责管理、监视和设备检修。

4.1.1.5　生产计划管理

流程型企业由于主要是大批量生产，订单通常与生产无直接关系。企业只有满负荷生产，才能将成本降下来，在市场上才具有竞争力。因此，在流程型企业的生产计划中，年度计划更具有重要性。年度生产计划和销售计划决定了企业的物料平衡，即物料采购计划。

4.1.1.6　设备

流程型企业的产品比较固定，而且一生产就是十几年、几十年不变，而机械制造等行业的产品寿命相对要小得多。因此，体现在生产设备上，流程型企业的生产设备是一条固定的生产线，设备投资比较大，工艺流程固定。其生产能力有一定的限制，生产线上的设备维护特别重要，不能发生故障。只要一发生故障，就损失严重。离散型加工企业则不是这样，可以单台设备停下来检修，并不会影响整个系统生产。

4.1.1.7　批号

流程型企业的生产工艺过程中产生有各种协产品、副产品、废品、回流物等，而且对物资的管理需要有严格的批号。例如，钢铁企业中的线材生产过程要求有十分严格的批号记录，从原材料、供应商、中间品到销售给用户的产品，都需要记录。当出现问题，可以通过批号反查出是谁的原料，哪个部门、何时生产的，直到查出问题所在。而离散型制造企业却不存在这种要求。正是由于流程型企业独有的特点，决定了流程型企业对ERP的特殊需求，而开展ERP的前提是规范有序的现场管理。

4.1.2　流程型企业对现场管理的需求

流程型企业的生产过程是从原材料到产成品、副产品生产，是一个整体且不间断的连续工艺处理过程，是一个全封闭或半封闭流程化生产。生产过程中主要控制点为物料的工艺状态，如温度、重量、溶压、溶温等工艺参数。控制这些参数的反映实体是设备以及状态检测工具和手段。而生产现场的环境是否洁净明亮，备件物料摆放是否有序，直接影响设备的正常运行，所以在整个生产过程中现场管理就变得至关重要。因为现场整洁有序与否影响设备运行及检测结果，而设备是否正常运行影响到整个生产是否能连续进行。

流程型企业从其制造方式上讲，有着自身的生产经营特点和对现场管理的特别要求。

4.1.2.1　流程型企业BOM结构特点需要以现场管理为基础

传统的离散型制造企业用的是树状层次型结构BOM（物料清单），它是一种静态、固定的产品结构。而流程型企业产品BOM一般称之为配方，是一种链状配比

流程型企业5S攻略

型结构 BOM。其特点为产品配方多、结构层次少。由于物料反应机理、设备、环境、操作等方面的原因，流程型企业制造过程的波动性较大，所以配方需要在生产过程中做动态调整。而规范的现场管理，可以使设备光亮整洁、环境清爽明亮、操作便捷高效，从而减少流程型企业制造过程的波动性。

4.1.2.2　流程型企业产成品特点需要以现场管理为基础

从总体上讲，离散制造的最终产品是唯一的（也有等级之分），而在流程型企业生产的中间过程或最后阶段的产出可能有多个，我们称为联产品和副产品。精确地确定联产品或副产品的产出量是十分复杂的，如何做到准确、及时和事前计划这些产品的产出量和比例是流程型企业生产计划管理的一个难点。

而这些联产品或副产品生产后存储、运输、计量等都需要一定特殊装置设备。有些产成品是最后通过模具成型，前面的生产流程以及物料配比都是相同的，但是最后成型的时候随模具不同而产出不同的产品。

流程型企业产成品的特殊性还表现为有些产品还有等级的区分，批号的记录，时效期的限制，浓度、发气量的不同，纯度的区别等。这些产成品、联产品或副产品等级的区分有些是来自设备状态的控制，而设备的状态直接受现场环境的影响，在不同的温度、压力控制下生产出不同的产品。所以流程型企业的产品要考虑以现场管理为基础的产品方案。

4.1.2.3　流程型企业生产过程的特点需要以现场管理为基础

流程型企业的生产过程是一个动态的连续过程，产出量、物料特性、甚至物料的加工路线都会受到原材料成分、人工操作技能、加工温度和压力、设备效率等因素波动的影响，并且具有不可预知性。也就是说，物料配方和工艺参数的控制程度将影响产出率，相同的配方或原材料可以在设备、工艺不同控制下产出不同产量的产品，原材料消耗比例可变，产品的生产过程中也会产生出一定的回收物及废料，生产计划很难做到事前准确、及时地计划具体品种的产量和回收物及废料的比例。为此，流程型企业在生产过程中需要有很大弹性来处理实时跟踪、控制纠偏、动态调整等问题，而现场管理中很多要素，如看板拉动、可视化等，都可以快速有效地传递信息，所以在生产过程中加强对人、机、料、法、环的控制对流程型企业有重要的作用。

4.1.2.4　流程型企业计量转换的特点需要以现场管理为基础

流程型企业在其生产经营过程中的计量转换关系极为复杂，在物料的储运和加工过程中，即在生产过程的不同阶段采用不同的计量单位，而且要求不同计量单位之间可以转换。如进货时用加仑，储存时用吨，生产时用升，消耗时用盎司，出货时用桶，等等。每一批次物料的转换与物料的特性有关，转换率关系较为复杂。在这些计量转换过程中设备装置以及装置的计量准确性显得很重要，控制好这些设备装置关键点也就能控制好计量转换之间的关系，而现场管理中对设备装置的设计、改善、编号、色彩标识能有效控制关键点。

Flow-type Enterprise 5S Manual

4.1.2.5　流程型企业供应链的特点需要以现场管理为基础

流程型企业供应链特点表现为原材料和产品通常是液体、气体、粉状等。因此，存储通常采用罐、箱、柜、桶等进行存储，并且多数存储的数量可以用能转变为电信号的传感器进行计量。流程型企业的运输量和运输费用占有较大比重，而且运输的方式呈多样化（铁路、公路、水路、管道、行车、台车和皮带运输），合理地安排产品的发运和装车，优化运输计划，同时加强货物的发运监控，也是流程型企业经营管理中的一项重要内容。

流程型企业现场管理的重要内容是设备的备品备件的供应管理、定额管理，其影响到设备和生产能否正常运行。流程型企业的设备自动化程度都非常高，大部分采用整套国外设备，备品备件的采购也可能采用整套采购的模式，即联系整套设备供应商从供应商那里获得备件，所以要求采购周期比较长，也要做好供应商和存货的对应关系，控制好备品备件、物料的最大量和最小量。

4.1.2.6　流程型企业成本核算的特点需要以现场管理为基础

流程型企业的利润是来自物料不间断的连续的生产过程。组织原料配方、生产过程、产成品（联产品、副产品）、计量转换等特点决定了成本核算的复杂性。硫酸厂、电化厂等流程型企业都需要根据其产品的特殊性，制定特殊的成本核算方法。如有些产品需要换算成100%的浓度或者纯度来计算产量和标准成本；有些需要考虑联产品、副产品等；而有些原料的投入需要根据产品产量来计算原料投入量；有些管道中的产品或者其他不容易计量的物料，需要根据预先设定的比例来分摊成本。在生产过程中设备投资金额在固定资产中的比重高达80%～90%，尽快收回固定资产投资将成为流程型企业成本管理的重点，而现场管理中对不要物的判定、不要物处置流程的建立都有助于快速规范回收废旧物品残值、实现企业降本增效；动力成本在总成本中占有较大比重，准确地了解各级能耗对象（部门、设备）的能耗（水、电、气等）数据，这些基于现场管理的成本核算是流程型企业十分重要的特点，也为对流程型企业加强能源管理、节约能源、提高成本核算的准确性、降低产品成本十分重要。

4.2　流程型企业推进5S方案设计及九大步骤

为了深入推进5S管理，提升企业现场管理水平，仅仅掌握5S的基础知识是不够的，还需要依据5S管理推进总体计划，结合企业自身的实际情况，制订实施方案。

5S管理推进的九大步骤：

1. 拟定5S活动规划

任何一项活动的实施，都是一个循序渐进的过程。5S的实施也不例外，需要

制定详细的活动规划,以便后续工作的开展。5S 活动规划见表 4-1。

表 4-1 5S 活动规划

活动项目	职责					简要说明
	高层领导	推进办公室	培训部门	相关部门	实施单位	
决策	□		○	○	○	高层领导的决心是活动成功的关键
成立推进组织	□	○	△	△	△	活动深入开展的保障
制定方针目标	△	□	△	△		把握活动方向、不走弯路
制定实施计划	△	□	○	○		将活动纳入计划管理
建立实施标准	△	□	○	○		活动实施和评价的依据
培训教育	○	○	□	△		培训的重点是改变观念和实施方法、掌握改善技巧
样板区 5S 活动先行示范	○	○	△	△	□	样板区是为了取得经验、树立榜样、让非样板学习
总结改进	△	□	△	△	□	总结经验、吸取教训、发扬成绩、改进方法
活动全面展开	○	○	○	○	□	在全公司范围内开展 5S 活动
检查核考评比	○	□	○	△	△	检查、考核活动的实施效果、评比先进、处罚落后
成果发布	○	□	○	△	○	展示自我、体会成就感、普及员工自主改善
持续改进	○	□	○	○	□	PDCA 循环、5 个 S 重复做

注:□表示组织部门,△表示协助部门,○表示执行部门。

2. 成立推行组织

为了有效地推行 5S 活动,需要建立符合企业自身条件的推进组织机构:5S 推进委员会和推进办公室。

(1)5S 推进委员会

5S 推进委员会是企业 5S 推进的最高组织,其主要职责包括决定 5S 管理推进的重大决策,把握推进方向,解决重大问题,制定重要政策,研究讨论推进办公室提出的 5S 管理推进计划与实施方案,及时巡视和跟进 5S 管理推进情况,批准 5S 管理评分标准及各项奖惩规定,处理检查评比过程中的问题与争端,保证 5S 管理评比、奖励的公正性。

推行委员会主要由下列成员构成：

1）主任 1 名，通常由企业主要负责人担任，如董事长、总经理等。确定一把手负总责，这样便于协调，保障政令畅通，有利于推进活动的开展。

2）副主任 1～3 名，视企业的规模而定，一般规模较大的企业人数可多些。副主任通常由企业的高管副职和综合部门的领导担任，如企业的副总经理、总工程师、企管部长、办公室主任、生产部长等。

3）委员若干名，通常由各职能部门的主要领导担任。

（2）5S 推进办公室

企业应该在 5S 推进委员会下设 5S 推进办公室，作为推进委员会的日常工作机构。推进办公室主任由主抓这项工作的管理部门一把手担任。

5S 推进办公室的主要职责是制订 5S 推进计划、实施方案，并对实施过程进行辅导，制订 5S 管理评分标准及各项奖惩规定，参与 5S 管理检查评比，根据检查结果不断进行现场改善，提出推进 5S 管理的改善建议，组织对推进工作各阶段验收。推进办公室由办公室主任、副主任、督导员等组成。其中督导员的选拔对 5S 管理的推进至关重要，所以必须制定严格的督导员选聘条件。所有推进委员会成员和推进办公室的成员必须经企业推进委员会主任统一批准，并以企业的文件形式下发给各相关部门。

大中型流程型企业为了保障 5S 管理推进效果，还可确立咨询项目聘请管理咨询机构参与并协助指导推进工作。

 某公司 5S 管理推进督导员管理办法

第一章 总则

第一条 为建立健全公司 5S 管理体系，巩固深化 5S 管理工作，夯实基础，打造一支有文化、有技能、有素养的 5S 督导员队伍，明确督导员的责任、权利和义务，充分发挥各级督导员在 5S 推进过程中的重要作用，促进 5S 工作的持续改善、稳步提高，特制定 5S 管理推进督导员管理办法。

第二条 本办法适用于公司各级 5S 专职、兼职督导员。

第二章 5S 督导员的选聘

第三条 公司各职能部门选聘一名兼职督导员；各二级单位选聘一名或两名 5S 专职督导员，人数多的单位应适当增加名额。

第四条 督导员的任职资格：大专以上学历；语言表达能力强；有生产现场工作经历和较强的管理能力；热爱 5S 推进工作，坚持原则，秉公办事，责任心强。

第五条 督导员一旦选定备案，各单位未经公司 5S 管理推进综合组同意不得随意更换，以确保工作的稳定性。

第三章 5S 督导员的聘任

第六条 各单位由于各种原因确需要调整督导员时，必须提前报告 5S 管理推

流程型企业5S攻略

进综合组，得到同意后，方能办理相关事宜。5S管理推进综合组将组织对新任督导员进行5S方面的专业培训，合格后上岗。

第七条　对5S督导员变动的事宜，责任单位要及时反馈公司5S管理推进综合组。

第八条　前后两任督导员须做好相关工作交接事宜，确保工作的连续性。

第四章　5S督导员的职责

第九条　宣传公司5S方针、政策、目标和公司下达的5S管理各项推进任务。

第十条　督导员应勤于学习、掌握5S管理知识和相关专业知识；具备5S管理专业指导技能和实践经验；具备发现问题、协调解决问题和善于总结问题的能力；具有高度的责任心，不徇私情，敢于和善于揭露问题。

第十一条　完善本单位的5S管理制度，对公司5S管理推进综合组及专业推进组下达的工作计划，进行分解落实，制定详细工作计划和检查制度，报公司5S管理推进综合组备案。

第十二条　协助本单位5S主管领导做好5S推进工作，做到每日深入现场，及时掌握现场情况，获取5S管理信息，协助指导和改进现场工作，对现场发现的问题督促整改。

第十三条　协调解决5S管理推进综合组和各专业小组检查发现的问题，对现场进行日常检查时发现的与5S不符合项，坚持公平、公开、公正的原则进行考核并及时向领导反馈。

第十四条　对本单位及其他单位的5S管理提出管理意见或建议，定期向5S管理推进综合组及相关的专业推进小组汇报工作。

第十五条　参加公司组织的5S检查活动，并对被检查单位进行客观、公正的评价；参加各级推进工作专题活动，参与评估、考核工作。

第十六条　做好本单位现场改善的指导，标识、标牌的策划，专项工作的处置。

第五章　5S督导员的基本要求

第十七条　5S工作重在现场，面对现场的各类情况，注重现场的实际问题，因此，督导员应做到腿勤，深入现场，熟悉现场的实际情况，了解细节，做到心中有数，主动协调解决问题，更好地推进5S工作，当好"一把手"的参谋。

第十八条　督导员要善于观察，善于思考，善于发现和提出问题，要用最挑剔的眼光观察现场，对现存的有待改进的地方，多思考几个为什么，刨根问底，抓住问题实质和发生的根源，并督促现场人员改进。在现场要全方位、立体地观察问题，在别人习以为常的地方发现问题，提出问题，指导员工进行改善活动。

第十九条　督导员要及时传达公司5S工作的各项要求，汇报工作进展，做到上情下达，承上启下，成为5S推行中的重要一环；积极宣传5S知识，成为5S工作的传播者；对具体出现的问题要具体对待，以说服教育和指导为主，顺利完成督导工作。

第二十条　勤于动脑，持续学习，不断提升业务能力，增强动手能力，在5S推进工作中演示推进方法，能在现场与员工共同进行自主改善，亲自动手给员工示范，通过自己掌握的知识结构，激发员工的创造能力。

第二十一条　5S督导员要坚持原则，杜绝以工作为名进行吃拿卡要的情况。

第二十二条　5S督导员在工作过程中要本着公开、公正、公平的原则进行检查指导，不徇私情。

第二十三条　5S督导员在工作中要避免简单粗暴的方式，对具体问题要有耐心地进行说服教育和指导，秉公执法。

第六章　5S督导员权利和义务

第二十四条　应享有的权利：对本单位的5S管理工作有建议权；对本单位发现的不符合项有直接考核权；对现场发现的问题有指导、督促和纠偏权；对所属单位5S工作有评价考核权。

第二十五条　应履行的义务：策划本单位5S管理工作，并督促实施；要做好现场的日常检查，并做好记录，定期上报；将检查的情况及时汇报给主管领导，并将领导的安排及处理措施及时传达和实施下去；按时参加5S管理推进综合组及其他专业小组组织的5S检查、培训、会议和相关活动；及时协调解决公司5S管理推进综合组及其他专业小组指出的问题和本单位存在的各种问题。

第七章　考核与奖惩

第二十六条　对5S督导员参加学习和培训进行考核，对于没有按时参加学习和培训的督导员进行考核扣罚。

第二十七条　对5S督导员在现场检查的频率和效果考核，日常检查要有检查报告和对问题的跟踪，对没有进行日常检查或执行不到位的督导员进行考核扣罚。

第二十八条　对公司5S管理推进综合组和各专业小组检查发现的问题没有按时间和标准要求进行整改或整改不到位的，或是对问题推诿搪塞的督导员，对其进行考核扣罚。

第二十九条　由于工作不精心，造成失误，影响了公司5S整体部署和推进的督导员，要进行考核；对本职工作不思进取、不作为的督导员，要调岗或降职。

第三十条　公司5S管理推进综合组对参加公司组织5S检查的督导员按公司有关规定进行奖励，对于参加公司各单位阶段验收的督导员视其工作量给予奖励。

第三十一条　公司5S管理推进综合组每月对督导员进行考核，对先进的个人将给予奖励。

第三十二条　公司5S管理推进综合组应根据工作的开展情况，定期对现场进行评价，对涌现出的优秀督导员进行表彰和奖励。

第三十三条　每年年末，公司5S管理推进综合组对所有督导员进行考评，并对先进个人进行表彰奖励；对工作积极、有突出贡献的5S督导员，推荐为公司的

流程型企业5S攻略

先进工作者。

第八章 附则

第三十四条 本办法自发布之日起开始执行。

第三十五条 本办法最终解释权归公司5S管理推进综合组。

公司5S推进委员会
××××年××月××日

3. 拟定推行目标方针

5S推进目标和方针为企业建立5S管理体系提供了总的宗旨和方向,是企业开展5S管理工作的行为准则与工作原则的表述,是5S管理成效与意图的体现。

5S推进方针为5S实现目标的建立提供了框架,是组织制定5S管理目标的依据和出发点,同时也是企业倡导和推进5S的根本动力,5S活动以其为中心全面开展。

(1)制定方针应遵循的原则

1)与企业宗旨相适应。5S方针根据企业宗旨、发展战略制定,不同的企业由于其企业的类型不同,其经营宗旨各不相同,所以确立的5S方针也应有所不同。

2)抓住重点。抓住重点,是要向全体员工表达出一种信心和决心。5S方针是全员对5S理解支持的聚焦点,应该通过方针向全体员工说明推行5S的意义和最终目标,传达管理层的信心、决心和期望。还应考虑层次水平的差别,尽量使用简明易懂的语言表达。

3)作为5S目标制定的框架和基础。5S方针是企业建立5S体系目标的框架和基础。5S方针指出了企业总的宗旨和方向,而5S目标是对企业总的宗旨和方向的具体落实。所以5S方针应切实可行,不能空洞和不切实际。

4)全员理解。为达到5S方针的最终实现,应做好宣传贯彻工作,从而在企业内得到充分沟通和理解,使各级人员认识到所从事5S活动的重要性及如何为实现本部门的5S目标做出贡献。

5)及时完善修订。应对5S方针进行持续适宜性方面的完善,必要时应予以修订,以适应不断变化的内外部条件及环境。

 **5S推行方针**

- 于细微之处着手,塑造公司形象。
- 规范现场现物,提高全员素质。
- 塑造明朗、清爽、整洁的工作现场,从5S开始。

(2)制定5S目标的注意事项

1)相关性原则。制定5S目标,应切切实实地与企业的产品、活动、职责、资源等情况相关,为提高公司整体水平的目标服务。同时要同企业的具体情况相结合，比如，企业场地紧张，但是现场摆放凌乱，空间未有效利用，应该将增加可使用面积作为目标之一。总之，与企业无关或关系很小的目标内容应坚决删除。

2）先进性原则。既然是目标，就应该是尚未实现的、不付出努力是达不到的。这些目标应具有先进性，或者说具有挑战性。这样，才能激发员工的改善意识和拼搏精神，为实现自己的和组织的目标而努力。假如目标定得过低，不能激发员工的热情，这样的所谓目标也就毫无意义了。

3）可实现性原则。目标的先进性，并不是说目标越高越好。目标定得过高不好，这是因为超过努力的极限也无法实现的目标，会挫伤员工的积极性和信心。努力而不可及的目标，是无意义的。

4）可测量性原则。如果不能制定出定量目标，也应制定出定性目标，从而使这些目标是可以监视的、可被测量的、可被考核的或可被控制的。

5）时间性原则。目标有一定的时限性，决定了由谁做、做到什么程度，还必须明确在什么时候完成，这样才会给实施者一定的压力，保证整体进度。有时限要求的目标，对评价考核也有所帮助。

案例 5S 推行目标

- 现场管理 100% 实行"四定"：定位置、定名称、定数量、定责任。
- 30s 内找到所需要的物品。
- 轻伤事故率降低到 2% 以下。

4. 教育培训

5S 教育培训是实施 5S 活动必不可少的重要环节，通过 5S 教育培训，使广大员工充分认识开展 5S 活动能给自己的工作带来的好处，从而主动去做。5S 倡导的是全员参与、自主管理。

（1）5S 教育培训的方法和内容

5S 教育培训通常是与活动实施同步进行的。培训方法按授课形式可分为课堂培训和现场培训两种；按师资来源可分为自行培训和外力培训两种。

1）课堂培训是组织员工在教室里进行集中培训，通过 5S 管理基础知识的讲解和案例分析，使员工有一个理性的认识。

2）现场培训是让员工回到自己的工作现场去，在教练的指导下，对自己的工作环境进行改善，加深对 5S 理论知识的了解和运用，掌握 5S 的应用和技巧。

3）自行培训是企业自身对员工组织的培训，一般教师由本企业员工担任。这些教师通常在企业实施 5S 活动前，参加过一些相关的专业培训和现场观摩，或通过参考书和学习光盘，先行积累一些经验，然后对员工实施培训。

4）外力培训是企业聘请咨询公司的顾问讲师进行培训。引进外力对企业实施 5S 教育培训，效果通常比较好，但费用较高。目前，这类咨询公司很多，企业可

流程型企业5S攻略

以根据需要，聘请专业的顾问讲师进行培训。

（2）5S 教育培训的计划拟定

培训要贯穿 5S 活动始终，这些要体现在培训计划中。表 4-2 为某公司 2012 年上半年 5S 培训计划。

表 4-2　某公司 2012 年上半年 5S 培训计划

序号	项目	进度要求					
		1月	2月	3月	4月	5月	6月
1	5S 起源、目的、作用及推行意义	★					
2	推行 5S 管理案例	★					
3	整理、整顿推行重点及案例		★				
4	整理、整顿现场指导		★				
5	清扫、清洁、素养推行重点及案例			★			
6	清扫、清洁、素养现场指导			★			
7	检查表的编制方法及其操作				★		
8	红牌作战及其现场操作				★		
9	目视管理、看板管理应用技巧					★	
10	提案改善方法					★	
11	成果发布会						★
12	持续改进、PDCA 循环，考试						★

（3）结业考试

为检查培训的效果，了解员工对 5S 知识的掌握程度，培训结束时，要对学员进行一次理论知识考核。考核的方法通常采用书面考试，考核的内容应侧重应用，对考试成绩合格者应记入个人档案，作为员工今后业绩考核依据之一。不合格者应补考直至合格为止。

5. 加强舆论造势

舆论导向宣传可以起到潜移默化的作用，旨在从根本上提升员工的 5S 认识，通过宣传教育，使 5S 理念深入人心。

宣传 5S 工作的主要形式有：企业内部局域网、电视、广播、报纸、简报、宣传栏和标语牌等。

1）企业内部网络宣传手段先进、速度快、成本低、辐射面大。

2）企业简报是企业与员工相互沟通的载体，通过下发简报，可以把 5S 活动的有关信息传递给全体员工，使他们及时了解活动的重要性和目的性，让每一位员工在知情的基础上热爱企业，为企业献计献策。同时，可开展 5S 征文活动，对优秀文章在简报上发表，引导员工对活动重要性的认识，这对日后活动的深入开展非常重要。

3）企业宣传栏是企业文化建设的一个窗口，企业开展 5S 活动，也是企业文化建设的一个重要组成部分。利用这一窗口，把企业推行 5S 的宗旨、理念介绍给每一位员工，以营造一个良好的活动氛围，使活动更容易获得全公司的理解和支持。

4）标语牌可渲染活动气氛，既起到宣传的作用，又起到鼓动和推动作用。同时，还可以制作一些精美的 5S 标语，张贴在工作现场，以增强现场活动的气氛。

6. 样板单位、区域、车间、班组的 5S 推进活动

建立 5S 样板区的主要步骤包括：选择确定样板区，制定活动计划，召开动员大会领导亲自动员，样板区人员的专题培训，记录并分类整理样板区问题点，决定 5S 推行的具体计划并实施，集中对策分期验收，进行 5S 活动成果的总结与展示。每个步骤都有其特定的工作内容，建立 5S 样板区的主要步骤见表 4-3。

表 4-3　建立 5S 样板区的主要步骤

	活动步骤	内　　容
1	选择确定样板区	根据具体情况确定样板区
2	制定活动计划	制定一个 1~3 个月的短期活动计划
3	召开动员大会	领导亲自动员，班组长以上人员参加
4	专题培训	对主要推动人员进行培训 对样板区全员进行活动动员和知识培训
5	按计划组织推进	把计划和任务层层分解到各单位，列出具体措施
6	大规模现场改善	记录所有 5S 问题点（以照片等形式） 分类改善：整理对象清单，整顿对象清单，清扫、修理、修复及油漆对象清单
7	集中对策分期验收	对整理、整顿、清扫、清洁、素养各阶段工作进行验收
8	进行 5S 活动成果的总结与展示	以照片形式记录改善后的状况（定点摄影），将改善前后的照片进行整理对比，对活动进行总结和报告，把具有典型意义的事例展示出来

7. 5S 活动全面实施

在经过上述准备工作之后，5S 即可进入全面实施阶段。

在全面实施阶段，要制定区域责任制以告知现场人员进行 5S 活动的范围，然后同时进行 5S 检查、评比、考核来督促现场人员落实责任并进行改善。

（1）制定 5S 区域责任制，将 5S 内容规范化，成为员工的岗位责任

5S 内容具体到部门、车间生产现场，应有详尽可描述的内容，如整理、整顿的项目，清扫、清洁的范围和方式等。只有每个员工都清楚自己的 5S 活动具体内容，知道 5W2H，即为什么要做（Why），做什么（What），在哪里做（Where），何时做（When），谁来做（Who），以及怎么做（How），做到什么程度（How much），才能使这项工作落到实处。

(2) 制定检查考核标准

制定 5S 工作评价表作为考核标准，考核要本着公开、公平、公正的原则，把定性评价与定量考核相结合，重视对考评结果的运用，将考评与激励相结合，业绩与待遇挂钩，以使每个部门、每个人都能以一种友好而不太紧张的方式进行竞争。

(3) 进行 5S 检查评估

1) 上级检查，即自上而下的检查，由公司领导或 5S 推进办公室成员检查车间，车间领导检查班组，班组长检查个人和机台，层层检查。检查的注意要点如下：

① 要有规范的检查表格，并根据检查的实况填写。

② 检查的结果要能够计算出总的成绩分数。

③ 评出的分数要和激励手段结合，即辅之以奖金、物质鼓励、工资增长或荣誉授予等。

2) 自检，即把相应的评估表发到个人手中，现场人员定时、不定时地依照评估表中的内容自我检查、填写，通过自检可以发现个人与 5S 工作的差距，及时加以改进。

3) 互检，即班组内部员工，依据评估表相互检查，然后填写检查结果。互检的过程既可以发现被检查者的不足，又可以发现被检查者的优点和本人工作的差距，以便学习和改进。

5S 活动，主要体现在一个"自主"和"自觉"上。检查评估应该逐渐由上级向下级检查过渡到互检和自检阶段，由应付检查的心态转变成竞赛、评比的热情。

验收可采用申请制，即各单位需在规定期限内向 5S 推进办公室提出验收申请，推进办公室负责对申请材料进行审核，申请材料评审通过的单位方可进行本阶段验收。对于首次申请验收未通过的单位，在规定的期限内 5S 推进办公室对其进行复验，如果复验仍未通过，视为未通过本阶段验收。

(4) 举行 5S 评比、考核

评比活动是激励机制的一种。制订具体及合理的评价基准，尤其当各厂区、各部门的先天条件不一样时，评价基准也应不同。评比最好与薪资、绩效结合，这样员工才会主动关心。

从心理上讲，评比中的评判人员以基层推荐的人员组成为好。例如车间一级的评比，可以由各车间主任或轮流抽调部分车间主任，组成评委会，检查评选各个车间的 5S 工作；综合这些评委的判断结果，得出各车间的排列名次。依此类推，班组长组成的评委，可以评选车间各班组，排出各班组的名次。

评比等级可以多种多样，如有的企业分成四个等级，分别以绿色、蓝色、黄色和红色标记公布。绿色表示良好，蓝色表示中等，黄色表示要注意（黄牌警告），红色表示差（停工整顿）。也有的企业采取优、良、中、差、劣五级分别评比，并将评比结果与奖金额度挂钩。

评比与检查之后，还应针对 5S 活动中的问题，由被检查者根据评估的意见，提出改进措施和计划，使 5S 的水准不断进步和提高。

（5）坚持可视化和激励化的 5S 推进

在 5S 活动的组织推进中，基本上要体现一个激励机制的运用，而这种激励化的推进，又可以通过可视化的辅助得到加强。

5S 活动的可视化工作体现在 5S 活动的各个阶段、各个方面，甚至可以延伸扩大到整个 5S 活动之中。

1）通过改善前后对比来激发员工的成就感。在 5S 活动开展之前，可以通过现场拍照、录像等方式，把工作现场实况拍录下来。5S 活动之后，再对改善后的现场拍照、录像，把前后的照片、录像展示出来，对员工的改善工作给予肯定，激发员工的成就感和自豪。改善活动的目标是：

① 创建有规律、有秩序的现场；

② 创建清洁明快的现场；

③ 创建可视化、透明化、格式化的现场；

④ 创建高效率的工作现场。

2）通过评比结果的彩色图示激励和鞭策。

制作看板，将 5S 推进计划完成情况、现场改善的亮点和问题点、开展的各项活动用色彩表达出来，定期更换新内容，这样对推进活动更加有利。

8. 5S 效果的维持管理

诚如"得天下易，守江山难"的道理一样，在 5S 推进期间，全员一般都能同心协力去自觉遵守和改善，不敢松懈；取得一定成效后，往往会觉得可以休息喘口气了。而正是这种想法，容易让 5S 效果滑坡和反复，最终，慢慢又回到改善前的老样子。

几个月改变不了一个人，几年才能转变人员的意识，十年左右才能塑造一个人。所以，5S 贵在坚持。要实现全面持久的 5S，必须将 5S 标准化和制度化，让它成为员工工作的一部分。

9. 挑战新目标

"没有最好，只有更好！"社会每天在发展进步，5S 的目标也应随着公司管理整体水平的提升而逐步提高。

当公司取得某一阶段性成果后，应及时总结表彰，并在原有成绩的基础上，设定新的奋斗目标，进一步激发企业上下的斗志和热情。必要时，可考虑导入 TPM、TQM、6 西格玛、精益生产等活动，形成新的关注焦点和提升动力。

流程型企业5S攻略

4.3 成功推行5S必须遵循的十大原则

4.3.1 "一把手"工程和全员参与相结合

每个单位"一把手"是本单位推行5S管理成功与否的第一责任人。其责任体现在领导本单位5S管理推进的全过程，培育良好的推进环境和解决推进过程中的关键问题。"一把手"工程的内涵体现在三个方面：一是"一把手"真正参与到整个推进过程中，在参与中形成影响力和推动力；二是"一把手"在参与中能够合理配置资源，解决实际问题；三是形成团队的核心力量，整个领导班子全体成员分工负责、协调配合，积极落实各项推进工作。

全员参与是指每个单位、每个部门利用各种有效方式，提高全体员工对5S管理的认识，引导全体员工主动参与5S管理的推进活动。

良好的工作环境是全体员工创造出来的。企业应当充分依靠现场人员，由现场员工自己动手为自己创造一个整洁、方便、安全、高效的工作环境，在改善现场环境的同时，改造思想观念，产生自觉的意识，养成现代化企业大规模生产所需要的遵章守纪、认真严格的风气和习惯。员工自己创造的成果，更容易爱护和坚持下去。

宝钢集团之所以能把5S工作长期推进下去，并逐渐演变为企业的一种文化，取决于企业高层对5S工作的高度重视。若高层对5S活动反应冷淡，最终将达不到预期的效果，5S工作很难见成效，易流于形式。若高层领导带头并积极参与5S推进，往往能起到以点带面的作用，5S工作推进中的阻力也会减小。

5S管理是一项全员参与、持续改进的群众性工作，在企业全面推进过程中，必须发动广大员工，让全体员工乐于参与此事。在5S推进工作中，有些主管懂得如何发动员工实施5S，有些主管缺乏有效的领导方式，迟迟发动不起员工。员工被发动起来的区域，5S效果立竿见影，员工的工作热情与士气高涨；员工没有被发动起来的区域，主管弄得很累，效果也不明显。在5S推进过程中，各级主管应重视员工发动工作，把5S推进与员工的工作热情结合在一起，利用集体智慧实施现场改进，这样5S工作才会有活力，才会有成效。

只有"一把手"和全体员工目标共享，共同参与，分担责任，推进效果才有根本的保障。

4.3.2 必要投入和软实力提升相结合

为了改善作业环境，达到人造环境、环境育人的目的，推行单位需有重点、有计划加大对5S推进工作的专项投资。单位在推进5S管理中，要消除过度依赖投资改善环境的认识误区，在加大投入的同时，注意软实力提升，培育企业管理文化，深化理解5S管理理念和精髓，使环境改善和员工素养的提升相互促进。在推进过程中，反复抓、抓反复，形成以自主管理为主要特征的持续改善机制。

4.3.3 制订明确的5S目标

要坚持长期目标和短期目标相结合。5S管理是企业长期坚持的基础性工作，不可能一蹴而就，也不可能一劳永逸。因此，要把推进活动的短期目标（即一年内发生显著变化）和建立管理体系、形成持续改进机制、全面提升员工素质、培育企业文化的长期目标相结合。

4.3.4 建立合理的评价考核机制

为确保5S成果实现长效，应结合单位实际，将5S管理与员工收入增长挂钩。绩效收入增加部分在厂容治理达到公司要求和5S管理达到星级要求后兑现，未达到公司要求的延迟兑现，将样板车间的星级管理纳入综合绩效考评体系进行奖励。各单位应制定出具体的评价考核标准，并落实到车间、班组和员工。上级5S管理推进组织可以根据各推进小组提出的评价结果以及各单位自检评价结果进行综合汇总，按三星、二星、一星给予管理奖励。

4.3.5 5S推进必须以绩效为导向

5S是一种管理方法，推进5S管理的最终目的是提升企业的绩效，包括经济效益、社会效益和员工发展，因此推行5S管理要深刻理解作业环境改善、员工素养提升和绩效的关系。推进5S管理既要关注环境的改善，又要使环境改善有利于员工素质的提升，有利于每个单位部门自身的核心业务做精做细，培育高绩效的团队，全面提高各项技术经济指标水平，完成公司制定的目标任务。

4.3.6 以循序渐进的方式逐步推动5S

实施5S管理，要按照一定的程序进行，分阶段地推进，不能操之过急。5S的推进过程是个渐进的过程，前一个过程是后一个过程的基础，所以推行5S一定是有顺序的。而且在每个阶段都需要企业员工的认同，5S进展到一定程度，企业的管理模式和制度都要发生变化，这些东西都是渐进的。随着新技术、新工艺、新材料的应用以及市场的变化，生产现场也随之不断地变化。这就要求5S管理也应当随之不断地改进，以满足其生产的需要。

4.3.7 灵活运用5S活动的各种技巧与手法

采用各种宣传活动与5S推进活动配合，主要有报纸、电视、视频、宣传栏、简报、经验交流、看板、标语、知识竞赛、征文、演讲等宣传形式。通过持续广

泛的宣传，鼓励先进，鞭策后进，营造浓厚的推进氛围，激发员工学习、参与5S的热情，提高现场改善的意识和能力。

4.3.8 以惠及员工为出发点

应把推进5S管理视为企业发展以及改善成果、惠及员工的重要体现，抓好抓实，在惠及员工的过程中完成企业承担社会责任的使命。要正确看待和理解员工的诉求，善于倾听，注重引导，促进员工观念的转变，变被动为主动，推动5S管理等各项工作顺利开展。这也是关心员工工作、休息环境，保障员工生活幸福的人性化管理要求。要通过5S管理为员工创造愉悦的工作环境，促进员工爱岗敬业，促进工作效率提高；要培养员工良好的工作习惯，以习惯规范行为，不断提高素养，保证生产出高质量的产品。

4.3.9 借用外部因素，短期内实现效果

有些企业自认为已经把5S搞清楚了、弄明白了，于是自己着手推进5S管理，结果阻力重重。咨询机构可以协助企业管理者扫清推进中的阻力因素，聘请咨询机构协助企业推进5S，可以起到事半功倍的效果。对于5S管理知识及内容，许多企业的管理者也都知道，但很多时候公司内部的人讲一个管理方法却很难被同事接受，因为平时在一起太熟，会怀疑你讲此事的立场。尤其在5S检查工作中，由咨询机构主导得出的检查结果，可信度远比公司内部的要高。专业咨询机构长期致力于5S管理体系推进，积累了丰富的经验，必然会有企业无法替代的专业优势。

4.3.10 坚持不懈地进行5S活动

5S管理是基础性的，所以开展起来比较容易，并且能在短时间内取得一定的效果。正因为这个原因，5S管理在取得一定效果后，也容易流于表面的形式，无法做到不断优化和不断提高生产效率。因此，将5S管理作为日常工作的一部分，天天坚持，才能将其持之以恒地进行下去。

为确保5S管理长期有效地推行下去，企业在全面开展整理、整顿、清扫等形式化的基本活动后，要使前3S活动制度化、规范化，使之成为形式化的清洁，最终实现员工职业素养的提高。在实施5S管理时，必须遵循全员的5S、全面的5S、永远的5S的原则。

Chapter 5

第5章

5S管理的体系建设

5.1 5S 管理组织

当 5S 管理推进到第三个 S "清扫"阶段之后,企业会明显感觉到生产现场、厂区环境面貌发生了较大的变化,在取得这一成果后,必须对来之不易的成果进行巩固。要巩固有效成果并达到 5S 管理日常化,就必须建立科学运行维护体系。建立长效机制、实现常态管理是 5S 管理能否推进成功的关键,也是 5S 管理体系建设的基础。要巩固推进成果并持续改善提升,就要坚持 5S 日常检查、考核、评价,并按照 PDCA 循环,形成闭环管理;必须建立公司、厂级、车间、班组逐级的检查考核评价制度,务必在工作中坚持落实。

建立企业 5S 管理体系,首先要制定企业的 5S 管理体系评价制度,对 5S 管理实施过程进行跟踪评价。将 5S 管理制度与员工的绩效考核评定、晋升制度相挂钩。

组织专业部室人员参与编制评价方案,对企业 5S 管理推进过程进行评价,对 5S 活动情况提出建设性意见。5S 管理体系建设还包括"5S"定期现场指导,"5S"专题会,对管理细则进行研讨、修订,把 5S 管理从基本规范修订成制度体系,从而推动企业现场管理的提升。通过开展经常性 5S 验收评价活动,形成公司、车间、工段、班组相互评价的监督模式。

建立和完善企业 5S 管理体系一定要结合企业实际,使 5S 管理体系建设具有企业特色。本书中 5S 管理体系是指对 5S 管理进行决策、计划、组织、指导、实施、总结提升的控制过程,其主要内容包括 5S 管理组织、5S 管理制度、5S 管理标准、5S 管理闭环四个方面。

完成一项大型的、重要的工作必须要有一个高效的组织来保证,5S 管理推进也不例外。为了有效地推进 5S 管理,需要建立一个有威信、高级别的管理推进组织。该推进组织应包括 5S 管理推进委员会,下设推进办公室,包括各部门负责人参加,以及部门设立 5S 负责人等,不同的专业部门承担不同的职责。在本企业形成主要领导负总责,其他领导分工负责,分别负责职能范围或者一个区域,逐级明确责任的管理格局。

5.1.1 5S 管理推进的组织

在 5S 管理推进中,首先要成立 5S 管理推进组织机构,一般成立由企业董事长担任主任、公司总经理担任副主任、公司分管领导担任委员的 5S 管理推进委员会。推进委员会办公室为日常专职推进机构。一般企业将 5S 管理推进办公室设立在企业管理部门或者生产部门,公司分管领导担任各专业组组长,各推进小组牵头部门以及相关单位负责人担任副组长。各企业情况不同,但一般要设立 5S 管理推进综合组、5S 管理外围环境推进小组、5S 管理生产现场推进小组、5S 管理施工现场推进小组、5S 管理建（构）筑物及设备状态推进小组、5S 管理办公环境推进小组、5S 管理推进效能监察组等。

5.1.2 各级组织推进的职责划分

（1）5S 管理推进委员会　它是全面负责和跟踪公司范围内 5S 管理推行工作的决策机构。其主要职责包括：指挥并监督 5S 管理推进综合组以及各推进小组的工作；对推进工作给予人、财、物上的支持；解决推行过程中遇到的重大问题；委员会各成员分别按照责任区划进行督促、检查、指导等工作。

（2）5S 管理推进综合组　它是 5S 管理推进工作的策划、培训、督导、协调、支持、梳理、巩固、考核的综合机构。其主要职责是：对各小组的工作进行聚焦调研；通过严谨、科学的论证，形成系统结论；按照各阶段安排出台相关系统方案，监督制定各种必要的管理制度和采用有效的技术手段；根据 5S 管理推进中出现的难点、焦点问题，提供具体的解决思路和办法。

（3）5S 管理外围环境推进小组　它是外围环境标准制定、实施、检查的具体组织机构，以生产部为牵头单位，设备动力部、规划发展部、建设部、集团管理部等部门参加。其主要职责是：规划公司整体环境方案；公司道路与周边环境的统一设置；环境的绿化、美化、净化的保持；制定（修订）公司外围环境 5S 管理实施细则以及评审标准；组织外围环境的检查和验收。

（4）5S 管理生产现场推进小组　它是生产现场环境标准制定、实施、检查的具体组织机构，以生产部为牵头单位，设备动力部、技术质量部、集团管理部等部门参加。其主要职责是：制定（修订）生产现场 5S 管理实施细则及评审标准；制定工装、工具和物料分类、标志、摆放合格标准；组织生产现场的检查和验收。

（5）5S 管理施工现场推进小组　它是基建、技改项目施工现场环境标准制定、实施、检查的具体组织机构，以建设部为牵头单位，规划发展部、生产部、设备动力部、集团管理部等部门参加。其主要职责是：推动文明施工与 5S 管理的有机结合；施工现场与生产现场的协调与配合；制定施工现场 5S 管理实施细则及评审标准；组织施工现场的检查与验收。

（6）5S 管理建（构）筑物及设备状态推进小组　它是建（构）筑物及设备状态标准制定、实施、检查的具体组织机构，以设备动力部为牵头单位，生产部、建设部、集团管理部等部门参加。其主要职责是：公司建（构）筑物与设备的责任区域界定与划分；设备状态与生产现场的协调与配合；制定（修订）建（构）筑物与设备 5S 管理实施细则及评审标准；组织对建（构）筑物与设备状态的检查与验收。

（7）5S 管理办公环境推进小组　它是各办公环境和人员素养标准制定、实施、检查的具体组织机构，以企业办公室为牵头单位，组织部（人事部）、宣传部、生产部、设备动力部、集团管理部等部门参加。其主要职责是：对办公环境进行责任划分；组织员工创造一个干净、整洁、舒适、合理的工作场所和空间环境；促进公司办公管理及文化建设提升到一个新层次；制定（修订）办公环境 5S 管理实施细则及评审标准；组织办公环境的检查与验收。

5S 管理推进的培训与宣传工作分别由组织部（人事部）、宣传部、教育培训中心负责，各推进小组在 5S 推进工作中要与组织部（人事部）、宣传部、教育培训中心共同制定各个阶段的指导、培训与宣传方案，对管理人员和基层员工进行观念、技能、方案执行的培训与宣传。利用系统讲座、专门辅导、岗位辅导、工作检查、专项研讨、典型报道等方式推动 5S 顺利运作和高效执行。

5.2　5S 管理制度

虽然企业各方面的管理制度都很完善，但是 5S 管理制度也需要专门制定，因为它是一项包含很多专业管理要素在内的综合管理制度，其作用是其他专业制度无可替代的。5S 管理制度主要包括：

1）"不要物"处置流程。
2）"不要物"判定标准。
3）"6 源"排查治理制度。
4）5S 管理标识标准。
5）5S 管理检查标准。
6）定置管理制度。
7）日常清扫制度。
8）设备清扫点检制度。
9）5S 管理交接班制度。
10）5S 管理检查、评价、考核制度。
11）员工行为规范制度。
12）外协单位 5S 管理规范制度等。

5.3　5S 管理标准

5.3.1　5S 管理标准的设计原则

5.3.1.1　总体设计原则

1）重点是先要对现场区域进行整体规划、布局，对各种物料进行规范定置，对设备、设施、物品、站所等进行明确的标识。

2）标准的制定要在执行行业标准的同时结合企业的本土文化。

3）采用标识、画线、公示等方式达到管理状态明确，管理方法清晰，现场状况一目了然，从而使员工容易明白、易于遵守，让其完全理解，自主地接受、执行各项工作，为管理的便利性提供帮助。

4）标准应追求简洁、明了、实用，适合企业现场实际情况。

5.3.1.2 具体的设计原则

1. 整体布局

在生产、加工、检修、运行车间或场所首先要进行全面规划，理顺物流，设定安全行走通道，对备件、材料、各类产成品的集中存放区进行系统设置，目的是为了使现场处于物流畅通，形成人流、物流、信息流鲜明的工作场所。通道的设置是现场实施5S管理的重要内容。

2. 定置管理

科学布局是5S管理中一项非常重要的工作，在划定现场通道后，要重点在区域规划和定置管理方面进行设计，并根据作业中的工艺要求合理布局。定置是研究和改善现场的科学方法，主要从现场中人、物、场所的结合状态进行策划。首先根据物品的使用频率决定存放的位置，其次再按照使用者的便利操作状态设定存放的方式，并依此制作定置的台、架、钩等。对于工作现场内需要集中存放的备品、备件、材料等物品，要专门划定存放的区域，在放置方法上遵循离开地面、一品一位、一头齐或对称、依次排列、方便取放、安全、节约空间等原则。

3. 标识规范

原则上现场涉及的所有区域、设备、物品等均应有明确的标识，其作用是使现场"一目了然"，无论是谁都可对现场进行辨别。标识内容和类别主要有：管道阀门的介质流向及功能；设备、设施、物料、工具等的名称、规格型号及责任人；站、所、房间、大门、立柱、箱柜等的名称或编号；区域、场所的用途；危险、危害、提示、警告及防护要求或说明。标识在制作上应考虑与环境的匹配（耐用）、维护的便利、固定牢靠、位置合理、整洁美观等因素。

4. 色彩管理

色彩在生产现场管理中的运用原理主要是人机工程学的原理。利用色彩对人的心理、生理的影响，改善劳动者与设备、工作环境的关系；应用适合人辨识的设备，使劳动者能安全方便地进行操作，提高劳动者的工作效率和准确性，识别生产现场的危险。

通过员工自己动手对地面和器具的脏污或破损位置进行刷新，达到全员参与、美化环境、现场明亮的状态。工作过程中常进行的刷漆类别有通道、区域线、警示线、货架、焊点、箱柜等。

刷漆时重点把握的原则是：保证所刷部位的除锈清洁、干燥；通道及区域线要在刷漆时两边用胶带纸防护；避免毛边现象；避免造成二次污染；刷漆过后要设置路障隔离，并设立油漆未干告示牌，待干透后撤除。

对于管理档次较高、对刷漆有特殊要求的，要请专业队伍进行设计与实施。

5. 自主改善

现场的改善是体现员工智慧的重要表达方式，凡是影响现场形象、增加劳动强度、不科学的作业方式、存在缺陷、人性化管理不到位等现象，都是改善的问题点。改善就是要不断减少现场的不合理，并充分体现"规范、快捷、充满活力"的状况，主要是通过鼓励现场员工积极参与，使置身其中的每一个人为此而产生赞叹和震撼。

5.3.1.3 流程型企业 5S 设计的重点内容

1）现场所有物品定位。

① 现场备套件、备品、备件、油桶、小车、氧气瓶（胶管）、乙炔瓶（胶管）、注油机、空压机、电焊机（电缆、二次线）、吊具、工夹具、消防器材、料斗、废钢斗、垃圾箱及其他可移动物品必须有明确的固定位置。

② 现场物料（材料、燃料、零部件、半成品、废品、边角余料、废料、废物）、散料、切头等必须固定位置、划分区域。

③ 水冲胶管、清洁工具、操作工具等必须合理定位。

2）现场所有物品分类放置，采用架放、盘放、卷放、吊放、挂放、横放、竖放、插放、形迹管理、工具挂板等方法合理摆放。

3）现场所有物品标识规范。

① 名示牌完整（单位或部门内部统一），符合公司 5S 管理标识标准。

② 现场标识牌完整（标识与物品对应），符合公司 5S 管理标识标准。

③ 通道线、区域线、警示线清晰规范，达到划线要求（刀切线、宽度、角度、色彩），符合公司 5S 管理标识标准。

④ 安全警示牌完整（悬挂位置准确、统一），符合公司 5S 管理标识标准。

⑤ 其他现场需要说明的标识（单位内部必须统一），达到内容准确、设计美观的要求。

4）现场存放数量合理。

① 机旁备套件、备品、备件数量合理（与台账相符）。

② 现场存放的生产物料数量合理（与台账相符）。

③ 原料和产成品数量控制在标准范围（与台账相符）。

④ 工具器具使用数量合理（与台账相符）。

⑤ 库房物资存放数量合理（账卡物相符）。

5）单位、车间、工段（班组）备品备件库房、材料库房内物品遵循库房管理规定，按照四号定位、五五摆放的规律放置物品。

5.3.2 5S 管理标识标准

5.3.2.1 现场标识标准

1. 现场标识要求

1）标识牌制作应具有坚固性、美观性，色彩鲜艳、文字规范、一目了然的特点，同时要与现场环境相匹配。

2）材质选用一般为金属薄板、铝型材、PVC 板、有机板、即时贴、纸质塑封等。

3）标识所选用的颜色主色调见表 5-1。

表 5-1 常用主色调

色彩名称	色彩样品	色卡参数
孔雀蓝色		参照国家标准
白色		参照国家标准
黑色		参照国家标准

4）标识要与现场所要标识的实际内容相符。

5）标识固定位置需要与所标识内容一一对应、显眼、整齐、规范，符合视觉要求，同类型多个标识要统一悬挂位置。

6）标识选用字体主体字为"黑体"，特殊情况可选择其他字体。

7）场所、区域类型的标识需选用企业 LOGO 的，企业 LOGO 应放在标识牌的左上角（尺寸比例参照公司规定），厂门正门要用长方形 LOGO，其余用方形 LOGO。样式如图 5-1 所示。

图 5-1 企业 LOGO 样式

2. 现场标识牌

（1）名示牌

1）二级单位门牌标识。长宽比为 3/2（长度为 750mm，宽度为 500mm），上下两部分宽度之比为 1/2。蓝底配白色黑体字，白底配蓝色华文新魏字体，样式如图 5-2 所示。

图 5-2　二级单位门牌标识样式

2）车间门牌标识。长宽比为 3/2（长度为 450mm，宽度为 300mm），上下两部分宽度之比为 1/2。蓝底配白色黑体字，白底配蓝色华文新魏字体，样式如图 5-3 所示。

图 5-3　车间门牌标识样式

3）液压站等门牌标识。长宽比为 3/2（长度为 450mm，宽度为 300mm），上下两部分宽度之比为 1/2。蓝底配白色黑体字，白底配蓝色华文新魏字体，样式如图 5-4 所示。

（2）现场标识牌

门号、物料标识牌主要表示物品的名称、品种、数量和位置，目的是明确材料所在区域和位置、合理存放数量、负责管理人员和联系电话。

图 5-4　液压站等门牌标识样式

1）门编号标识牌。

① 大门编号标识牌。高度 3.5m 以上的大门标识尺寸：内径为 800mm，外径为 1000mm，边宽 100mm。

② 小门编号标识牌。高度 3.5m 以下的小门标识尺寸：内径为 350mm，外径

为500mm，边宽75mm。样式如图5-5所示。

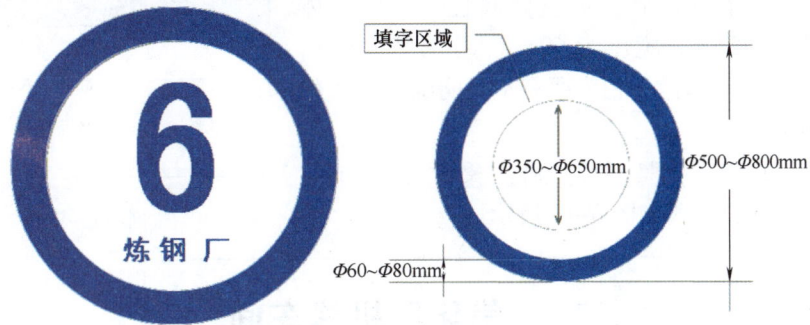

图5-5　小门编号标识牌样式

2）物料、备件标识牌。以下三个标识牌统一为蓝底配白色黑体字，白底配蓝色黑体字，长度为315mm，宽度为220mm。标识牌上下两部分宽度之比为1/3，样式如图5-6所示。

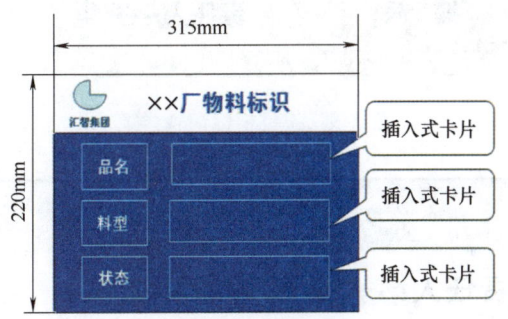

图5-6　物料、备件标识牌样式（1）

暂时存放区名称、数量、责任人、截止时间需用水性笔工整填写。以下两个标识牌需留出边框，线外边框宽为20mm，白底蓝色黑体字，样式如图5-7所示。

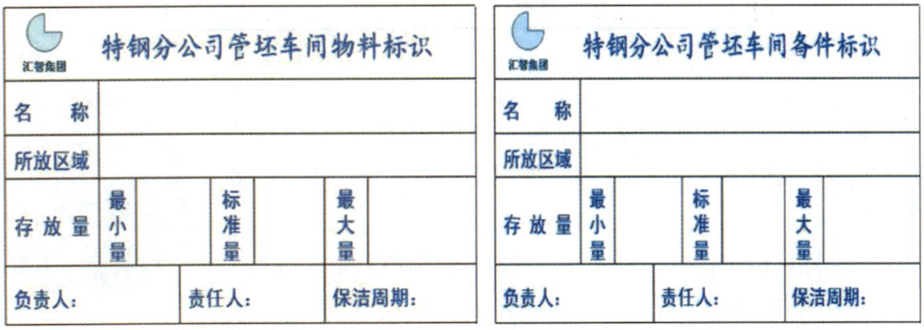

图5-7　物料、备件标识牌样式（2）

3）临时存放标识牌，样式如图5-8所示。

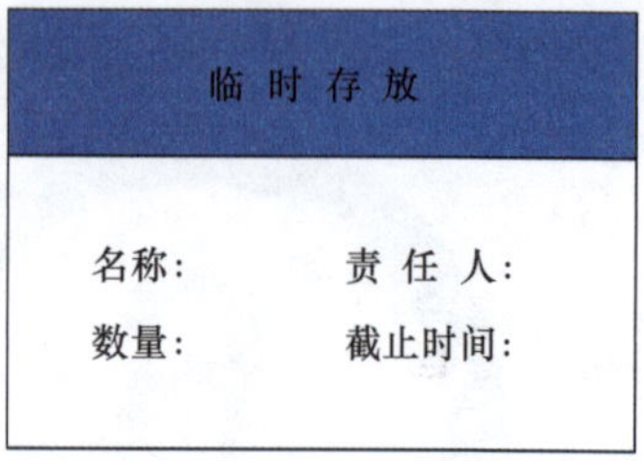

4）工具柜标识牌。黄色做底色，黑色黑体字，长度为90mm，宽度为60mm。字号依实际情况定，要求美观清楚，柜内要有工具明细，样式如图5-9所示。

5）工具架、模具架标识牌。长度为120mm，宽度为90mm，样式如图5-10所示。

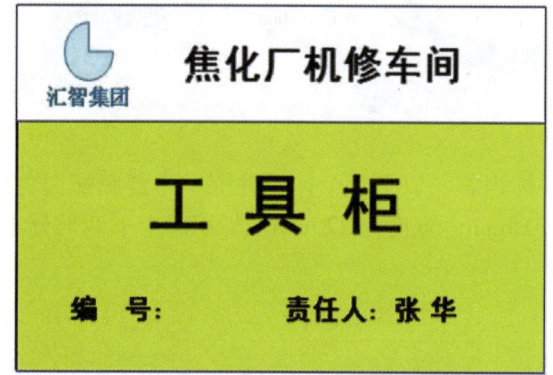

图5-8　临时存放标识牌样式

图5-9　工具柜标识牌样式

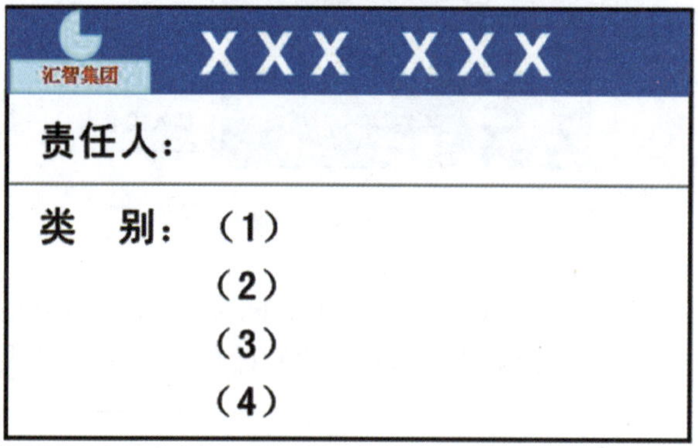

图5-10　工具架、模具架标识牌样式

6）同类设备设施标识牌。存在两个以上的同类设备设施需要编号和标识，尺寸根据实际情况自定，样式如图5-11所示。

7）控制柜（配电柜、远程柜、仪表柜、PLC柜）标识牌。标识牌要求蓝底白字，即时贴或者油漆喷涂（尺寸字号据实际情况自定），样式如图5-12所示。

图5-11　同类设备设施标识牌样式

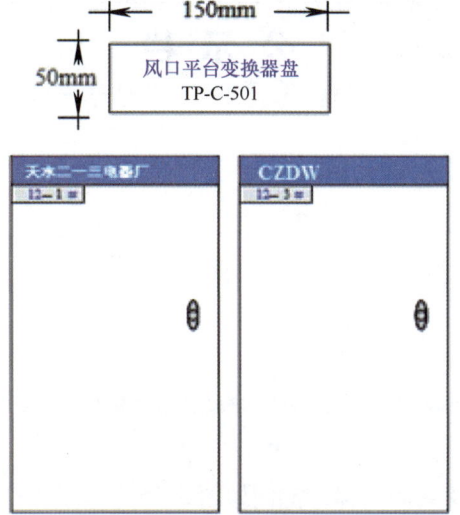

图 5-12　控制柜标识牌样式

8）特殊设备需要标识日常检查项目和操作注意事项两个标识牌，内容简明扼要，尺寸根据实际情况设计，必须实用美观。

9）现场料斗标识牌可用油漆喷字（尺寸据实际情况自定），样式如图 5-13 所示。

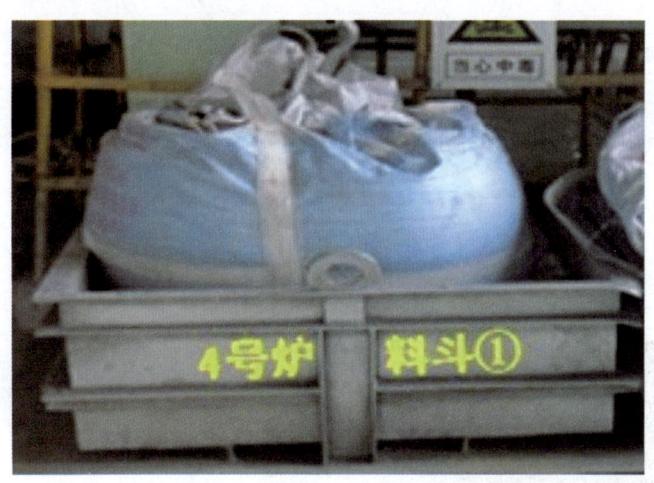

图 5-13　现场料斗标识牌样式

10）定置图管理标识。二级单位定置图内框规格：长度为 2400mm，宽度为 1200mm，边框为 45mm。

11）公示栏范例。长度为 1500mm，宽度为 1200mm，也可根据实际情况定尺寸，如图 5-14 所示。

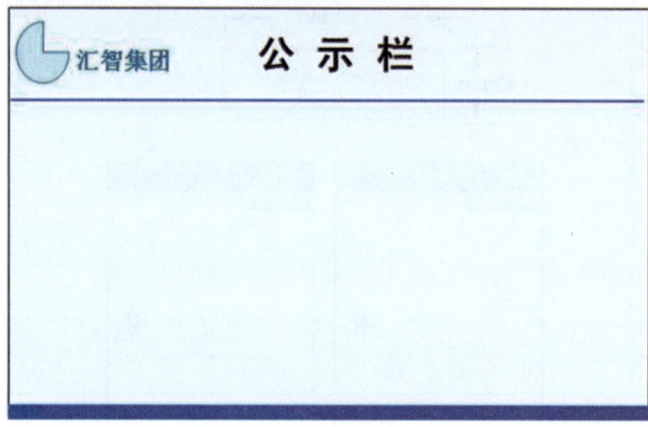

图 5-14　公示栏范例

12）清扫工具架及其标识牌，范例如图 5-15 所示。

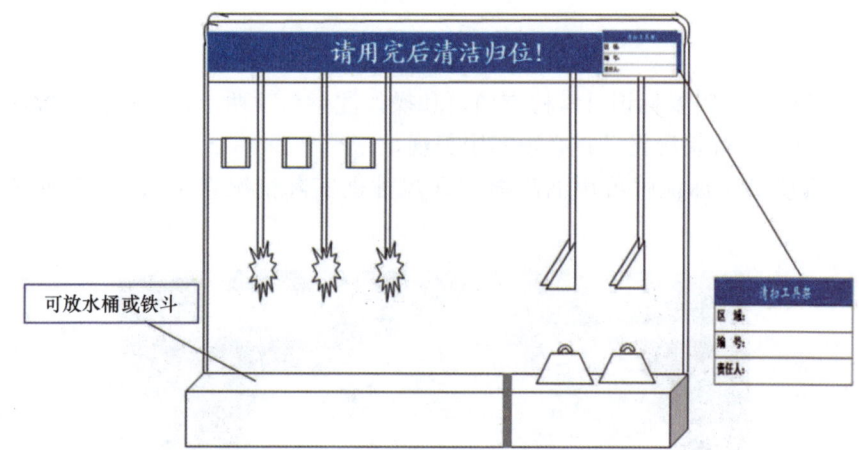

图 5-15　清扫工具架及其标识牌范例

13）管、线收集架及其标识牌，范例如图 5-16 所示。

图 5-16　管、线收集架及其标识牌范例

说明：各单位在具体执行时可作适当调整，如一些只需标识名称的简单场合可自行打印制作或喷涂字样，但要求醒目、美观，必须单位内部统一规范。

（3）标识线

标识线包括安全通道线、区域线、可移动物品定位线、围栏等。标识线的目的是要把物品准确定位，方便取用。

1）通道线。

① A类通道线。间隔线宽为150mm，明黄色油漆实线，色卡号为GSB 05-1426-2001中的Y07，适用于大型生产车间、仓库的主通道（参观通道），通道宽度为1.5m（净尺寸），如图5-17、图5-18所示。

图5-17　A类通道线

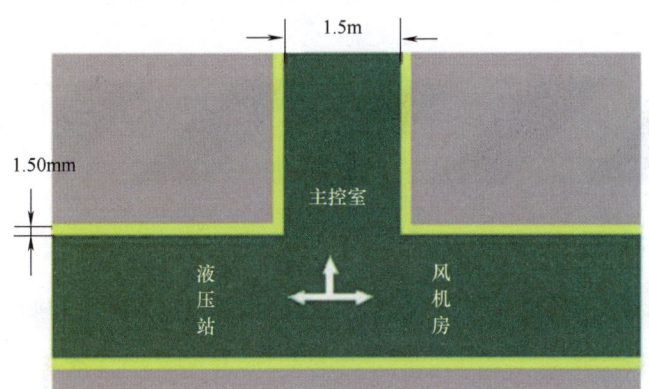

图5-18　A类通道线示例

② B类通道线。间隔线宽为120mm，明黄色油漆实线，色卡号为GSB 05-1426-2001中的Y07，适用于中小型车间和仓库的通道（参观通道），通道宽度为1.2m（净尺寸），如图5-19所示。

图5-19　B类通道线

2）区域线。

① A类区域线。线宽为100mm，明黄色油漆虚线，适用于大型工作车间内部

的区域及功能不确定区域的划分线（为了效果美观，可灵活掌握），如图 5-20 所示。

图 5-20　A 类区域线

② B 类区域线。线宽为 100mm，明黄色油漆实线，适用于大型工作车间内部的区域及功能确定区域的划分线（为了效果美观，可灵活掌握），如图 5-21 所示。

图 5-21　B 类区域线

③ C 类区域线。明黄色与黑色组成的斜纹斑马线，适用于危险区域、地面突出物、易碰撞的设施、消防器材摆放区的禁入警示线和消防通道线，如图 5-22 所示。

图 5-22　C 类区域线

④ D 类区域线。绿色实线，适用于合格品摆放区的划分线，如图 5-23 所示。

图 5-23　D 类区域线

⑤ E 类区域线。红色实线，适用于禁止进入区域划分线，色卡号为 GSB 05-1426-2001 中的 R03，如图 5-24 所示。

图 5-24　E 类区域线

⑥ F 类区域线。白色实线，适用于待处理区、暂存放区划分线。色卡号为中国颜色体系（GB/T15608—2006）中的 N9～N9.5，如图 5-25 所示。

Flow-type Enterprise 5S Manual

图 5-25 F 类区域线

说明：通道实际宽度和材料（油漆、钢板条、胶带）可视工作场所需要而定。

3）定位线。

① A 类定位线。设备的定位，所有可移动的设备与工作台的定位均用明黄色四角定位线，在合适的位置注明物品的名称，如图 5-26 所示。

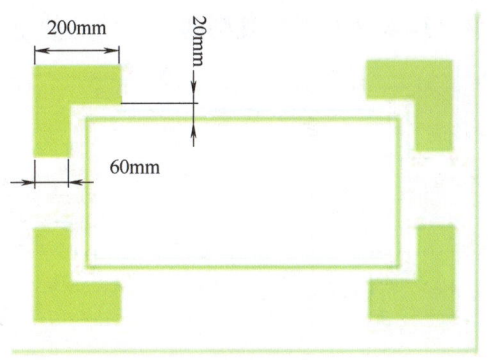

图 5-26 A 类定位线

② B 类定位线。消防器材与危险物品的定位，使用黄黑斑马定位线，如图 5-27 所示。

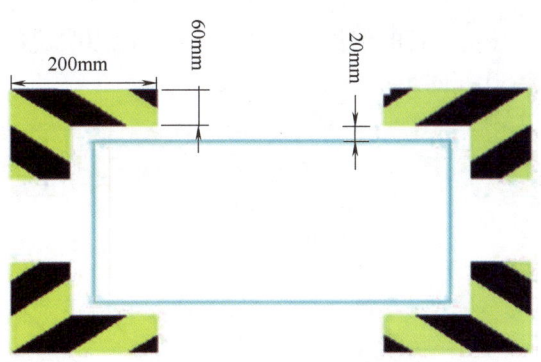

图 5-27 B 类定位线

③ C 类定位线。禁止占用位置，应用于电气柜或消防设备设施下方，外框为红色，内刷红白相间斜条纹（斜角为 45°），红白间隔距离为 80mm，如图 5-28 所示。

图 5-28　C 类定位线

④ D 类定位线。物料码放架与形状规则的常用物品的定位，用明黄色四角定位线，如图 5-29 所示。

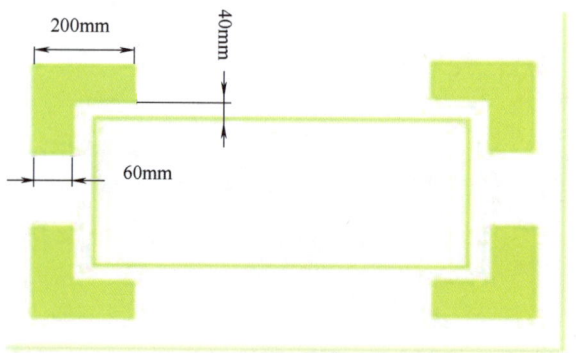

图 5-29　D 类定位线

⑤ E 类定位线。移动设备的定位（如液压车），使用明黄色四周定位线，并标明起动方向，如图 5-30 和图 5-31 所示。

图 5-30　E 类定位线

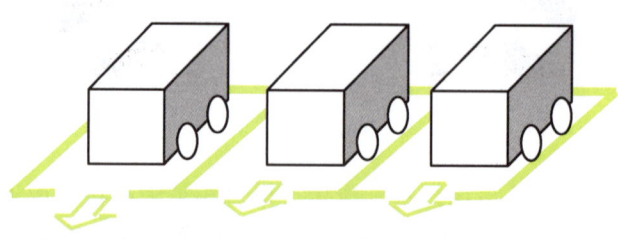

图 5-31　E 类定位线图例

⑥ F 类定位线。货架的定位，线型与图例如图 5-32、图 5-33 和图 5-34 所示。所有物品放置要遵循四号定位（库号、架号、层号、位号）、五五摆放规律。

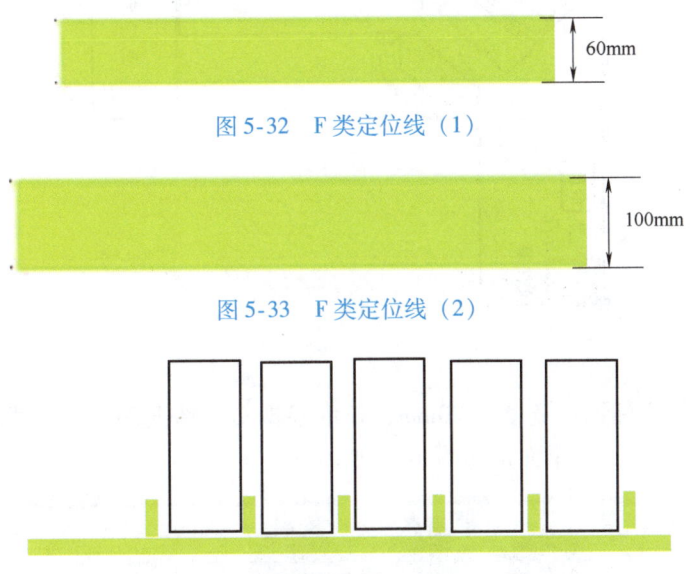

图 5-32　F 类定位线（1）

图 5-33　F 类定位线（2）

图 5-34　F 类定位线图例

5.3.2.2　办公室物品标识及物品放置标准

1）办公室定置图，如图 5-35 所示。

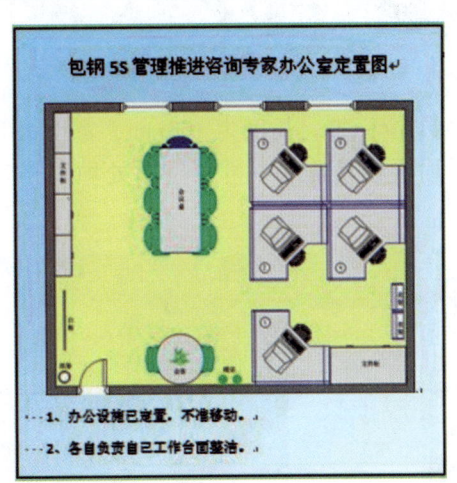

图 5-35　办公室定置图

2）桌面物品定置图，桌面所有物品都要体现在定置图上，据办公设施的不同种类，如老板台、工作站等，提供一张本单位统一的桌面定置图。工作站布局如图 5-36 所示。

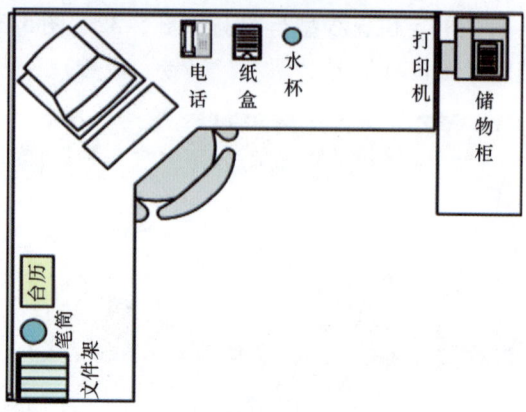

图 5-36　工作站布局

3）电器插头标识。宽度为 20mm，长度根据实际情况确定。电线必须横平竖直，插座应离开地面与桌面，如图 5-37 所示。

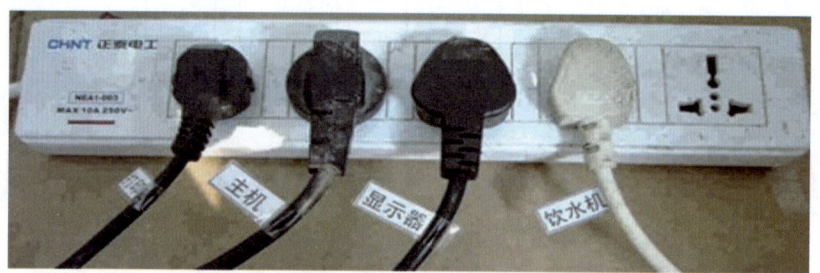

图 5-37　电器插头标识

4）办公桌上的个人岗位标签。长度为 100mm，宽度为 80mm。放置方法和位置要单位内部统一，照片要求是蓝底一寸，空白处填写格言，内容可自行设计，如图 5-38 所示。

图 5-38　办公桌上的个人岗位标签

5）综合柜、文件柜、档案柜、资料柜、更衣柜标识。长度为90mm，宽度为60mm。字号依据实际情况确定，要求美观清楚。标识上应标明责任人，如图5-39所示。

6）文件夹标识。字号依据实际情况确定，要求美观清楚。已经在柜体上标明责任人的，文件夹上不用标明责任单位或责任人，如图5-40所示。

图 5-39　更衣柜标识　　　　　　　图 5-40　文件夹标识

7）清扫工具架及其标识牌，如图5-41所示。

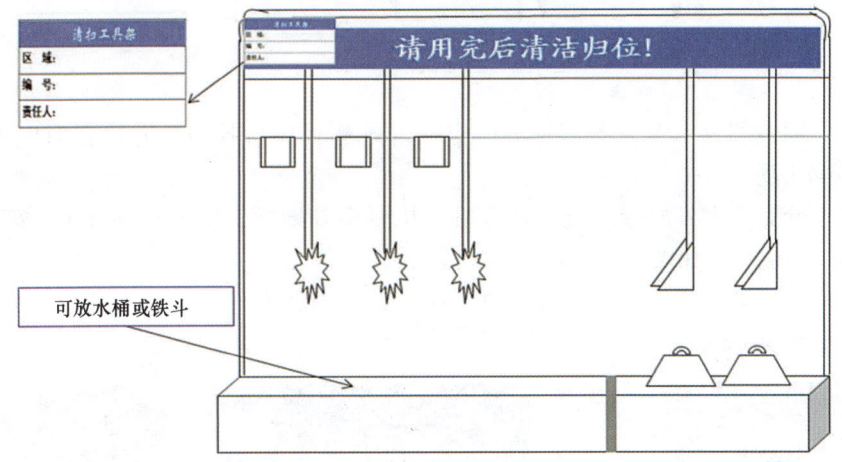

图 5-41　清扫架及其标识牌

8）安全帽摆放示范。可整齐挂放在看板上或摆放在文件柜顶部，如图5-42所示。

9）抽屉内的物品要按照不同功能进行分类分层、整齐摆放，实现一目了然、取用方便。

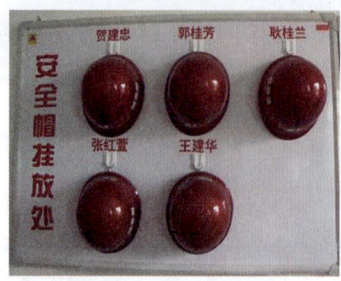

图 5-42　安全帽摆放示范

10）衣架标识示范。标识牌和字体大小根据实际定，规格及位置要部门统一，如图 5-43 所示。

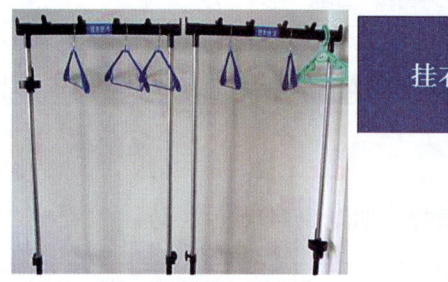

图 5-43　衣架标识示范

11）钟表摆放示范。若需钟表，应在合理醒目位置挂放，并确保时间准确，如图 5-44 所示。

12）计算机主机放置示范。计算机主机要离开地面，可放在座架上，架子样式要部门内统一，如图 5-45 所示。

13）花盆架示范。窗台上可摆放小花盆，室内较大的花盆要有底盘，方便移动，如图 5-46 所示。

图 5-44　钟表摆放示范　　　图 5-45　计算机主机放置示范　　　图 5-46　花盆架示范

注意：以上物品标识及放置标准可根据实际情况调整，在征得5S管理推进办公室同意后，方可确认实施。

5.3.3　5S管理检查标准

5S管理检查标准见表5-2。

表5-2　5S管理检查标准

检查项目		检查标准
组织机构、制度建设、培训及记录		5S管理推进组织机构健全，职责清晰，责任区域划分明确
		各级组织机构能够持续有效地开展工作，注重全员参与，"一把手"工程得到落实
		制定5S管理检查考核奖惩办法并有效运行
		有日常5S管理会议、检查、督导、整改及奖惩记录
		将5S管理培训纳入员工培训计划并严格组织实施
		建立员工自主改善激励机制，积极开展员工自主改善成果评比活动
公共通用部分	门、窗	各类房间、站所有门牌标识保持干净完好
		门窗干净完好，无破损
		玻璃明亮干净，窗帘整洁，无破损
		窗台上除花盆外无其他物品，花盆内无烟头等杂物
		厂房门号标识规范醒目，两侧防撞门柱刷黄黑色警示斑马线
	墙壁、地面	墙壁、地面干净整洁，无卫生死角
		墙壁、地面平整，无坑、洞或残留物，墙壁无表皮脱落现象
		墙壁贴挂物整洁，无破损
		墙壁电气开关箱干净完好，有功能标识和防触电标识，箱内各开关有明确的控制标识
		地面通道线、定位线、警示线等规范整齐，禁止被物品占压
		凡易倾倒、滚动或对地面造成污染和损坏的物品要有托架或衬垫物
		地沟盖板齐全，干净完整，无翘角、弯曲、塌陷等现象，多个盖板要采用统一编号标识
		地面突出物标识黄黑色警示斑马线
	通道	通道干净整洁，无坑洞，无杂物
		通道畅通，无占道物品，如占道作业必须设占道警示标识
		通道线清晰规范，有去向标识，符合公司的5S管理标识标准
		安全防护栏杆完好，无缺损、弯曲变形，并按标准着色
		作业现场有明确的安全行走通道，并规范标识
	管道	管道上无非必需品，废弃管道及时拆除
		工业管道规范整洁，标识清楚，介质管线需明确介质标注、管径、流向、色环，符合公司的5S管理标识标准

流程型企业5S攻略

（续）

检查项目		检查标准
公共通用部分	管道	管道保温材料干净完好，无变形、脱落现象
		管道支架规范整齐，安全可靠
		各种管道无残缺，无锈渍，无跑、冒、滴、漏现象
		管道井门无破损，内部无杂物，干净整洁，管道标识清楚
	电气电路	无用的配线管（盒）、电线电缆和废旧开关、插座等彻底清理
		正常使用的电气电路绝缘性能良好，固定得当，规范整洁，标识清楚，线头无裸露
		电气电路上无非必需品，无私拉乱接现象
		电缆桥架完好，无缺失、变形，无积灰
	照明	照明设施位置合理，完好整洁，接线规范，使用正常，并定期擦拭
		照明开关完好，无缺损，固定得当，线头无裸露
	消防设施	灭火器数量、种类符合消防规定，统一定置，完好整洁，标识规范
		消火栓标识清晰，设施齐全，规范整洁
		定期对消防设施进行检查、维护、更换
	工具器具	工具器具分类放置，整齐有序，标识规范
		各类工具干净整洁，无油污，可移动工具须定置管理，用完时归位
		工具采用架放、盘放、卷放、吊放、挂放、插放、形迹管理、工具挂板等合理摆放
		工具器具（如电焊机、甘油泵、乙炔瓶等）非工作状态下，电缆线或胶管、胶带要盘绕整齐、放置规范
		工具箱（柜）干净整洁，无破损，标识规范，有明确责任人。柜内工具分类合理，摆放整齐，标识清楚，取用方便
	清扫工具管理、清扫制度、清扫记录	清扫工具集中放置，整齐有序，标识规范
		清扫制度（清扫标准、清扫办法、检查制度、考核评价制度）健全
		清扫记录（清扫人、清扫时间、清扫区域、达到清扫标准、检查人签字）完整
	定置管理	移动物品保持干净整洁，规范定置，标识符合公司的5S管理标识标准
		室内物品整洁有序，有定置图，所有物品按照定置图规范摆放
	目视管理	通道线、区域线、警示线清晰规范，物品摆放无压线现象
		现场标识统一规范，干净整洁，内容清楚，及时更新破损、脱落、卷角、模糊、过期的标识
		危险区域、易碰撞设备设施、地面突出物用黄黑色警示斑马线标识
		走梯、平台、地沟、危险区域出入口等须悬挂或张贴警示提醒标识
		天车滑线两侧安装停送电信号灯，并保持正常工作状态

（续）

检查项目		检查标准
公共通用部分	目视管理	现场操作规程、设备点检电路及关键部位操作提示等看板，悬挂、张贴位置合理，整洁规范
		设备易松动、易移动部位的螺栓采用划线对齐标识，易于辨识
		压力、温度、电流等指针式仪表粘贴彩色限位标识条，易于辨识
		现场工具采用形迹管理或工具挂板等方式合理摆放
	"不要物"处置和"6源"排查治理	坚持对现场"不要物"及时判定，并按规定进行处置
		持续开展"6源"排查工作，采取有效措施进行整改
	外围环境	外围环境执行公司的5S管理标识标准中"厂容环境管理标准"，按照厂容管理区域划分，坚持属地管理原则，实行谁主管谁负责
生产作业区域		现场备品备件、材料要进行分类存放，标识清楚
		现场残次品、边角料、废料、垃圾要分类分区（或装斗）存放，无溢出和洒落现象
		临时存放物品一律放入临时存放区，标识明确
		对大型工具、大型可移动设备进行区域定置管理
		设备保持整洁，无积灰，标识规范、醒目
		护栏、护罩、踏板、爬梯、孔洞等防护设施齐全，按标准着警示色
		各类区域线、标识牌规范、齐全、整洁
		各类开关、阀门、管路等标识清晰
		操作台上无非必需品，干净整洁
		操作台按钮、开关、指示灯齐全，无缺损，使用正常，标识明确
		操作台柜内干净整洁，接线规范，控制装置运行正常，及时清扫、维护
现场设备		设备、设施完好整洁、无缺损，设备状态标识明确，运转正常
		设备上无积灰、油污、积水，无跑、冒、滴、漏现象
		设备铭牌、观察孔清晰可辨，无破损、无污渍
		设备、设施标识规范、固定得当，对相同设备进行统一编号
		设备上禁止摆放不必要的物品
		开关、配电箱整洁，标识规范、无缺损
		计量仪表保持清洁，运行正常
现场电气设备、设施		电气设备、设施完好整洁，运行正常
		控制开关、按钮等完好，无损坏，位置合理，标识清楚，操作方便
		电气设备标识清楚醒目，同区域相同设备、设施要进行统一编号，使用状态标识明确

（续）

检查项目	检查标准
现场电气设备、设施	配电柜（箱）内外整洁无破损，标识规范准确（包括安全警示标识）
	电气设备绝缘性能良好，电缆、电线固定得当，整齐规范
	仪器、仪表运行正常，保持整洁
	露天电气设备须设置防尘、防水设施
	高压设备、设施要设置安全隔离围栏，并进行警示标识提示
现场备品备件区	现场备品备件完好整洁，及时清扫，无积灰
	备品备件存放区域标识牌规范整洁，区域线（或围栏）清晰醒目，符合公司的5S管理标识标准
	备品备件分类放置，数量合理，标识清楚，账卡物相符
	备品支架规范统一，整洁干净，编号清晰
	凡易倾倒、滚动或对地面造成污染和损坏的备品备件要有规范的货架、托架或衬垫物进行存放
检修现场	根据现场情况划定检修作业区（主要包括备品备件、材料、工具器具、废弃物等的放置区）
	各检修占用区域设置临时界限或围挡，有明确的区域标识
	检修作业现场的废弃物要集中管理，不随意丢弃
	对检修过程中现场留下的孔、洞等要及时修复，如暂时无法恢复或暂需保留的要有明显的警示标识，检修完工后及时修复，做到工完、料净、现场清
电磁站、变电所、配电室	配电柜、控制柜柜体完整、无破损，干净整洁，标识规范清晰
	柜内电气装置、元件、线路等无积灰，标识准确，电缆整齐规范
	电气设备、仪表等运行正常，无损坏
	电缆铺设整齐有序，标识清楚，无用电缆彻底清除
	电缆桥架完好整洁，盖板齐全
	站所内制度健全，各项记录完整
	电气设备运行指示牌、安全警示牌规范使用
	站所内高压设备、设施要设置安全隔离围栏，并进行警示标识提示
	站所内禁止堆放备品备件和其他材料
液压站、水泵房	液压站、水泵房内设备、管路等表面整洁，无积灰，无油污
	设备、设施完好，无残缺，无锈渍，无跑、冒、滴、漏现象
	设备运行正常，标识规范，管道标识清晰
	多个相同设备要采用统一编号进行标识
	液压站、水泵房内禁止堆放备品备件和其他材料
	站所内制度健全，各项记录完整

Flow-type Enterprise 5S Manual

（续）

检查项目		检查标准
原料区、成品区		区域划分合理，定置科学，标识规范、齐全
		区域线（或围栏）规范整齐，物品摆放不得挤占区域线
		临时存放区有标识说明，明确名称、数量、存放时间和责任人
		无积压料、废弃料、非必需品
		物料分类放置，整齐有序，数量合理，无混放现象
		物料按规定高度堆放整齐，无超高、倾斜现象
		物品标识明确，账卡物相符
		吊具、箱斗定置管理，规范放置，停用时及时归位，多个箱斗、料槽等要采用统一编号进行标识
		倒料车设施完好，干净整洁，定置规范，用完归位
		现场料架完好无损，编号统一、规范、清晰
库房		库房管理制度健全，库房内物品整洁有序，有区域定置图
		物品摆放遵循"四号定位（区号、架号、层号、位号）、五五摆放"规律，遵循"先进先出"原则
		无积压废弃物品，无非必需品
		物品分类放置，整齐有序，数量合理，标识明确，账卡物相符，物品卡整洁，填写规范
		零散件或异形物有合理存放容器或存放架，规范整齐
		物品堆放高度符合安全标准
		临时存放的物品有临时存放区域和标识
		库房通道保持畅通，禁止放置任何物品
		危险品、化学品按照相关法律法规严格管理
		材料柜、备件柜无破损，整齐放置，干净整洁，标识规范，并有明确责任人，柜内物品分类存放，标识清楚
办公环境	办公楼、员工休息室、操作室	区域内干净整洁，无卫生死角，无非必需品，如废弃物、多余物
		区域内物品摆放规范整齐，合理标识
		墙壁、屋顶无积灰，公共设施完好洁净
		纸篓内垃圾不超过2/3
		室内钟表时间准确（与北京时间误差不超过1min），并保持干净
		楼道、走廊、电梯间无杂物，保持畅通
		开水间、清洁工具间干净整洁，内部设施完好
		卫生间干净整洁，内部设施完好洁净，无杂物，无异味
		禁烟区域有禁烟标识，不放置烟灰缸

（续）

检查项目		检查标准
办公环境	办公楼、员工休息室、操作室	饮水机、暖水瓶等完好洁净，规范定置（可采用隐形标识）
		工艺品、奖牌等物品完好洁净，规范摆放
		宣传栏完好整洁，内容及时更新
	办公桌、椅凳	办公桌椅无破损，整洁干净
		有办公桌桌面物品定置图，物品按照定置图规范摆放
		桌面、抽屉、橱柜、文件夹内不要物彻底清理，必要物分类清楚，摆放整齐，标识规范，便于取用
		桌面上如覆盖玻璃板，玻璃板要干净完整，下面不允许压任何物品（如照片、名片等）
		非工作状态，桌面要保持干净、整洁，座椅要归位
	办公设备	办公设备（电话、计算机、打印机、复印机、传真机、装帧机等）完好洁净，保持正常工作状态
		各种办公设备的线路整洁规范，标识清楚
		计算机里无与工作无关的文档、游戏、炒股软件等，文件分类存档，及时整理，文件名规范准确，重要文件加密，计算机定期维护、杀毒
		下班后计算机、打印机等设备电源要关闭
	文件柜、更衣柜	柜体无破损，干净整洁，整齐放置，标识规范，并有明确责任人
		柜内文件、资料、书籍等及时整理，分类存放，标识清楚，取用方便
		柜内文件、资料实施编码或斜线管理
		柜顶除安全帽外不允许放置任何物品，安全帽统一摆放，整齐划一
		更衣柜内衣物及时整理，挂放、摆放整齐
	会议室	物品摆放整齐，取用方便，用完归位
		会议室使用完毕后及时清扫，保持整洁
		投影仪、传声器、音响等设备由专人定期维护，确保随时处于正常状态
		消毒柜内干净整洁，物品摆放有序
		会议室禁止吸烟，禁止摆放烟灰缸
	车棚	车棚及值班室内干净整洁，无卫生死角及非必需品，物品定置规范
		车辆按种类分区有序摆放，区域标识清楚规范
		车棚内辅助设施、设备（如充电插座、充气泵等）干净整洁，使用正常
	餐厅	设施、设备内外干净整洁，使用正常
		餐桌定置摆放，整齐有序
		餐厅、厨房及库房内物品分类定置摆放，标识清楚，规范管理
		煤气或天然气管路、接口、阀门等规范整洁，定期检查维护，确保安全
		食品卫生符合国家食品卫生法要求，餐具清洗达到国家卫生标准
		厨师和服务人员有健康证，工作期间按规定着装
		餐厅须设置食品留样柜，按规定时间留存样品

（续）

检查项目		检查标准
办公环境	浴池	浴室及值班室干净整洁，无卫生死角，无非必需品，物品摆放有序，定置规范
		更衣室干净整洁，更衣柜摆放有序，标识清楚，规范统一
		浴室内设施完好洁净，使用正常，管道和阀门无堵塞或漏水现象
	锅炉房	锅炉房内干净整洁，无卫生死角
		设备、设施完好整洁，运行正常，无跑、冒、滴、漏现象
		物品（燃料、工具器具等）定置规范，整洁有序，标识清楚
员工素养	行为规范	遵守公司劳动纪律各项要求，不迟到，不早退，不擅离职守，上班时间无串岗、群聚、群聊、闲坐等现象
		认真学习5S管理标准（检查标准、标识标准），执行5S管理相关制度，自觉做好责任区域的整理、整顿、清扫工作
		结合本岗位实际，积极开展自主改善活动
		积极参加公司及本单位组织的各类培训，提高理论及技术技能水平
		遵守公共秩序，不在公共场所高声喧哗。遵守交往礼仪，规范使用文明礼貌用语
		开会时将手机关机或调至振动状态，不交头接耳、接打电话，离开座位时，座椅应归位
		爱护现场环境，不随意放置工具、材料、杂物等
		爱护公共环境和设施，不在墙壁、地面及设备设施上留下刮痕和污迹，不在现场随意涂写、张贴
		爱护和保护厂区内的花草树木，不攀折花木，不践踏草坪，不破坏和污染周围环境
		不随意踩踏、损坏、污染现场各种设施、设备、产品等
		不在禁烟区吸烟，不乱扔烟头，不流动吸烟
		不随地吐痰，不乱扔杂物、垃圾，保持工作、休息环境干净整洁
		无长明灯、长流水及随意丢弃材料、备件等各种浪费行为
		下班前整理好台（桌）面物品并归位，保持台（桌）面清洁；检查个人责任区域的卫生整洁情况，达到清扫标准，并按照清扫制度进行清扫作业，关好门窗、水电气
		个人物品不外露，由个人集中管理，整齐放置
		保卫人员须文明礼貌执勤，接待登记表填写规范
	着装要求	规范穿戴工装及劳保用品，保持干净整洁
		进入生产现场按规定佩戴安全帽
		各种防尘、防污、防热、防噪声、绝缘等劳保用品按现场规定穿戴规范、齐全
	规范操作	遵守公司各项规章制度，熟练掌握本岗位操作规程、安全规程和相关制度，严格按照规程进行作业，杜绝违章操作

(续)

检查项目		检查标准
员工素养	规范操作	严格按照"岗位点检标准"和责任区域划分进行设备点检和维护,并准确记录,发现问题及时上报和处理
		精心操作设备,保证设备稳定运行
		熟练掌握安全防护、救生用具的使用方法,突发状况下能正确使用
		正确使用劳保用品,采取必要的安全防护措施,履行安全监护责任
		不随意跨越或穿越各种运转设备、栏杆、围挡、危险区域等
		物料轻拿轻放,整齐有序,防止混放

注:验收检查中,以上标准必须结合本单位实际进行调整,不可照搬照抄。

5.4 5S管理闭环

5S管理体系必须形成回路,即通过运用PDCA循环中的闭环管理方法,实现制度、标准、检查、评价、奖罚的闭环管理。

PDCA循环是由美国统计学家戴明博士提出来的,它反映了质量管理活动的规律,其中P(Plan)表示计划,D(Do)表示执行,C(Check)表示检查,A(Action)表示处理。PDCA循环是提高产品质量、改善企业经营管理的重要方法,是质量保证体系运转的基本方式。在5S管理推进过程中我们同样要借助PDCA循环的方法,实现企业现场管理的不断提升。

1)PDCA循环一定要按顺序进行,它靠组织的力量来推动,像车轮一样向前滚进,周而复始,不断循环。

2)在5S推进过程中,企业每个部门、科室、车间、工段、班组以及个人的工作要想提高,均有一个PDCA循环过程,通过这一科学方法一层一层地解决现场存在的问题,形成大环套小环、一环扣一环、小环保大环、推动大循环,实现我们工作提升的目标。

3)每进行一次PDCA循环,都要进行总结,提出新目标,再进行第二次PDCA循环,使现场管理的水平不断提升。PDCA每循环一次,现场环境和管理水平都提高一步。要想了解和掌握我们日常5S管理推进的工作水平,不妨开展一些基层员工对5S管理知识理解和掌握情况的意向调查。

Chapter 6

第6章

5S推进的员工自主改善

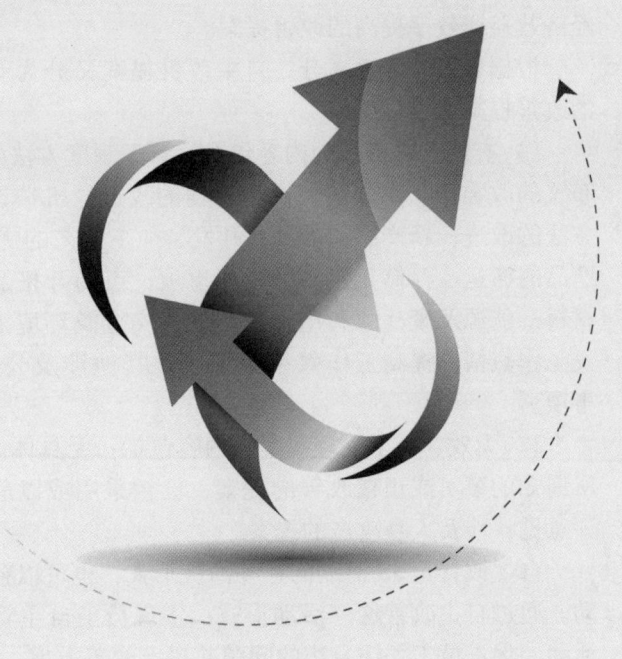

6.1 什么是自主改善

自主改善是员工针对现场、现物、现实中存在的问题提出解决方案，自觉参加改善实践，能够组织实施并形成有效成果的活动。自主改善包括对工作中一切不合理的管理和操作方式进行改善，它是提高员工素养的重要途径和体现。

6.1.1 自主改善提案的概念和范围

自主改善提案是员工在日常5S管理推进过程中，针对现场存在的问题向上一级提出针对性的解决方案和建议，是员工自主改善的体现。自主改善提案内容包括管理方法、管理流程、技术改造、操作方法、作业步骤、设备改善、品质改进、能耗管理和包装改进等。

6.1.2 自主改善提案的分类

根据不同的实施程度，自主改善提案可分为实施型提案和建议型提案两类。实施型提案是指各种已自主实施或协同实施完成并取得效果的改善提案。建议型提案是指需要较多的人、财、物等资源，员工无法独立完成，完成后可取得明显经济效益或效率提高的改善提案。

根据有效、无效来分，自主改善提案又分为有效改善提案和无效、不予受理的改善提案。

1）有效改善提案的内容包括：管理制度方法的改善和完善；厂房及机械设备布置的改善；工作方法、业务流程的改进；机械设备、工艺装备的新设计；保养方法的改进；新产品的设计和开发、加工工艺的优化；产品质量提高方面的改善；产品的搬运、存储、控制等注意事项；市场开拓及营销活动强化事项；节约原辅材料、能源及废品的利用；职业健康安全及环境卫生的改善；促进人际关系，激发工作热情，提高工作效率等事项；其他涉及公司相关方面需要改善和改进的事项。

2）无效、不予受理提案的内容包括：无具体内容，纯为个人想象的提案；众所周知的事实或正在改善的提案；已被采用或以前已提及的提案；非建设性的批评意见；涉及人身攻击的提案。

自主改善是5S活动的一种高级形式，也可以独立于5S成为一个单独的改善活动。通过自主改善这一活动形式，实现员工自主管理，鼓励员工积极地参与改善活动，促进员工关注身边的问题并提出改善方案，从而提升全体员工的整体素质，实现现场环境和管理的不断提升。这也是推进5S活动所要达到的重要目的之一。

自主改善的过程也是员工积极参与现场改善的过程，改善成果会增加员工的自信心、成就感以及被人尊重的感觉,这些美好的感觉会激发员工创新的热情和主动工作的积极性,从而在工作中创造更大的价值。

6.2 企业开展自主改善的步骤

(1) 成立自主改善成果评审委员会

组长、副组长一般由公司领导担任,成员一般为各职能部室主管领导。

(2) 组织自主改善成果的实施

推行委员负责本单位改善活动管理,提高本部门活动成效,组织部门提交活动评价。各部门推行干事(由推行委员任命)负责收集、审查本部门提案,建立部门改善台账,指导部门各小组积极主动开展改善提案活动。

(3) 对自主改善成果进行评选

由评审委员会任命人选,成立评审办公室,组织召开评审会议,负责对各单位上报的员工自主改善成果定期进行审核、分类、初评,在此基础上,提交评委会进行集中评比。

(4) 对评选结果进行复查与审核

评审委员会负责对各单位提交的改善提案进行复查与审核。

(5) 对优秀成果进行评选与表彰

推进办公室负责管理改善提案活动运作情况,组织审核委员会对提交的改善提案进行复审并负责统计发放改善提案奖金,定期组织进行活动评价、表彰工作。

(6) 对优秀成果进行总结与归档

由推进办公室将所有自主改善成果分类汇总,汇编成册,指导各单位开展改善工作,形成 PDCA 的良性循环。自主改善流程图如图 6-1 所示。

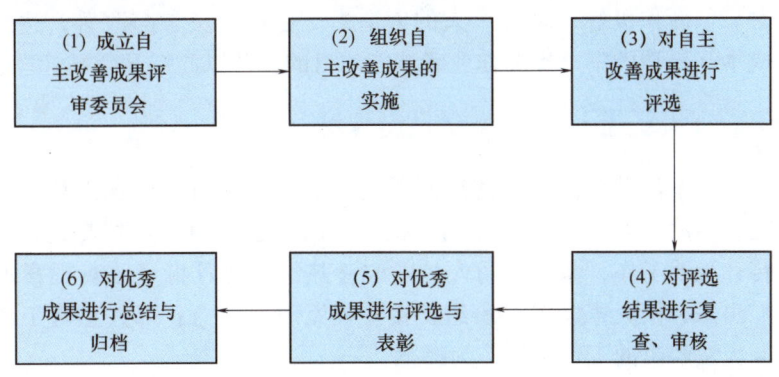

图 6-1　自主改善流程图

6.3 如何开展自主改善提案活动

现场改善提案活动是作业者以生产现场为中心，以质量改善、生产效率提高、成本降低、工装夹具改良、作业方法改进、现场管理改善等方面为内容提出建议并付诸实施的活动。

现场改善提案活动要立足于本职工作，从完善本职工作做起，从改善小问题做起，对本工序、本班组不完善的项目提出改善建议，从作业动作、作业场地、夹具、工具、机械设备、材料、工作环境等方面入手，开展全方位的改善活动。题目大小、范围不限，不仅仅是品质方面，也不是必须有显著的效果，只要是能够比现况提高一步即可。哪怕是能节约一分钱，缩短一秒钟的作业时间都是现场改善的目的。提高效率（少用人员和工时），保证和提高质量（减少不良），改善工作环境（5S、安全），降低成本（减少场地、节省经费、节约能源、提高材料利用率）等方面都是改善的内容。设备怎样布局才能减少搬运量？该发明一种怎样的夹具才能使零部件更容易加工？工具应怎样摆放，以免需要较多的动作去拿取？不能做好这些点点滴滴的小事，就不会有快捷的生产速度，就不会对需求迅速产生反应。作业者根据自己工位的作业特点提出的改善是最容易实施的，也是最有效的。

6.3.1 检查开展现场改善、培养员工自主改善意识

现场改善提案活动广泛、持久地开展，可以提高现场的自我改善能力，养成改善习惯，培训员工的问题意识和改善提高意识，使改善自主化、全员化。现场人员在共同生产、共同参与改善的过程中会产生成就感，增强归属感及被尊重感，提高其改善、创新积极性，发挥个人的创造力。通过全员参与改善，达到提高质量、降低成本、提高效率、提高作业者技能的目的，并以此提升现场管理的水平。

6.3.2 班组长带头示范、立足岗位进行改善

现场改善提案活动范围广，解决问题的方法灵活，着重于本工位。班组长在现场改善提案活动中要起到带头作用，积极提出改善提案。同时要做好改善提案活动的宣传、说明工作，激发现场人员的改善热情，每月将《改善提案书》最好的部分张贴出来，供大家学习。班组长接受提案时要注意：那些正常工作和题目太大、空洞无法解决的工作不能作为提案。

6.3.3 按流程开展提案活动、及时进行评价奖励

班组长将接受的提案整理后，交部门领导确认。提案应分为一般提案和重点

提案两类：本部门能解决的或某一部门能解决的属于一般提案，由相关部门领导确认；需两个以上部门解决或费用较大、效果显著的属于重点提案，由相关部门领导共同确认。提案确认后交相关专业管理部门专员登记，再交实施部门实施改善。实施完成后，先由部门主管进行评价，然后由专员组织有关人员对提案进行评分，并确定等级，对提案者给予相应奖励。专员每月公布一次提案接受清单及实施现况。提案采用后，提案者及其所在班组在考评时能获得加分。

"改善"强调的是这样一种观念：每一件工作都有很大的改进余地，改善是无止境的。自己主动发现问题，找出原因并解决问题就叫改善；由其他部门检查发现问题后再解决问题就叫整改。全体员工都应全身心投入，发掘每一个不起眼的改进机会，找出现场存在的问题并采取措施解决问题，通过"改进——维持——进一步改进"的过程，把事情做得越来越好。大体上，把事情做得更好有两种途径：一种是突破性的进展，即"创新"；另一种是逐步改进，即"改善"。对于企业来说，两者是缺一不可的。首先我们要充分认识到"改善"的意义；其次要创建良好的企业文化，引导员工主动去改进工作；再次要有适当的评价与激励手段。

我们要建立这样一个概念：本职工作 = 日常工作 + 改善。

6.4 自主改善提案的评审组织机构及其职责

6.4.1 5S 管理推进委员会职责

5S 管理推进委员会为企业最高评审的领导机构，其主要职责是：
1) 领导全企业范围内员工 5S 管理自主改善评审活动的开展与评审。
2) 组织由 5S 管理推进办公室复审初选通过的自主改善提案成果评审会。
3) 确定自主改善提案成果等级和奖金具体数额。

6.4.2 5S 管理推进办公室职责

5S 管理推进办公室在公司 5S 管理推进委员会领导下，具体负责员工自主改善提案的组织申报、组织专家评审、组织发布成果和奖励等工作，其主要职责是：
1) 负责员工 5S 管理自主改善提案成果评审活动的组织策划。
2) 成立员工自主改善提案成果评审小组，成员由各有关专业部门人员和专家组成员担任，对员工 5S 管理自主改善提案成果进行初评。
3) 牵头组织 5S 管理推进委员会对员工 5S 管理自主改善提案初评成果进行审核。
4) 员工 5S 管理自主改善提案成果材料保存。
5) 5S 管理自主改善提案成果评审的日常管理。

6.4.3　企业各基层单位 5S 管理推进组织的职责

企业各基层单位 5S 管理推进组织负责本单位员工 5S 管理自主改善提案成果活动的开展和成果审核，其主要职责是：

1）收集、受理本部门员工 5S 管理自主改善提案成果申请。
2）教导员工填写员工 5S 管理自主改善提案成果申报表。
3）对自主改善提案成果进行可行性初审。
4）辅导提案人对不成熟的提案进行完善。

6.5　自主改善成果申报程序

1）提案人或提案部门应填写"员工 5S 自主改善成果申报表"，交各单位 5S 管理推进办公室，由各单位 5S 管理推进办公室统一将申报表交到企业 5S 管理推进办公室，经企业 5S 管理推进办公室审核后提交委员会评审小组。"员工 5S 自主改善成果申报表"要求结构合理，层次分明，内容详细，格式统一，字迹工整。

2）企业 5S 管理推进办公室视具体情况定期组织评审小组对员工提交的申请进行评审。每年年中一次、年末一次。每年年末组织对全年的优秀自主改善提案成果进行发布。

3）评审小组经讨论后必须对提案给出评价等级，并填写在"员工自主改善成果申报表"上。评审完后由 5S 管理推进办公室负责汇总。

4）5S 管理推进办公室对评审小组的意见审核后，须以书面形式将评审的结论及时反馈给申报人。

5）企业 5S 管理推进办公室须对被采纳的成果进行跟踪调查，及时将调查结果填写在"员工 5S 自主改善成果申报表"上。

6.6　自主改善成果的评审和发布

6.6.1　自主改善成果的评审

1）凡申报评审的自主改善成果，必须具备"四性"，即先进性、创新性、实用性和效益计算的合理性。

2）自主改善成果必须经基层单位认真评审，改善效果真实、有效，可以做到长期保持。

3）自主改善成果的评分方法。自主改善成果的评分标准分为针对项目问题和针对改善问题两大类，两类标准均为百分制，最后将两类得分按照权重进行合计，根据最后合计出的总分进行评审。具体评分标准见表6-1和表6-2。

表6-1　针对项目问题的评审

解决问题的重要性	应用范围	先进性
解决关键问题 31～40分	应用于全行业 16～20分	全国范围领先 31～40分
解决重要问题 21～30分	应用于全公司 11～15分	全省范围领先 21～30分
解决比较重要问题 11～20分	应用于分厂内 6～10分	市、县范围领先 11～20分
解决一般问题 10分以下	应用于工段 5分以下	本单位领先 10分以下

表6-2　针对改善提案内容的评审

贡献度	创意度	可行性	努力度
利润、费用、效率、质量60分	独创精神 20分	提案内容的可行程度 10分	提案之前经研究思考程度10分
突破性改善效果 51～60分	创意非凡 17～20分	几乎不需要修改 9～10分	需付出极大努力 9～10分
有大幅改善效果 41～50分	创意甚佳 13～16分	需部分修改 7～8分	甚为努力 7～8分
有明显改善效果 31～40分	有相当创意 9～12分	需要相当程度修改 5～6分	相当努力 5～6分
有部分改善效果 21～30分	有新意 5～8分	需大幅修改 3～4分	少许努力 3～4分
改善效果轻微 20分以下	无新意 4分以下	几乎需全部修改 2分以下	几乎依直觉提案 2分以下

4）在日常管理工作中，按照公司或上级文件要求及领导指示，有关职能部门办理的正常工作不属于改善成果奖励范畴；但领导没有指示，上级没有文件，通过有关部门员工的努力，完成对于企业经济效益有重大影响的成果，可以申报自主改善成果评审并给予奖励。

5）在日常生产经营工作中，为了达到增加产量、提高质量、降低损耗、增加效益、改进管理工作的目的，领导决策采取的各项技术管理措施不属于改善成果奖励范畴；若由科级和作业长以下人员提出，在本单位执行，并取得成果的，可以申报自主改善成果评审并给予奖励。

6）未经采用的提案，如从提案人的申诉理由中发现确有价值时，可要求重新提出，再由评审小组重新审议，确认可行的，给予奖励。

7）同一内容的自主改善成果，以先提出者为准，如同一日期提出而工作小组无法明辨先后顺序者，视同联合申报处理，仍以一个成果给予奖励，奖金均等。

8）自主改善成果的内容若成功申报国家专利，其权益一概归公司所有，但由公司按其经济价值给予特别奖励。

6.6.2 自主改善成果的发布

1）自主改善成果可分为五个等级，分别是特等奖、一等奖、二等奖、三等奖和鼓励奖，其中特等奖本着宁缺毋滥的原则，在自主改善成果评审时可以空缺。具体奖励等级设计见表6-3。

表 6-3 奖励等级设计

级 别	特 等 奖	一 等 奖	二 等 奖	三 等 奖	鼓 励 奖
得分	95 分以上	85~94 分	75~84 分	65~74 分	64 分以下
金额					

2）对于获奖的自主改善成果，企业5S管理推进办公室将以书面形式通知原申报人；未获奖的自主改善成果，企业对申报人姓名将保密，不予公布。

3）个人完成的改善，奖金全部发给个人。

4）集体完成的改善，奖金分配由主要完成单位、协作单位和建议主要完成人员共同协商，由建议主要完成人按贡献大小提出合理分配方案，报建议主要完成单位主管领导批准。

6.7 做好自主改善的要点与案例

1）以科学发展观统领自主改善工作，将员工自主改善与企业整体发展统一起来，从而促进企业管理的提升，最终落脚在企业效益的提高。

2）解放思想、转变观念，树立进取的全新的企业新理念，打造全新的企业文化。这可以说是企业提高核心竞争力的中心内容。思想不解放，观念不转变，机制不改变，因循守旧，企业是没有出路的。

3）发动企业全体员工，制定一套自主改善工作计划。认真做好各种资料收集统计工作，对照标准找差距，把国际先进标准、国内先进标准、同行业先进标准作为本企业追求的目标。明确企业自主改善的目标和任务、保障措施和激励办法。

推行5S必须发动全员参与，充分发挥员工智慧。自主改善活动要立足于本职工作，从完善本职工作做起，从改善小事做起，对本工序、本班组在作业动作、作业场地、夹具、工具、机械设备、材料、工作环境等方面存在的问题，开展全方位的改善活动，从而提高降本增效，创造出更好的操作方法及科学管理模式，不断提高员工的素养，实现现场的持续改善。

4）着力提高自主改善的执行力。自主改善的总目标、细化目标和责任部门与责任人落实之后，必须要提高执行力。一个成功的企业，正确的决策只能占20%，而执行力占了60%，还有20%是市场机会等因素。可以说，员工执行力的强弱是决定自主改善工作成功与否的关键所在。

5）把自主改善与员工的切身利益相结合，员工应分享自主改善的成果。公司必须依靠全体员工才能生存和发展，因而应发挥经济杠杆的作用，制定完备的激励措施，以充分调动广大员工的积极性和创造性。

6）开展好形式多样的群众性自主改善活动。自主改善是靠全体员工来做的，自主改善方式方法应是多种多样的。已有的、良好的做法要发扬光大，如群众性技术创新活动、合理化建议活动、挖潜降耗活动等。但这还不够，企业还要加强员工的培训，让他们了解市场，让他们掌握技术，并拨出一定的资金来支持他们开展自主改善活动。在员工中开展日结、日清、日高的自主管理活动，不断分析成败得失原因，不断总结提高。5S管理员工自主改善成果发布如图6-2、图6-3所示。

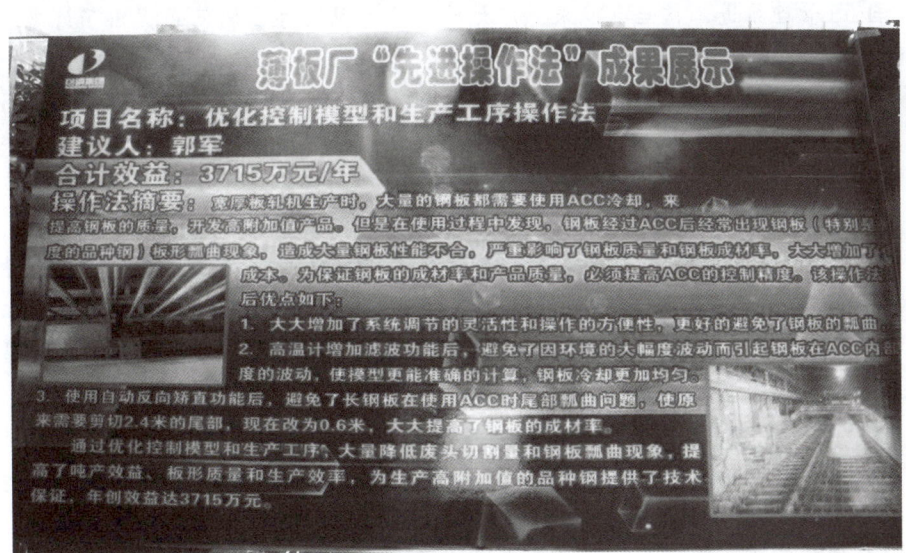

图6-2　某企业薄板厂"先进操作法"成果展示

图6-3 某企业炼铁厂"节能减排合理化建议"成果展示

走自主改善之路，是企业的一项长期任务，是提高企业核心竞争力、实现可持续发展的必然选择。选择正确的道路，集中精力办好这件事，企业将受益无穷。

 包钢开展5S管理员工自主改善成果评比工作的通知

公司各单位：

自5S管理推进工作启动以来，广大员工针对现场存在的问题提出了许多自主改善建议，经过实施，取得了良好的效果。为了进一步激发员工自主管理意识，鼓励员工自主创新的积极性，建立员工自主改善的长效机制，公司决定开展5S管理员工自主改善成果评比工作。现将具体事宜通知如下：

一、员工自主改善成果的定义和申报范围

（一）5S管理员工自主改善成果的定义

5S管理员工自主改善成果是指在实施5S管理工作中，员工针对现场管理中存在的问题，自主提出改善方案，经所在单位或部门认可后，由一名或多名员工组织实施，在提升现场管理水平方面取得显著成效并具有一定推广意义的创造性成果。

凡申报评比的员工自主改善成果，必须具备"四性"，即先进性、创新性、实用性和效益性。

（二）成果申报范围

1）使现场物品规范有序，有利于现场管理的成果。

2）节约时间，节省人力物力，有利于提高工作效率的成果。

3）修旧利废，变废为宝，有利于降本增效的成果。

4）规范操作，精细管理，有利于提高产品质量的成果。

5）增强员工安全意识，降低安全风险，有利于促进安全生产的成果。

6）其他有利于提升现场管理水平的员工自主改善成果。

（三）下列成果不列入申报范围

1）在日常管理工作中，按照公司要求或单位安排办理的正常工作。

2）由公司或单位组织实施所取得的科研成果、技术改造成果、管理创新成果等。

3）非员工自主改善、模仿抄袭其他单位或个人的成果。

二、员工自主改善成果的申报程序及要求

1）各单位要自行组织本单位内部的员工自主改善成果评比工作，并将获奖成果上报公司评比。每个单位上报的成果原则上不超出3项。各单位要对上报评比的成果严格把关，讲求质量，做到宁缺毋滥。

2）各单位对于确认上报评比的成果，要认真组织填写"5S管理员工自主改善成果申报表"。

3）每项成果主创人和参与人合计不超过5人，成果主创人及参与人应为一般管理人员或操作人员。

4）成果报送地点：公司5S管理推进办公室。联系人：推进办副主任，联系电话：××××××××。

5）成果申报截止日期：2011年10月31日。

三、员工自主改善成果的评比

1）成立公司5S管理员工自主改善成果评比领导小组。

组　　长：公司党委副书记、公司党委常委、工会主席。

副组长：工会常务副主席、集团管理部部长、5S管理推进办公室主任

成员单位：办公厅、工会、纪委、组织部（人事部）、宣传部、计划财务部、生产部、集团管理部、设备动力部、技术质量部、新闻中心。

评比领导小组办公室设在公司5S管理推进办公室。

2）由成果评比领导小组成员单位选派人员担任评委，组成评委会。5S管理推进办公室在对各单位上报的员工自主改善成果进行审核、分类、初评的基础上，提交评委会进行集中评比。

3）公司5S管理推进办公室将最终评比结果上报公司5S管理员工自主改善成果评比领导小组审定。

四、员工自主改善成果的奖励

1）公司员工自主改善成果奖励分为一等奖、二等奖、三等奖、鼓励奖四个等级，并根据成果获奖情况对员工所属单位予以奖励。

2）属于个人完成的改善成果，奖金全部发给个人；属于集体完成的改善成果，奖金由成果主创人、参与人按贡献大小合理分配，并报单位主管领导审核。

3）同一内容的员工自主改善成果，奖励遵循成果创造时间优先的原则。

案例一　5S 管理员工自主改善成果申报表

成果名称	吐丝管存放架					
申报单位	包钢天诚线材轧钢部					
主创人	姓　名	马存宝	性　别	男	所在部门	轧钢部
	文化程度	本科	从事专业（工种）	轧钢备品工	联系电话	2186226
参与人				杨华		
改善前	改善前图片			问题点叙述（简明扼要）		
				吐丝管外形非常不规则，像一个变形的问号。摆放在地上杂乱无章且不利进行清扫工作		
改善后	改善后图片			改善重点叙述（简明扼要）		
				现用钢管做了一个 20mm 椅子形状的支架。吐丝管头部搭在支架靠背上，重心放在支架上。这样可放多根吐丝管，既节省空间又美观实用，且可以保证吐丝管的曲线不被破坏，保证了吐丝管的使用寿命		

	成果内容说明
创造背景	（着重分析改善前存在的主要问题，说明为什么要对其改善） 　　由于弯好的吐丝管形状极不规则，所以每次弯好后只能堆放在地上，既不美观也不利进行清扫工作，而且保证不了吐丝管曲线的一致性
成果实施	（着重说明成果实施过程，采取的方法、措施等） 　　在实施过程中想了很多办法。如，焊一个普通的架子，但是放在地面上区别不大而且摆放还很乱。后受到椅子的启发，根据吐丝管的特有形状安排两个特有的支点，其中一个支点要有一定的高度。后经多次测量实验最终用钢管焊接成该支架，连接部位用角钢斜拉加固而成
取得的成效	（着重说明成果实施后产生的实际效果以及取得的经济效益等） 　　创意独特，构思巧妙，提出了针对奇特形状的备件可采取多点支撑的设计思路，可以推广
本成果主创人、参与人信息无异议，填报内容真实，并已通过本单位内部评比，同意向公司5S管理推进办公室申报 　　　　　　　　　　　　　　　　　　　　　　　　　　　　　　　　　天诚线材（盖章） 　　　　　　　　　　　　　　　　　　　　　　　　　　　　　　　　　2011年10月31日	

 承钢1780生产线地下油站环境、设备改善

▶ 热轧卷板厂1780点检站

流程型企业5S攻略

单位：热轧卷板厂1780点检站
成果名称：1780生产线地下油站环境、设备改善
主创人员：王宝森、王松军
参与人员：邢建军、冯志权、周少见、点检站全体员工
成果类别：环境改善、减少安全隐患、降低事故
完成日期：2010年3月

一、1780生产线地下油站介绍

1780生产线的现代化程度高、生产线长，地下液压稀油设备较多，仅地下室面积就达15000m²，几乎等同于整个车间的面积，共有液压站11个、稀油站15个、中央油站6个、干油站9个、干油储脂站2个，这些设备所占的空间相当于整个地下现场的1/2。全线生产设备的润滑和动作都必须依靠这些油站的润滑和所提供的动力源来实现。在改善前地下设备上有大量的废油、尘土，地面上和墙体上遗留有大量安装时的吊装环、起吊支架、钢丝、水泥支模片等杂物，对正常生产和安全带来很大的隐患，急需进行治理。在现场治理和整改过程中，点检站56名员工献计献策，"心往一处想，劲往一处使"，员工们身体力行，讲究方式与方法，不断提升设备管理理念，保证了这项工作的高效进行。

二、改善成果主要内容

1. 现场问题描述

1）地下油站地面积水、油污现象非常严重。

▶ 改善前的高低压稀油站地面

▶ 改善前的水管道漏水严重

2）在实施现场改善之前，正好是调试期间，液压稀油设备跑冒滴漏严重，当初被职工们形象地称为"水帘洞"，造成了油品的大量浪费，使生产成本大幅上升。而且经常造成热停机，影响设备作业率，严重阻碍了1780生产线达产达效目标的实现，同时也为设备点检、维护带来了极大的不便。

3）液压稀油设备庞大，现场设备标识不清楚；有各种阀门5000余个，但是都没有明显标识，非常不便于操作、点检和维护。

4）1780生产线地下油站面积大，内部地形复杂，但是由于没有路标和整体安

全通道规划,尤其是各入口没有显著标识,非常容易出安全事故。

地下设备及各种中间管道多,敷设不合理,设备锈蚀严重,标识不清。

▶ 改善前的除鳞泵站,空间昏暗,地面油污较多,设备基本上看不到原来的本色

5) 1780 生产线投产后,地下油站新增加的一些用电设备由于没有预埋穿线管,电缆直接在地面通过,既影响了地下室的环境又带来安全隐患。

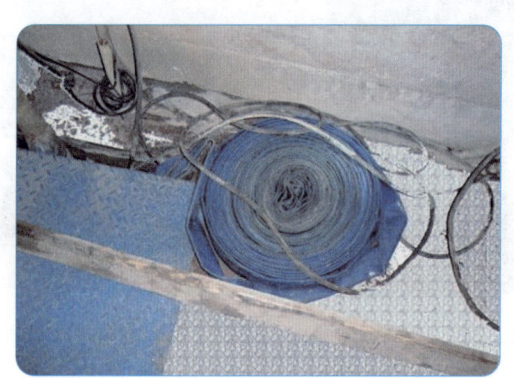

▶ 现场地面随处可见的电缆等杂物

2. 改善对策

1) 针对地面积水、油污较多的情况,重新进行整顿规划。

2) 针对地下油站内跑冒滴漏严重的情况,成立专项攻关小组进行治理。

3) 针对液压稀油设备多的特点,制作点检看板,对所有介质阀门进行标识,并进行规范定置。

4) 设置绿色安全通道,标注明显的走向标识,对油站的出入口、防火门等进行标识,便于紧急情况下寻找安全出口,同时在显要位置制作安全、防火等标识,提醒在地下施工和工作时注意安全。

5) 对介质管线按照 5S 管线标识标准进行涂色,对不合理的管道重新敷设、设置标识，整改油站内的走梯、栏杆存在的缺陷。

6）组织电气人员在房顶和立柱重新敷设穿线管，规范电缆的走向，消除安全隐患。

3. 改善方案实施

1）公司领导和相关部室在热轧卷板厂地下油站的治理过程中给予了大力的支持，为地下油站治理工作的顺利进行提供了强有力的保障。

2）热轧卷板厂领导班子高度重视地下油站的治理工作，专门成立了治理攻关小组，厂长任组长，副厂长组织攻关小组成员积极查找漏点、分析原因并进行彻底治理，先后处理漏油点230余个、漏水点200余处，同时为油站地面敷设地板砖，疏通排水沟，保证了正常生产时地下室干净整洁的环境。

3）为提高点检质量和工作效率，员工们自己动手，主动参与自我改善活动，自行设计、制作"点检标准"看板40个，在每个油箱附近增加液位点检表，为所有介质阀门张挂标识牌5000余个。

点检看板上列出了要害点检部位和主要设备参数，方便点检；点检人员每两小时点检液位一次，并在液位点检表上进行记录，方便液位的监控。

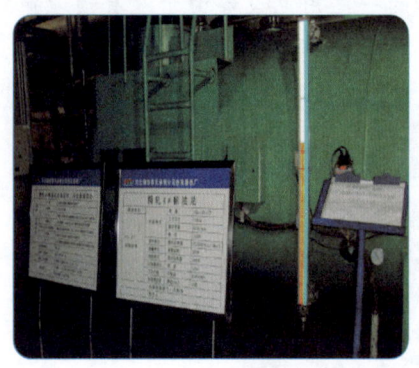
▶ 点检看板

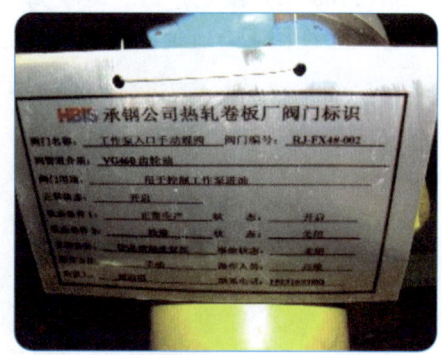
▶ 阀门标识

▶ 液压阀动作标识牌，标有阀的
代号、作用和设备的动作方向

4）对油站的出入口、防火门等标识进行统一编号，并制作出入口位置图在每一门口悬挂，便于紧急情况时寻找出口，同时在地面上设置绿色安全通道510余米，走向标识箭头80余幅，安全提示牌30余个，消防标识100余个。

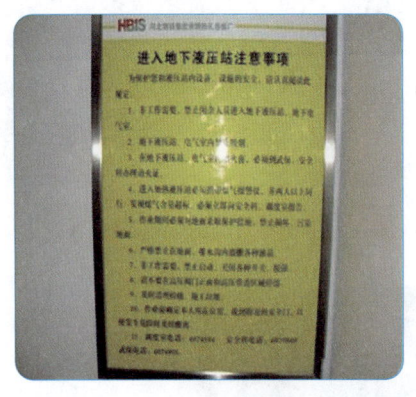 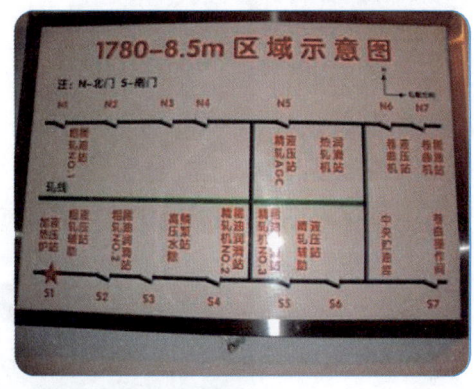

▶ 油站入口的注意事项和出入口区域示意图标识牌

▶ 地下走向标识箭头，上有相邻油站指向标及安全行走路线，使本单位人员与外来维护人员可以以最快的速度找到各台设备，提高点检维修效率

5）职工自己动手擦拭各类液压设备近10000余点（处），为设备、围栏、桥架等处刷漆、补漆近10000余平方米，并标识相应管道流向和作用。

流程型企业5S攻略

第6章 5S推进的员工自主改善

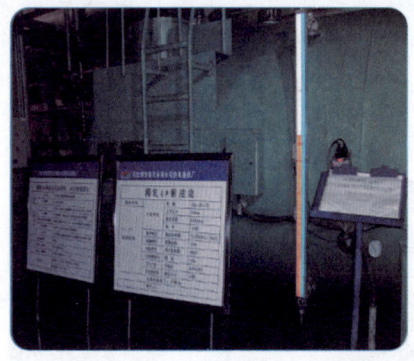

▶ 点检看板

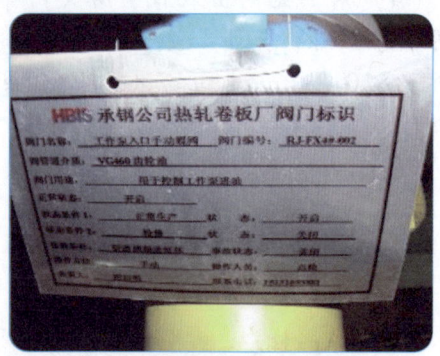

▶ 阀门标识

▶ 经过重新擦拭和补漆后的热卷箱液压站,
真正做到了设备见本色

▶ 自主改善后的除鳞泵站

▶ 经重新刷漆的管道,并标识管道名称
和流向,色环清楚明确

6）合理利用地下空间，设置油品定置区3处，在地下夹层处设立备件存放区3处。

▶ 油品定置区

▶ 备件存放区

4. 改善效果描述

1）通过对跑冒滴漏现象的治理，液压设备故障率大大降低，故障停机率由2008年的33.27‰，降低到2009年的8.25‰。液压油消耗由2009年恢复生产初的257桶降到年底的46桶，直接创效100万元以上。因漏油影响的停机时间由恢复生产之初的1330min降到12月份的200min，直接创效1700万元以上。

2）通过对设备跑冒滴漏现象的治理，1780生产线地下油站的环境卫生得到了彻底改善，地面干净整洁，真正做到了沟见底、设备见本色，达到了目前国内同行业顶尖水平。

3）油站内各类标识、看板规范清晰，杜绝了诸多安全隐患。

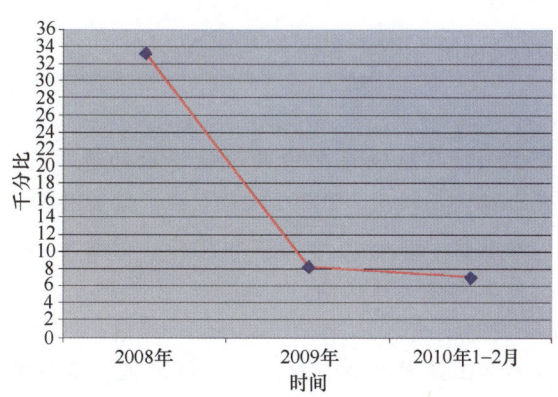
▶ 设备故障停机率统计

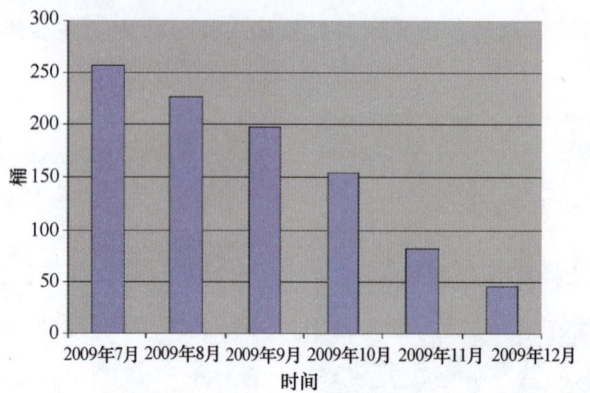

▶ 液压油消耗

4）通过不断的改善，提高了点检人员的工作效率和点检质量，最主要的是提高了液压设备的有效作业率，为轧线生产，尤其是连续实现日产万吨提供了有力的保障。

5）在地下油站内实施"精细化管理"美化环境的同时，提高了设备作业率，为企业挖潜增效奠定了基础。

6）1780生产线地下油目前已经成为承钢油站治理的样板，多次接待各级领导参观，并受到公司领导的肯定和赞扬。

5. 员工自主改善体会

1）领导为员工提供了自主改善的良好环境和氛围，充分发挥了员工的聪明才智。

2）员工是现场自主改善的主力军和受益者。

3）完善员工自主改善激励机制，对员工现场自主改善给予支持和鼓励。

 现场整体改善　企业旧貌换新颜

——选钛工序整体改善成果

黑山选钛厂是自黑山铁矿选铁尾矿中回收钛资源的选矿企业，远离公司，位于偏远的承德县高寺台镇黑山矿区。2009年下半年，按照公司部署，强力推进5S管理，克服条件差、起点低、观念旧的困难和阻力，使企业面貌焕然一新，工作环境得到根本改善，员工素养明显提高。

一、推进5S管理前的状况

该厂是早期建设的矿山选矿企业，起点低、标准低、条件差，员工观念陈旧、见识少，尤其是车间厂房按重选—电选工艺建成后，又变更设计，主工艺改为强磁选—浮选，工艺变化导致车间布置不合理、不协调，拥挤杂乱，整顿难度大，再加浮选药剂腐蚀，企业面貌形象很差，主要表现在以下几个方面：

Flow-type Enterprise 5S Manual

1）车间厂房破旧失修。
2）"跑、冒、滴、漏"及锈蚀严重。
3）物品摆放随意，混乱无序。
4）管路、线路凌乱，架设不规范。
5）工作环境差，设施简陋，卫生脏乱。
6）员工观念陈旧，习惯不良，行为不规范。

现场改善前图片

▶ 改善前的厂区

▶ 改善前的厂区

▶ 改善前的车间

▶ 改善前的球磨机

▶ 改善前的搅拌机

▶ 改善前的强磁机

133

流程型企业5S攻略

第6章 5S推进的员工自主改善

▶ 改善前的旋流器组

▶ 改善前的电缆电线

▶ 改善前的电缆线

▶ 改善前的物品摆放

▶ 改善前的工具箱

▶ 改善前的值班室

▶ 改善前的工具箱

二、改善对策方案

针对改善前存在的问题和不足制定以下改善对策：

1) 绘制、制作现场各区域平面定置图和各类标识牌，并挂放在现场。
2) 制定现场定置管理办法、5S 管理规定及 5S 检查考核办法。
3) 按定置管理办法的规定，对各区域物品按规定进行摆放，建立各区域物品清单。
4) 进行厂房修缮及内、外墙粉刷喷涂。
5) 开展油漆作战，对全部设备、设施进行除锈刷漆。
6) 规范、整顿各类电缆（电线），各种矿浆、水、汽管线，达到规范、整齐，整体布局合理、有序。
7) 对车间不规范的走梯、通道、作业平台重新进行规划、设计、制作安装。
8) 对各值班室、交接班室、更衣室、办公室等进行形迹管理；整修地面、墙面；更换部分已损坏橱柜等；改变杂、乱、脏的无序状况。

三、员工积极参与、成果显著

针对选钛厂存在的各方面问题，员工主动参与，自主组织研究攻关，攻克了许多难题，做出了突出贡献，现就其中两个方面介绍如下：

（一）跑冒滴漏治理

1. 自行设计制作强磁机转环挡水罩

问题描述	强磁机在生产运行中，卸矿水冲刷转环造成水和矿四处喷溅，腐蚀设备设施，影响环境
提案主要内容	选钛厂组织技术和维修人员进行攻关，自行设计，用不锈钢板制作转环挡水罩
提案人	劳晓峰、王钊军
提案实施	于 2010 年 4 月采纳并实施
改善效果	解决了地板湿滑及锈蚀、强磁喷溅水问题，并且不影响生产操作

改善对比图片

▶ 改善前的强磁机

▶ 改善后的强磁机

2. 自行设计制作圆筒筛挡水罩

流程型企业5S攻略

问题描述	给矿圆筒筛在筛分运转过程中，随着筛体旋转，冲刷水冲洗筛网四处喷溅
提案主要内容	自行设计、制作了圆筒筛挡水罩
提案人	高振祥、马建
提案实施	于2010年2月采纳并实施
改善效果	解决了冲刷水喷溅、地板锈蚀和湿滑问题，改善了环境

改善对比照片

▶ 改善前的圆筒筛

▶ 改善后的圆筒筛

3. 用衬胶截门替代普通铸铁闸板阀

问题描述	旋流器组给矿截门原是DN200普通铸铁闸板阀，其使用寿命短（两个月），经常造成矿浆跑冒，同时增加维修工作量，成本高
提案主要内容	经论证，采用DN200衬胶截门替代普通铸铁闸板阀
提案人	王钊军、高振祥
提案实施	2009年12月使用至今，运行正常
改善效果	预计使用寿命是普通铸铁闸板阀的4倍，年节约成本约5000元。占用空间小，更换方便，同时解决了漏矿现象，改善了现场环境

改善对比图片

▶ 普通铸铁闸板阀

▶ 衬胶截门

Flow-type Enterprise 5S Manual

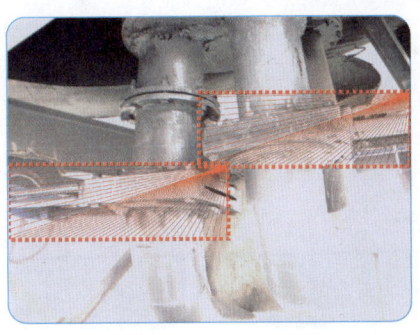
▶ 现场使用的衬胶截门

（二）整顿规范电缆、电线、管路

1. 电缆、电线用线桥隐蔽架设

问题描述	原电缆电线架设采用三角支架和铁线捆绑悬挂，不安全、凌乱、不整齐
提案主要内容	通过架设桥架，规范各种电缆电线
提案人	朱培凤、杨巨明
提案实施	于2009年10月开始实施
改善效果	解决了许多安全隐患，整齐美观，方便维护

现场改善对比图片

▶ 车间一角改善前的电缆

▶ 车间一角改善后的电缆

▶ 改善前的砂泵电缆电线

▶ 改善后的砂泵电缆电线

▶ 改善前的强磁机电缆电线

▶ 改善后的强磁机电缆电线

▶ 改善前的电缆线

▶ 改善后的电缆线

2. 尾矿管路采用高分子聚乙烯管替代普通钢管

问题描述	车间主要矿浆管路是钢管和陶瓷复合管。钢管磨损快、寿命短（1个月），常出现磨漏现象；陶瓷复合管切割后，切口处易掉磁，而且重量大，安装不方便
提案主要内容	采用高分子聚乙烯管替代钢管和陶瓷复合管
提案人	王钊军、劳小峰、刘志扬
提案实施	2009年7月投入使用
改善效果	使用至今效果良好，预计其使用寿命是钢管的4倍，是陶瓷复合管的2倍。年节约成本约10万元。减少了"跑、冒、滴、漏"现象，工作环境得到改善，而且重量轻，安装方便

四、企业面貌发生根本性变化

经过10个月的努力，5S管理结出硕果，现场环境发生明显变化，基本达到了整洁、有序、规范、一目了然，"跑冒滴漏"现象得到有效控制，工作环境根本改善，员工观念转变、素养提升，效率提高，同时提升了安全生产水平。

▶ 改善前的矿浆管路

▶ 改善后的矿浆管路

现场改善后图片

▶ 改善后的厂区

▶ 改善后的厂区

▶ 改善后的车间

▶ 改善后的车间厂房

流程型企业5S攻略

第6章 5S推进的员工自主改善

▶ 改善后的车间

▶ 改善后的球磨机

▶ 改善后的强磁机

▶ 改善后的旋流器组

▶ 改善后的搅拌机

▶ 改善后的工具箱

▶ 改善后的生产值班室

▶ 改善后的维修值班室

 ▶ 改善后的职工更衣室

 ▶ 改善后的更衣橱

五、推进体会

领导重视，强力推进；
脚踏实地，真抓实干；
加强督导，严格考核；
全员参与，自主改善；
持之以恒，持续改进。

Chapter 7

第7章

5S推进的配套活动

7.1 知识竞赛活动

5S 管理推进是一项以广泛参与为基础的全员活动，流程型企业在推行中一定要发挥各部门优势，行政部门和宣传部门、团委、工会应密切配合、齐抓共管，广泛地宣传和发动，营造 5S 推进氛围。通过企业的 OA 系统、电视台、报纸、网络、看板等媒介宣传 5S 管理推进的总体方案、推进目标和方针，5S 管理标准、管理工具和技巧，推进中的先进经验、先进事迹和人物，使广大员工从中受到教育，思想认识得到提高，并在日常工作中得以应用。

为深入推进 5S 管理工作，进一步强化员工 5S 意识，增加员工参与 5S 的热情，可以举办形式多样的 5S 活动，如知识竞赛，演讲比赛，5S 感言比赛，漫画，摄影、书法大赛，经验交流等群众性活动。

开展 5S 知识竞赛活动，能够让员工在竞争的氛围下全面理解 5S 理论，营造浓厚的学习氛围，增强部门之间的团队合作意识，对推行 5S 活动起到积极的促进作用。

抓好准备工作是取得良好效果的保障。在活动开展初期，要进行一系列的策划活动。如成立竞赛组织，确立竞赛方法，征集编写 5S 题目复习提纲，以及出题和制作题卡，准备抢答设施，编写主持词等。

7.2 漫画、摄影、书法、感言大赛

开展漫画、摄影、书法、感言等形式多样的比赛，既可以有效调动员工参与 5S 的积极性，更可以寓学于乐，让每位员工对 5S 活动有更深入的了解和认识，同时也给员工提供了一个展示自己才华和创意的机会。如摄影比赛可以把员工参与 5S 推进活动的珍贵镜头和场面真实地记录下来，提高员工的自信心，进而更有效地促进 5S 管理活动的开展。

在 5S 管理推进中，只要及时将员工亲身经历、亲眼所见的感人事迹加以汇编并进行宣传，对员工一定可以起到潜移默化的作用。

下面，摘选一些 5S 管理推进的感言，供大家参考。

1. 一个女库工，在星期天休息的时候，请老公一起和她去库房里划标识线。她为了把自己的工作往前赶，心甘情愿。

2. 一位女干部，在清理树丛里的树叶垃圾时，无法用铁锹直接挖起，她挽起衣袖，亲自用手抱树叶。

3. 一位实习大学生，在 5S 期间帮助库房库工清理不要物品，在物品搬运时砸了脚，他却拖着受伤的脚依然在岗位上默默地继续工作。

流程型企业5S攻略

4. 机修车间主任在星期天早上，独自一人把他们所分管的绿化地清理干净了。他说员工太累了，该让他们休息休息了。

5. 机动部的一位部长，在库房职工清理库房的时候，把库工的办公室打扫得干干净净，他想通过双手让职工感受到温暖。

6. 一位女库工，每天中午不回家。她告诉她17岁的儿子说：所有的人都自愿加班把活往前赶，妈妈也不想落后，你就辛苦点自己回家做饭吃吧！因为他爸爸也是中午不回家的。

7. 在固阳矿山验收时，一位老班长紧紧握住党委书记的手，请他一定要转达对一位女干部的谢意，他说："我在矿山工作30年，从来没有在这么亮堂的环境里待过，是白部长没白天没黑夜地带着大家干出来的。"

8. 连着加班两星期了，家都没这么彻底收拾过。方便多了，最大的感受就是像过年了。通过两个月5S，虽然很辛苦，但环境更干净、更舒服，感觉大家更团结了。——包钢医院导医

9. 其实在你们来的那天早上有一位老爷爷指着我说：你们看，5S就这个女孩老在现场跑来跑去，听说好几个月都不休周末。虽然有些夸大，但听了真的很感动，因为我不认识他们，而通过大家的努力，终于有人感受到了5S，这不正是我们搞5S工作最终的心声吗？

那天他们在门口等你们，我都很感动。因为他们说有了5S，公司解决了很多他们认为不是问题的问题。公司从员工角度改善了很多地方，大家是从心底发自肺腑的感谢。

10. 有一位老大爷说，这5S比涨工资还好，幸福感指数明显增加。这是我参加验收这么长时间，非常感动的一句话，也说明我们广大员工包括老员工都感受到了巨大变化。

11. 七言5S

七言5S

——包钢5S推进有感

庚寅虎年不平凡	5S与挖潜助梦圆	全员参与夯基础
确立一把手负责	树立样板学同行	比超赶帮竞自强
专业管理相融合	改善攻关搞创新	员工利益放首位
单位效益能翻倍	现场管理并不难	把握标准争超前
快捷方便重实用	规范美观更高效	5S推进好处多
安全增效是根本	习惯素养是目的	管理要严才会用
理论要争才能明	清爽环境共创造	企业形象自然好
要与不要明判定	不遮不掩不乱塞	不要物品走程序
六源排查不间断	跑冒滴漏能根治	八大浪费共消除

Flow-type Enterprise 5S Manual

死角死面老观念　统统都要靠边站　远近高低都要看
犄角旮旯多留心　娱乐资料须清理　包装膜要及时撕
墙面地面尖锐物　办公桌面无用品　全部都要立刻清
整顿牢记三要素　大小物流必设计　物流有序高效率
移动物品要定位　单个物品定四角　多个物品区域线
裸露线头要包扎　帽子手套不乱放　水杯电话要归位
功能分区现场物　备件原料不混放　整齐干净标识明
看板钟表合理挂　工具备件齐上架　窗台放花暖气净
五五摆放现场物　四号定位管好库　即时相符账卡物
标识物品相对应　厘米突出斑马线　人行道非区域线
物品放置易取放　危化物品单独放　管线电缆入盘架
书籍分类后入柜　个人用品放整齐　椅子摆成一条线
在用物品放手边　工具用完就归位　日常用品不标识
柜门标识不可缺　标识准确统一挂　看板挂正不歪斜
牌能上墙不落地　公示通知入看板　停电牌与开关分
消防器材定期查　磨损脱落及时换　栏杆除锈才刷漆
介质标注按比例　管道标识当实用　划线必须像刀切
设备运行状态明　仪表盘加限位线　线路梳理贴标识
清扫制度含七定　机器运行勿清扫　明显污迹不得有
漆见本色铁见光　设备明亮沟见底　垃圾箱满立刻倒
清扫责任须到人　重点抓好交接班　检查考评重落实
指导验收把好关　检查标准因地宜　规章制度时时守
管理标准是基础　管理组织是核心　管理制度是保障
管理闭环是关键　考核评价坚持做　长效机制与时进
遵章守纪讲文明　劳保用品穿戴齐　上班下班先自检
言行举止须得体　随意行为不提倡　环境育人细无声
自主改善潜力大　素养提升天天高　精益求精无止境

 某公司"5S 主题漫画、摄影、书法、感言大赛"通知

关于举办"5S 主题漫画、摄影、书法、感言大赛"
通　知

各单位：

　　为巩固和提升5S管理工作，展示我公司5S管理推进实施以来的成果，提高全体员工对5S管理的再认识，进一步激发全员"参与5S、感悟5S、享受5S"，全面持续推进5S的管理，公司5S推进办公室决定：在全公司举办"5S主题漫画、摄影、书法、感言大赛"活动。现将有关事项通知如下：

一、作品征集

1. 范围：公司全体员工，力争全员参与。
2. 类别及数量：各单位上报参赛作品的类别及数量：①漫画：不少于10件；②摄影：不少于20件；③书法：不少于5件；④5S感言：不少于10件。
3. 规格：漫画、硬笔书法、5S感言等作品的规格尺寸一律用等同于A4纸大小的纸张进行参赛，并注明作者姓名、单位；组合漫画必须编制顺序号；摄影作品彩色、黑白不限，单幅、组照不限，但组合照片数不得少于3张，并且不得超过7张。

二、报名

1. 各单位上报的作品，必须经过本单位筛选，上交作品时填写公司"5S主题漫画、摄影、书法、感言大赛"登记表。
2. 作品收集截止时间：2012年1月5日。
3. 所有参赛作品由各单位统一收集、筛选后，报公司5S推进办。

三、评选

1. 1月15～25日期间5S推进办组织人员依照规则进行评选。
2. 坚持"公平、公正、公开"和"分类评选"的原则对作品进行评选公布。
3. 评选出的优秀作品，不但公司给予奖励，还将在全公司范围内组织巡回展出。

5S推进办公室
2011年12月9日

7.3 演讲比赛

组织全体员工参加演讲比赛，既可以培养员工的规范意识，同时也能在公司更广泛地推广和普及5S知识，让广大员工讲出自己的心声，说出自己身边的变化，从细节和小事做起，积极改善现场环境。

 **在5S的春风中成长**

——承钢焦化厂马建成

我喜欢碧柳红枫的气质，我喜欢夏花的灿烂，我还喜欢沐浴着春风在软软的草地上忘情地歌唱，一切美好温馨的我都喜欢。然而，来自一线的我工作中很多时间都是灰黑着脸，在昏暗的工作室、在破旧的设备旁工作，曾几何时，心里似乎已经习惯了这种环境，甚至以为我的工作本身就应该是这样的。

2009年5S乘着承钢公司奋进的翅膀飘然而至，她似一股清泉涤荡着我的心灵，又似一台巨大的引擎推动着我们所有人向前冲。一番热火朝天后，我惊奇地发现，原来生活中的一切美好同样可以在工作中体现。变化太大了！

就说我的周围吧，工作室破旧的门窗被塑钢代替，暗淡的墙壁粉刷一新，机车操作室电气设备整齐划一，还有中控室那映得出人影的地面和顶棚上那明亮的海洋王泛光灯。20多个仓库，随便打开一个，胡乱堆放的工具、物品不见了，一个个崭新的货架将它们整齐的标签定置，员工们更衣箱里的衣服更是棱角分明地叠放着。

然而，眼前的一切是来之不易的，5S伊始，焦化厂面临重重困难，客观上，库房多、备品备件多，主观上有些员工的思想还没有转变，有的人在"5S是什么"中困惑，有的人在有用与无用中徘徊。傲雪梅愈艳，凌寒志更坚，关键时刻，党团员站出来，义务劳动，组织定置，策划方案，明确了活动方向，鼓舞了斗志。领导重视，全员参与，一场5S攻坚战如火如荼地开展起来，在一个个积累起来的小成果面前，大家信心倍增，热情喷涌，旧观念、旧现象的转变在系列活动中化茧成蝶。员工们蹲在地上，在浩繁的备件中精挑细选，汗流浃背，量尺寸，焊架子，哪怕是一条小小的螺钉都被整整齐齐地"请"上货架，设备发光了，水杯、餐盒编号定置。5S的先进理念，在大家努力执行下熠熠生辉，员工们也在自己的劳动中充分享受着5S的成果。

这里面特别值得一提的是煤气组的变化，作为焦炉热工调节的指挥中心，由于受原来布局的限制，工作条件很差，一条走廊将测温工作室与其他工作室隔开，中控室没有窗户，狭长的交换机室内线盒横空，钢丝绳纵横。经过重新规划，大家在交换机室和中控室之间开了两扇窗户，改善了采光条件，拆除了走廊，更换了中控室的防静电地板。线盒钢丝绳包装整改。宽敞的玻璃窗，雪白的墙面，还有平滑的地面令人赏心悦目。工作在这里的员工们都感慨地说："像家一样的温馨，比自己家里还要干净整洁。"工作在这样的环境里谁还能说不是一种幸福呢？

成绩面前尤难忘，员工王铁兵牺牲个人时间，带领他的小组义务整改管路、电路的孜孜不倦；还难忘，刘建华60多天没有休班的坚守；更难忘，60多岁的王清拖着患病之身频繁下现场指导工作的忠诚。正是许多像他们一样忘我地工作让焦化人品尝到了5S硕果的甜美。

当看到参观团、检查团成员赞许的点头时，焦化人的笑比谁都甜。

然而，5S给我们带来的不仅仅是这些，它对人们心理和行为上同样产生了深刻的影响。看吧，班前会点名列队，横成行，竖成线，声音洪亮；吸烟的员工们用旧烟盒、药瓶当做移动烟灰缸；中控工自备拖鞋、鞋套保护环境。散漫的习惯改变了，共创共享的意识提高了。人们看到的是一个军事化的团队在从事着企业的生产经营。这一切都在证明着，"我"是企业的主人翁；这一切都在诠释着，5S根本是在提高我们企业的竞争力、凝聚力和向心力；这一切也在宣告着，千百双手在这片土地上辛勤耕耘的果实。

如今我们徜徉在5S的春风里，充满了幸福感，那些可歌可泣的人，可喜可贺

流程型企业5S攻略

的成绩，激励着我们在这条道路上继续成长前行。我相信焦化厂的明天会更加美好，承钢公司的明天会更加灿烂、辉煌！

 业绩铸就辉煌

——白云铁矿一名铆焊工

"每个人所做的工作，都是由一件一件小事构成的，所有成功者与我们都做着同样简单的小事，唯一的区别就是，他们从不认为自己所做的事是简单的事。"这是《没有任何借口》一书中的一段话，这也是在5S管理推进热潮中，作为亲历者的我最深的感受。

从2011年5月末，全公司开展5S管理推进工作至今，我们矿山人一步一个脚印，扎实走来。这期间，有过抵触、有过争执、有过共鸣、有过欢乐……作为第一批样板单位，白云铁矿面临巨大的压力，在5S推进之初，许多干部职工不理解，"5S管理不就是打扫卫生嘛！""5S管理和以前的定置管理就是一回事！""生产顺利不就行了，搞5S管理有必要吗？"面对干部职工的困惑和不解，白云铁矿党政领导在各种会议上多次强调，"5S管理是提高员工素质、提升管理水平的重大管理项目，是企业发展成果惠及职工的重要体现，白云矿山作为包钢推行5S管理的样板单位，我们就要做出样板单位的表率，让公司放心，让职工满意。"这掷地有声的话语响彻于矿山人的耳畔，也一次又一次地激起了矿山人做好5S管理推进工作的信心和决心。至此，矿山人以豪迈的激情投入到了5S管理推进工作中，矿山推进办先后分三级对全体职工进行了5S管理的学习和培训，并通过电视、广播等媒介大力宣传推行5S管理的重要意义，使5S管理理念深深根植于广大职工的脑海中，并最终形成了全面推行5S管理的共识与合力。全矿职工自觉自发地加入到5S管理工作中来，力量几倍、几十倍地增强和凝聚，并迸发出无数智慧的火花，广大职工毫无怨言地放弃节假日休息，在厂房外、办公区、备件库、休息室，到处都能够看到矿山职工繁忙的身影。

伴随着5S管理的深入，职工切实感受到了5S管理带来的益处。"虽然在整理过程中很辛苦，但工作效率提高了，工作环境安全了，休息环境舒适了，收益还是咱们职工的。"这是矿山职工共同的心声。电修车间在5S管理推进中，设置了交流电机专修作业区。以往维修一台交流电机，需进行领料、吊装、维修、试验等多项工序，职工行进超过1000m。经优化检修工序后，与绕线机、加热器、干燥炉、试验台等配套设施密切结合，职工工作半径最远为8.8m，总行进距离不超过90m，减少了维修等待时间与吊装等工序的能源浪费，提高了工作效率。汽修车间职工为保证作业现场的整洁，集思广益，制作了发动机多功能零件储存架，当发动机解体时可将储存架推至发动机旁，用于储存发动机总成件及零件，利于分类、整齐摆放，为组装提供了极大方便，避免了动作与时间的浪费，工作效率大大

提高。

  我是一名铆焊工，在5S管理实施过程中，我感受到了越来越多的惊喜。防尘面罩是我们工作必备的防护用品，工作时，灰尘、烟雾、噪声弥漫着整个厂房，环境相当恶劣。在5S管理推进工作中，铁矿领导从改善职工作业环境入手，为厂房安装了净化除尘设备，并添置了噪声低的电焊机。如今走进厂房，呛人的烟气、弥漫的灰尘、震耳欲聋的噪声明显减少了，代之而来的是整洁的环境，清新的空气，就连防尘面罩的更换次数也越来越少。我所在的工段以往使用工具器具时，各自为战，使用完了就堆放在那里，既凌乱又混杂，下次使用得反复挑拣，这样不仅耽误了时间，又增加了工作难度。经过5S整理后，工具器具有了专门的存放库，分门别类地存放，而且标识清楚，一目了然。在矿山像这样的例子可以说是不胜枚举。

  如今的老矿山退去了陈旧的容颜，展现出整洁有序的新形象，厂区环境赏心悦目、生产线整洁亮丽，现场设备、备件、物料、工具器具摆放整齐有序，工作效率显著提升，职工的工作、休息环境更加舒适，职工素养在5S管理推进工作中进一步提高。现在，5S管理"比、学、赶、帮、超"的良好氛围已经在白云铁矿形成，真正发挥了样板先行、整体推进的作用。

  问渠哪得清如许，为有源头活水来。伴随着5S管理工作的进一步推进，作为矿山人，我们应继续发扬样板单位的榜样作用，从身边做起，从细节做起，万众一心、攻坚克难、奋勇拼搏，为创建国内一流矿山而不懈努力，共创包钢辉煌灿烂的明天。

7.4 安全小品大赛活动

  为了加深员工对安全的理解和认识，可以采用小品的艺术表现形式，鼓励员工通过把日常工作和生活中所发生的事故以及未遂事故编写成小品参加比赛，营造"珍爱生命、安全生产"的安全氛围，使广大员工牢固树立起"安全生产、从我做起"的主人翁意识，积极参与创建安全生产环境，全面提高企业现代化安全生产管理水平。

经验篇

Chapter 8

第8章

5S推进中的常见问题及注意事项

8.1　5S 推进中容易出现的问题

流程型企业都是联合企业，许多大型企业包括矿山、造纸、制药等，所以，在大中型企业推行 5S 管理从客观条件上说有一定难度。首先，要看领导是否有决心；其次，要看企业员工是否能够理解；第三，传统管理模式的习惯和落后管理流程的不相适应；第四，来自各方面的阻力和不理解不积极的负面因素等的制约。这些都是我们在 5S 推进过程中，要高度重视和加以注意努力克服的。一定要把握整体情况，结合企业实际，避免走弯路。

8.1.1　5S 推进很容易内部整体发展不平衡

长期以来，由于企业的重心倾向在产量上。产量放在首位往往忽视了现场的基础管理，有的企业在环保、安全、现场投入上欠账过多，安全生产环境、操作环境劣质化。这种局面导致企业 5S 推进过程中改善效果难以平衡，很多企业的情况是新建系统好于未改造的旧系统，一般规律是生产系统略好于辅助生产系统，辅助生产系统略好于物料运输系统，机关后勤服务、原料采购销售等单位，包括科研单位的 5S 管理推进效果更好。所以，需要有充足信心，持之以恒，不断地总结经验深化推进，才能达到 5S 管理的最终要求，最终形成全面、总体推进的格局。

8.1.2　对 5S 推进存在认识偏差，理解不深、浮于表面

经过一段时间的 5S 管理推进，一些基层干部会看到改善效果，也能感受到推进带来的好处，员工也得到了实惠，但认识水平很难在短期内提高，仍然会觉得 5S 是突击性的改善和打扫卫生、为应付检查验收而做、急功近利，缺乏对员工的正确引导。少数基层干部会把 5S 当成是权宜之计，管理方法简单粗放，引起员工不满和抱怨，在推进中缺乏思路，主动意识差，被动地完成任务。相当一部分的基层干部验收后会产生大功告成、懈怠放松的思想，同时也就放松了日常的管理，导致验收时效果很好，过后依然如旧。也有个别基层干部会存在骄傲自满、不思进取、注重做表面文章等现象。这些都需要在长期的 5S 深化推进中加强教育和培训，注重引导，转变观念，提高认识，改变作风，持续改进。

另外，舆论导向时紧时松、造势力度不够持久，也容易造成推进工作紧一阵松一阵，验收过后告一段落的现状，难免产生推进工作歇歇脚的思想。

8.1.3　对固化和保持认识不足，5S 管理的长效机制未形成

有些企业在短期内完成整理、整顿、清扫阶段工作任务后，对下一步的推进工作会感到有些茫然，不知从何固化和深入推进。从 5S 全面启动到 5S 各阶段的推

进、验收，各单位虽然都会建立一些管理制度、检查考核办法，但也只是解决了眼下一时的问题；有的在形成制度时没有注意可操作性，对上级下发的制度照搬照抄，搞形式主义。这些制度、文件都没有形成日常的、动态的长效管理，尚缺乏整体的运行机制，未形成有效的管理体系。因此，整章建制、完善体系、有效运行，真正使5S管理日常化、常态化是每个企业在推进中的重中之重。

8.1.4　专业管理与5S推进组织工作关系的转换

在5S管理推进的初期，由于5S工作需要推进组织系统考虑、全面开展，专业管理部门只是部分介入。怎样更好地发挥专业管理部门的作用，把5S变为专业管理的一个重要组成部分，逐渐让专业管理部门走向台前，将5S纳入专业部门的日常管理，成为经常性的工作呢？专业管理部门深入推进的重点在于结合本专业开展5S，同时5S推进组织要逐渐淡出，重点进行宏观综合管理，加快实现二者之间的角色转换、工作重心转移。

8.1.5　厂容环境与5S推进同时并举

厂区环境的治理与5S推进匹配，特别是流程型企业原料、生产区域的污染源点多、粉尘大，经常得不到根本的、有效的治理，这些是影响企业5S管理全面整体推进的最大障碍。有些企业厂区道路两侧的一些违章和临建拆除不彻底，缺乏规划性，存在大量废旧管线、管道支架、废旧电杆不能彻底拆除；有的企业厂区的铁路道口两侧、道口房周围环境治理不彻底、标准不高，厂区的汽车拉运流洒严重和车速过快的问题直接影响厂区环境和交通安全等。这些问题在5S管理推进中都需要认真研究、做出规划、多管齐下、综合治理。

8.2　5S推进中的注意事项

8.2.1　提高认识，发挥好企业中层干部在5S推进中的作用，防止中间堵塞

企业中层干部要立足于现场，坚持高标准、严要求，以"壮士断腕"的气魄，让现场清爽。

中层干部要按工艺要求合理设计现场各类区域，对各区域（仓库）的物品进行合理摆放，对各类物品进行合理、有效的标识，进行彻底清扫，不留死角，不抱幻想。

中层干部还应鼓励员工因地制宜，动脑筋，搞创新；亲自参加，解决具体问题；使本单位现场管理标准、制度、机制三位一体的长效机制具体化、规范化，

实现管理的重心下移。

8.2.2 按项目管理的规律推进5S

开展5S活动必须在充分调研的基础上，形成实施方案，在项目推进过程中，要严格按方案规定的内容执行。

必须执行计划管理，有节奏地开展工作。根据总体方案的要求，制定全年工作计划；对年计划进行拆分，形成阶段性计划和月计划；各推进主体单位下月的计划要提前完成（如每月25日前）；每一项工作的开展都严格按照计划的时间节点完成，不能延期。

必须确保文案配套。每一阶段工作的开展，文案都起着方向性的作用，所以文案的起草和下发都要严格按照项目计划节点完成。

做好阶段性的评价。对前一阶段工作的总结、对下一阶段工作的部署，起着承前启后的作用。

8.2.3 坚持以人为本的改善，把惠及员工的事情放在首位

在5S推进中，首先应改善的是员工的操作环境、休息环境、更衣环境、洗浴环境、卫生环境、绿化环境等。操作环境和工作环境的改善，会让员工享受到改善中的实惠，找回自尊，激发员工自主改善的热情和积极性，实现真正的全员参与推进5S活动。

8.2.4 5S推进过程中，咨询公司与企业密切配合

借助外力推行5S，是一条快速见效的捷径：第一，5S管理绝不是许多人想象的"全面彻底大扫除"那么简单；第二，企业没必要自己去摸索推进5S，即使想要自己推进，表面上企业省了钱，实际上浪费的时间、损失的机会是不可估量的，不如外请专业咨询机构协助推进，速度快效果也有保障。

在5S工作开展中，咨询公司与企业要相互尊重，相互信任，有效沟通，密切配合，实现双赢。

8.2.5 企业推行5S，适当的投入是必要的

在企业执行ISO14000的标准过程中，生产环境是一个很重要的要素。企业在生产中不可避免地会产生粉尘、废气、废水等有害物质，打造高标准的现场环境，需要弥补历史的欠账，需要增加除尘设备、排污设备，需要治理"6源"。清爽整洁的环境能保障员工的人身安全，提高员工的工作效率，员工的工作和休息环境也需要逐步改善，这些均需要有计划、分阶段的投入。

8.3　流程型企业推行5S的要点

流程型企业的现场既存在共性的问题，如现场五乱（电气设备、消防器材、水管及胶皮管、焊具、清扫工具），也面临很多特殊的困难。

下面以钢铁企业为例详细说明。炼铁作业环境差、基础薄弱，上料、喷煤、水冲渣难做，是污染严重、治理难度较大的地方，冶炼中的粉尘多，特别是出铁的过程；炼钢主要是废钢跨扬尘多，往转炉里倒铁水时，转炉烟尘大，修包区容易乱堆乱放，炉前的物料（测温管、挡渣球），渣跨、包区是重点污染区；转炉操作必须杜绝喷溅和泄爆，减少烟尘污染，重点抓好修罐区，精炼炉区域治理和管理；轧钢系统：主要是备套件多、电机、减速机多，备件多，油多，轧辊、导位板、导位等放置区域和方法需要整体设计；站室的基础条件好，如液压站、电磁站、操作室、主控室、休息室，必须以更高的标准要求。破碎车间粉尘多，污染大；磨矿车间容易出现漏水、漏油现象；原料区域烟气粉尘治理关系5S管理推进的成败。无论企业规模大小，工艺都相同，所以钢铁企业推进5S必须从选矿、焦化、炼铁、炼钢入手，偿还在环保除尘设施方面的欠账，彻底解决生产污染区域的烟气粉尘问题。

办公系统内人员文化水平高，多数处在管理岗位上，重点是通过培训和会议促使其转变观念，发挥其自身的积极性和主动性。

根据钢铁企业的特殊情况，我们将钢铁企业的现场分为七个系列：生产现场、现场检修、能动保供、仓储保供、维修制作、办公系统、公辅区域。

1. 生产现场

1）管理要点：物流有序、状态分明、方便操作、责任明确。

2）现场特点：

① 物品多、物流量大，不断地产生污物、杂物，需要持续落实整理整顿清扫责任。

② 涉及操作确认的要素较多。

③ 需要进行明确的安全警示。

生产现场管理重点及现场表现具体见表8-1。

表8-1　生产现场管理重点及现场表现

管理重点	表　现
怎么放置	通道与区域按照功能合理规划 原材料、备品备件、半成品、成品、废品按照生产物流顺序划分区域存放，实行离地管理 备品备件标明所处状态（备用、待修、报废）

(续)

管理重点	表现
是什么（与操作有关的方面）	能源介质管线标识（介质名称、流向） 能动阀门标识（名称、状态、责任部门） 操作设备标识、操作按钮标识
安全警示	斑马线警示（辐射范围、易跌落的坑洞、防碰撞的地方，门框、车间柱子、精密的设备等） 煤气区域警示（煤气管道、阀门、脱水器等） 吊运警示（设立吊运专用行走线）
谁来管理	标识设备设施清扫保洁责任人 标识区域（物品存放区域、地面、玻璃）维护责任人

2. 现场检修

1）管理要点：界线明确、料具有序、进度可视。

2）现场特点：各种不同作业性质的作业在同一现场体现，检修现场是管理的难点，存在人员多、交叉作业、物料备件多等状况。现场检修管理重点及现场表现具体见表8-2。

表8-2 现场检修管理重点及现场表现

管理重点	表现
区域	修理（检修）区域设立围栏或围挡、标识牌，单独管理 地面铺设垫布，或制作专用检修工具车、台、架等
各种物料	按照拆装顺序，整齐放置各类备件、材料等
工具器具	工具器具顺序定点放置
作业进度	制作检修看板，明确检修进度

3. 能动保供

1）管理要点：实施目视管理、保供万无一失。

2）现场特点：为生产提供能源动力，万无一失是其工作目标，操作保供需要准确无误，在紧急状态下能够立即准确应对。能动保供管理重点及现场表现具体见表8-3。

表8-3 能动保供管理重点及现场表现

管理重点	表现
操作按钮、开关，设备的状态	开关、按钮标识，介质名称、流向标识，设备工况标识
关键设备的点检	关键仪表、阀门状态标识，点检部位标识，点检顺序进行目视提示
应急状况下的操作	应急预案上墙提示
工具器具的管理	钥匙、随手使用工具器具、应急使用工具器具实施定点管理

4. 仓储保供

1）管理要点：按需存储、账物相符、精细保管、及时保供。

2）现场特点：存储物料规格、型号、品种、样式等不统一，有较大差异，且出入频繁。仓储保供管理重点及现场表现具体见表8-4。

表8-4　仓储保供管理重点及现场表现

管理重点	表现
数的管理（数实、定量、方便核对数字）	库房内的物品实施定量管理（最高、最低） 账、物、卡数量显示一致
减少寻找时间	库房设立平面布置图，标明方位、区位 物品存放实行"四号定位"（区、架、层、位）、"五五摆放"
保供品质	物品采用架放的方式 零箱整箱分明，先进先出（周转使用物资先进、后进的分区存放）

5. 维修制作

1）管理要点：定置合理、方便操作、整洁有序。

2）现场特点：作业过程涉及的备品、备件、材料、工具器具等较多，易产生污染，拆装、清洗、修复等工序要求精细程度高。维修制作管理重点及现场表现具体见表8-5。

表8-5　维修制作管理重点及现场表现

管理重点	表现
减少污染	设置检修平台 制作专用清洗箱、翻转架等适合的修理台架
减少寻找时间	各类物料管理一品一位，合理定置 工具器具定点存放，保证完好整洁
维修现场及过程	区域划分合理，物流畅通 各处整洁有序

6. 办公系统

1）管理要点：布局合理、资料有序、桌面整洁。

2）要点解析：从美观、协调方面着手进行办公室布局规划，所有办公用品应做到整洁有序，尤其是文件、资料、辅助用品要做到标识清晰，存放规范。

7. 公辅区域

1）管理要点：整洁有序、完好无缺、色彩鲜明、美化环境。

2）要点解析：涉及工房、岗位以外的公共场所、公共设施（如看板、清洁用具等）、车间外围等，该类场所、物品等均应整洁、有序管理，没有任何缺陷；运用色彩符合规范要求，并认真涂刷；环境达到清洁、爽快的要求。

此外，还必须建立健全5S的运行维护体系，包括组织机构运行、定期检查、评价、考核、奖惩、自主改善活动等内容。

Chapter 9

第9章

5S推行成功的经验与案例

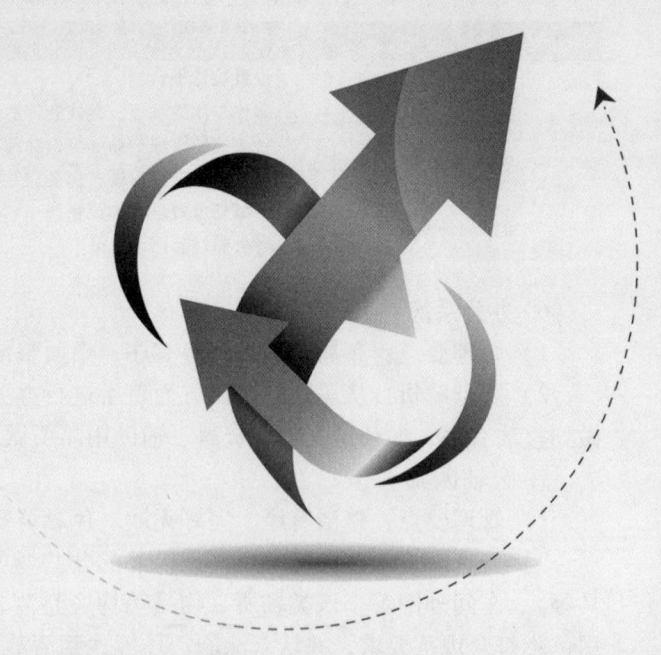

9.1　5S 成功推进的基本思路

9.1.1　不断提高对 5S 推行的认识

伴随着我国市场经济日趋完善，企业面临的市场环境正发生着深刻变化。面对市场激烈竞争的环境，企业既承受着竞争带来的巨大压力，又面临着全球经济一体化的发展机遇。在压力和机遇面前，科学发展、转变增长方式是企业最佳的选择，那么企业管理也必然是变粗放式管理为精益管理。企业要做强，提升管理是必然和唯一选择。

每一个企业的发展历程都是一个管理不断强化的过程，面对新的机遇和挑战，需要深刻剖析自身的管理现状，既要看到管理给企业带来的进步，又要看到目前企业作业环境、标准操作、员工素质、自主管理意识、持续改善能力等方面存在的不相适应，这些不适应制约了企业目标的实现。所以，企业开展管理提升活动亟需从强化基础性工作入手。

5S 管理是以整理、整顿、清扫、清洁、素养为主要内容的管理方法，其目的是通过规范作业现场、营造一目了然的工作环境，通过培养员工正确做事的行为习惯，提升员工的品质，实现人造环境、环境育人，提升企业形象，增强企业的竞争力。5S 管理也是企业最基础性的管理。

9.1.2　有效推行 5S 的原则

为确保 5S 管理长期有效地推行下去，企业在通过开展整理、整顿、清扫等形式化的基本活动，使之成为行事化的清洁，最终在提高员工职业素养后，成为制度化、规范化的现场管理。在实施 5S 管理推进时，应当遵循下列原则：

9.1.2.1　持之以恒的原则

5S 管理是基础性的，所以开展起来比较容易，可以搞得轰轰烈烈，并且能在短时间内取得一定的效果，但要坚持下去，长期保持，不断优化，就不太容易了。正因为这样，5S 管理在取得一定效果后，很容易产生松懈情绪，流于表面形式，无法实现不断提高生产效率和提升管理水平的目的。有不少企业推行 5S 管理时发生过一紧、二松、三垮台、四重来的现象，中途夭折。因此，开展 5S 活动贵在长期坚持。

1. 将 5S 活动纳入岗位责任制

应将 5S 活动纳入岗位责任制，使每一个部门、每一位人员都有明确的岗位责任和工作标准。

2. 要严格、认真地搞好检查、评比和考核工作将考核结果同各部门和每一位员工的经济利益及组织考评挂钩。

3. 坚持PDCA循环，不断提高现场的5S管理水平

要通过检查，不断地发现问题，不断地解决问题。因此，在检查考核后，还必须针对问题提出改进的措施和计划，将5S管理作为日常工作的一部分，天天坚持，使5S活动坚持不断地开展下去。

9.1.2.2 持续改进的原则

随着新技术、新工艺、新材料的应用以及市场的变化，生产现场也不断变化，这就要求所进行的5S管理也应当随之不断地改进，与时俱进，以满足其生产的需要。

9.1.2.3 规范、高效的原则

5S管理通过对现场的整理、整顿，将现场物料进行定置定位，打造一个整洁明亮的环境，其目的是要实现生产现场的高效、规范。只有实现不断提高生产效率的5S管理才是真正有效的现场管理。

9.1.2.4 安全的原则

安全是现场管理的前提和决定因素，没有安全，一切管理都失去意义。重视安全不仅可以预防事故发生，减少不必要的损失，更是关心员工生命安全、保障员工生活幸福的人性化管理要求。

9.1.2.5 长期目标和短期目标相结合

5S管理是企业长期坚持的基础性工作，不可能一蹴而就，也不可能一劳永逸。因此，要把推进活动的短期目标（即一年内发生显著变化）和建立管理体系，形成持续改进机制，全面提升员工素质，培育企业文化的长期目标相结合。

9.1.3 5S管理必须与专业管理结合

5S管理推进与企业各项专业管理是目标一致、相辅相成的。在推进时必须及时理顺关系，相互融合，落实好与专业管理的结合。随着5S管理推进的不断深入，现场对专业管理的需求越来越大，越来越多。这就迫切地需要专业管理部门及时跟进，进行现场指导。特别是要抓好5S管理推进与安全管理和安全生产的结合，与设备管理和设备点检维护的结合，与提高产品品质和提升指标水平的结合，与降本增效和消除浪费的结合，与节能减排和可持续发展的结合，与企业文化形成和企业形象树立的结合。专业部门必须主动担当职能责任，促使5S管理推进持续健康发展。

9.1.4 大型钢铁企业成功推行5S的要领

9.1.4.1 始终坚持"一把手"工程和全员参与相结合

"一把手"工程指各单位主要领导是推行5S成功与否的第一责任人。其责任体现在参与5S推进中的关键过程，体现在培育良好的推进环境和解决推进过程中

的关键问题。全员参与是指各单位要利用各种有效方式，提高全体员工对5S管理的认识，引导全体员工主动参与5S管理的推进活动。要制定激励机制，有意识地培养员工正确做事的习惯，全面提升员工的素质。

只有"一把手"和全体员工目标一致，共同参与责任分担，5S推进效果才有根本的保障。

9.1.4.2 建设强有力的推进网络，有序推进，真抓实干

推进委员会、综合推进办公室、推进工作组、各单位推进领导小组、推进办公室严格按制度规定履行职责，责任落实到位；明晰工作方式，上下贯彻一致。坚持定期例会制度，提高例会效率和其决定的权威性，按阶段有序推进。推进机构会增强责任感，提高工作质量，充分发挥各层级推进机构的作用，做到事事有人做，专事专管。

推进办公室按设计方案分阶段、分步骤实施，有序推进，形成管理的闭环；各基层单位是5S推进的实施主体，对推进的进度和效果承担责任。

基层单位要结合本单位的实际，理清推进思路、重点、难点，采取有效措施，保证推进效果；要发动全体员工参与，不搞应付，不搞短期行为，克服困难真抓实干。

9.1.4.3 5S管理标准、员工5S手册等文案适时跟进

在推进过程中，应及时下发5S管理标识标准、5S管理检查标准、5S管理员工手册、各阶段工作计划等文案，可以让员工在工作中有章可依，减少因方向不明确而出现的反复。文案的及时出台、下发，可以让基层管理者有的放矢，更加游刃有余地开展工作。与员工配合默契、一鼓作气，取得成果。

9.1.4.4 扎实系统的实战性培训与现场指导结合

1. 理念先行，提高认识

为确保企业干部和员工对5S管理活动有一个深刻的了解，在5S推进启动阶段，要进行全员范围的培训：

首先要召开5S管理启动大会，对高中层领导进行理念和知识导入培训；紧接着要对基层管理者进行5S知识的系统轮训；对每个单位的督导员进行重点培训；基层单位都要相继组织内部的全员培训。只有这样才能为5S推进筑牢坚实的群众基础。

2. 现场指导，注重实效

5S管理，源于现场，终于素养。只有搞好现场活动，才能为提高员工素养打下坚实基础。流程型企业的现场工艺复杂，必须结合企业实际，对每一个单位进行针对性指导。

在现场指导的过程中，要引导基层领导理解5S管理不仅仅是一个基础管理，5S管理要与企业降本增效相结合，优化工艺流程，提高工作效率，提升各项指标。同时，在指导过程中，在给员工指出现场存在问题的同时，更多的是要告诉他们

为什么会出现这样的问题，怎样去避免或改进，并始终强调"5S 要用经济的头脑去做，不是靠花钱买来的，鼓励员工发挥自己的聪明才智，进行自主改善"。这样指导，不但能明确工作的开展思路，更能极大地调动员工的积极性，会收到双重效果。

9.1.4.5　认真慎重选择样板单位

5S 推进要样板先行、整体推进、以点带面，辐射全局。在资源配置、现场指导上对样板单位要给予优先考虑。

1. 选择样板单位的条件

企业总体上有代表性的单位；基础条件相对较好的单位；领导重视程度高的单位；员工素质相对好的单位。

2. 对样板单位的要求

样板单位要有责任感，要坚持因地制宜、高标准、高效率推进，取得显著成效，为公司的推进积累经验，实现以点带面的效果。

9.1.4.6　激励和约束结合

要维持现场整理、整顿、清扫的良好状态，就必须定期进行检查，随时确认具体情况。为了保证检查有效并且能够持续下去，就要通过标准制定与制度建设，进行评比、考核和激励。

9.1.4.7　加强舆论导向、舆论宣传、舆论监督

在 5S 推进过程中，通过电视、报纸、网络、看板等媒介宣传 5S 管理推进的总体方案、推进目标和方针、5S 管理标准、管理工具和技巧、推进中的先进经验、先进事迹和人、问题曝光等各种形式，使广大员工从中受到教育，思想认识得到提高，并在日常工作中得以应用。

9.2　5S 成功推进的经验

9.2.1　培训引导，标准先行

5S 教育培训与标准制定是实施 5S 活动不可缺少的重要环节。

通过 5S 教育培训，使广大员工充分认识开展 5S 活动能给自己的工作带来好处，从而主动去做。5S 提倡的是自主管理，虽然它与国内的文明生产、现场管理等内容相似，但在推行方法上两者却不尽相同。

国内许多企业主要热衷于口号、标语、文件的宣传及短暂的活动，似乎在厂区多树立一些诸如"员工十大守则"的标语就能改变一个人，提升人的品质，却忽略了员工的教育培训。国外的一些知名企业，他们把 5S 看作现场管理必须具备的基础管理技术。通过 5S 明确具体做法，什么物品放在哪里、如何放置、数量多

少、如何标识等，简单有效，且融入到日常工作中。这种"从小事做起，有规定按规定去做"的标准化工作要求，就是不断强化对员工高标准要求和教育培训的结果。

9.2.1.1　5S 教育培训方法

5S 教育培训通常是与活动实施同步进行的。培训方法按授课形式可分为课堂培训和现场培训两种；按师资来源可分为自行培训和外力培训两种。

1) 课堂培训就是组织员工在教室里进行集中培训，通过对 5S 一些理论知识的讲解和案例分析，使员工有一个理性的认识。

2) 现场培训是让员工回到自己的工作现场去，在教练的指导下，对自己的工作环境、工作方法、工具器具进行改善，加深对 5S 理论知识的了解和运用，掌握 5S 的应用方法和技巧。

3) 自行培训是企业自身对员工组织的培训，一般由本企业员工担任教师，这些员工通常在企业实施 5S 活动前，参加一些相关的专业培训和现场观摩，或买一些参考书或碟片，先行积累一些经验，如双氧活动，然后对员工实施培训。

4) 外力培训是企业聘请咨询公司的顾问师进行辅导，一般需要半年到一年时间。引进外力对企业实施 5S 培训，效果通常比较好。目前，我国这类的咨询公司很多，企业可根据需要，聘请合适的顾问师进厂培训。

9.2.1.2　5S 推进一定要标准先行

5S 标准主要有推进标准和考核管理标准。

1) 推进标准主要有：不要物判定标准、物品放置标准、可视化标准、红牌作战实施方法、看板管理实施方法、工具的放置方法、垃圾箱的大小与形状等。

2) 考核管理标准主要有：检查标准、检查管理制度、评分标准、考核制度等。

5S 标准可以指导现场改善，有了推进标准员工才能知道如何对现场按标准进行改善。标准可以指导现场检查，对照检查标准，检查人员才能对现场进行 5S 成果检查。标准可以指导评比考核，按照考评标准，才能对推进单位进行评比考核，督促整改，激励先进，鞭策先进。

9.2.2　分类要求，重在参与

推进 5S 管理是企业一项重大的管理活动，凡与推进活动相一致的事项，都要统一纳入到推进活动中。要坚持"一把手"工程与分类要求相结合，主要领导必须亲自挂帅，参与 5S 活动并不定期地巡视现场。专业职能处室要分工负责。

"一把手"工程是指在 5S 管理推进过程中，各级正职领导是本单位推进工作的倡导者、领导者、实践者，是推进效果的第一责任人，应身体力行，积极投入到推进工作中，带领全体员工坚持高标准、严要求，取得活动的成功。

推进工作中应充分发挥各职能部门的作用，相互配合，在环境治理、现场安

全、各类标识、标牌等方面的整体设计和标准制定上作出贡献。

分类要求主要体现在两方面：

1. 公司层面和基层单位层面设立两级推进组织

1）公司层面：成立"5S 管理推进委员会"、"5S 管理推进办公室"。

2）基层单位层面：成立 5S 管理推进领导小组并下设推进办公室。

3）基层单位依据自身实际决定车间、工段及科以下的组织形式。

2. 全员参与和专业处室分工负责相结合

1）公司高、中、基层全员参与，明确各自的角色定位和职责。

2）推进组织和职能处室分工负责相结合。

公司推进委员会根据 5S 管理工作要求，结合各职能部门现行管理职责，确定各成员单位在 5S 中的职责。如宣传部门要做好宣传工作，创造良好的推进 5S 的舆论氛围；要介绍 5S 管理的知识，传播各单位的 5S 经验和好人好事。备品备件管理部门在 5S 活动中要负责销售闲置且企业不再使用的设备、报废设备和机件、废旧输送带、轮胎、易损易耗件、废旧电缆、电机、电器仪表件及其他有色金属、废油、油桶等。

5S 管理重在全员参与，所以各项考核也要突出这一点。而很多企业目前的现状是 5S 的实施一般是从上而下进行，其考核也多采用从上而下的方式，这在推行之初具有明显效果，但时间一长，为维护 5S 制度体系运行所花费的成本也不小，如经常进行 5S 评比、5S 稽查，并与收入挂钩。目前很多企业在 5S 考核方面积累了不少好的经验，刚开始推行 5S 的企业，可以借鉴。

只有坚持对各级领导和各个职能部室分类要求，才能确保 5S 管理活动的各条渠道畅通无阻；只有坚持全员参与、发挥广大员工的积极性，才能确保 5S 管理活动能够保持长效。

9.2.3 投资改善，源头治污

按照 5S 管理推进的规律，企业全面导入 5S 活动一段时间，经过整理、整顿、清扫阶段的推进后，5S 活动就会初见成效，无论是现场环境还是厂容厂貌都会发生翻天覆地的变化，员工精神面貌也会焕然一新。这个阶段，员工一方面会为 5S 管理活动带来的成果感到欣喜，另一方面又会为个别区域和设备的清洁感到无可奈何。

因为企业都会有部分生产现场和区域粉尘污染较为严重，除尘设备效果较差，光靠员工清扫解决不了根本问题。长期重复清扫，会导致部分岗位员工的工作强度过大，不利于长久巩固和保持，这就需要从解决根本问题入手，增加必要的改善投入，彻底解决污染源问题，保护员工的积极性。在必要的情况下，企业可以采取源头治污的工程建设，如钢铁和铸造企业可以实施烧结烟气脱硫工程，形成二氧化硫减排能力；针对烧结机尾烟气、热破碎、鼓风环式冷却机及转运站等处产生的粉尘，可以设置双室四电场除尘系统等。

所以，为了巩固已取得的5S成果，企业一方面要系统规划、整体提升和改善企业厂容环境，加大粉尘、污水、废气等污染源治理力度，重点改善员工工作和生活的基本条件及必要的公共配套设施。另一方面要加强宣传教育，提高员工保护环境、从源头治理的意识。要把源头治污宣传纳入企业重要日程，广泛宣传源头治污的重要性、紧迫性。

9.2.4 资源配置，员工受益

推进5S必须把员工的切身利益考虑进来，让他们亲自体验推行5S所带来的快捷和便利。通过可视化管理让现场一目了然，通过定置管理让现场的物品易取易放，通过清除污染源提升现场整洁程度，通过改进清洁工具让员工清扫效率更高，通过作业区布局改善提高作业速度，通过技改提案使设备更便于操作，通过团队活动让员工感受到沟通协作的力量。

为了实现这种转变，企业在必要的时候就要进行投资，投资用于安全隐患消除，投资用于物料放置装置的置办，投资用于个人更衣箱、工具柜的更换，投资用于交接班室、休息区的改造等。

当现场给人一种舒适感，给人一种温馨、一种感动、一种奋进的氛围的时候，那会是令人愉悦的。在这种令人愉悦的工作环境中让员工轻松进行高效率的工作，是员工的真正理想，也应该是5S成功实施的一个重要目标。

9.2.5 现场指导，及时见效

启动5S之后，上上下下会产生一种5S推进的气势，各级领导与督导员都希望本单位在5S活动中能够走在前面，甚至成为标杆，这是5S推进活动的积极因素。

但事物都要一分为二地看。有的单位领导可能一心想建功，如果对5S管理的内涵不甚了解，对上级下发的文件没有深刻领悟，就容易在5S推进活动中脱离实际，给单位和企业造成损失。还有的企业在整理阶段，为了把不要物最短时间内清理出现场，就不按照整理阶段处理不要物的处置流程操作，将现场有用的备件也当废弃物清理掉。这就需要5S专业人员进行现场指导，进行纠偏并提出指导意见，尤其是在两个阶段过渡时，更需要及时指导。

例如，整理阶段结束、进入整顿阶段时，必须注意以下几点：

1）开始建立5S制度。生产厂不断产生废弃物，废弃物怎么处理，这就要有制度来约束。

2）现场物品留放要合理，不要因为现场清爽而影响生产，一定要在保障生产的前提下处理现场物品。现场存放量要有最小量和最大量。

3）整顿阶段有很多具体事情要做。先是区域的界定。区域的界定既涉及物品的科学摆放又涉及标识的使用，这就需要有系统的思考、合理的设计，而现场员

工没有这方面的经验和概念，这就需要 5S 专业人员到现场进行指导和示范。

4）标识的问题。涉及划线，可用油漆、彩板、钢板、挡板、护栏等很多形式来进行，因地制宜。我们在某企业推行 5S 活动时，就遇到一单位领导根据自己喜欢，将护栏都粉刷成黄红相间，而标准要求是黄黑相间，类似这样的问题在 5S 活动中，经常会遇到，有的是基层单位领导强调了按标准执行，而信息传递到下面的操作人员时，可能发生歪曲，所以必须及时进行现场指导。

9.2.6 规范验收，严肃认真

为了确保 5S 活动的成效，许多企业将 5S 管理推进划分为五个阶段。为保证每个阶段的效果，同时为下一阶段工作打好基础，各个阶段结束时都要进行分阶段检查验收评价。

9.2.6.1 验收检查评价

验收检查评价主要包括两方面内容：

1. 管理类

（1）制度与文档

要验收评价的文档主要包括：本阶段的阶段性计划与本阶段的阶段性总结，每周的计划与每周的总结，本阶段的推进标准、推进制度、检查标准、检查制度等。通过检查各单位的工作文档完整性与及时性，确认各单位本阶段的过程管理。

（2）培训、宣传、内部检查情况

1）培训方面主要考核普通员工接受 5S 培训的人均时数，人均培训时数越多，得分越多。只有 5S 推进部门或培训部门进行跟进的培训人时数才被记入验收评价范围，否则无效。

2）宣传方面主要考核看板、标语、宣传栏等各种宣传媒介的应用以及座谈会、调度会、工段和班组会、员工培训感想、活动感想等活动的开展情况。重点查看会议或活动记录。

3）内部检查方面主要检查各单位检查结果记录、奖惩结果记录。

2. 现场类

对各单位本阶段的现场改善状况进行实地检查验收，确认是否落实了本阶段工作的要求。

现场状况验收检查依据检查标准，对作业环境、物品放置等方面进行检查，确认现场达到有序、规范的程度。

9.2.6.2 阶段性验收检查评比的注意事项

1）为了保证验收评价在形式和内容方面的规范性，必须制定本阶段《验收评价办法》和相应的检查表单。

2）现场验收检查评比时，可以采用扣分制，发现的问题点越多，扣分越多。也可采用赋分制。

3）对于非本单位原因导致暂时无法改善者，不予扣分；对于暂未进行整改，但已经列出整改计划并经5S推进部门认可者，不予扣分。

4）对验收检查时发现的问题要进行整改，整改要求事项记入整改通知单。

5S管理是一个系统的活动，只有按部就班地逐阶段推进，并且通过规范有效的阶段验收，才能保障5S成果的巩固，从而实现现场管理水平的不断提升。

9.2.7　树立样板，以点推面

许多企业在开展5S活动之初，并没有太多经验，不知道如何将书面知识或其他企业经验应用到本企业。同时，对于一些规模比较大的企业，部门、车间众多，要所有的部门协调一致地同时启动5S活动，操作上有一定的难度。

因此，可以指定几个单位作为样板区，率先开展5S活动，将样板区做试点，摸索出适合本企业的具体做法。并在试点过程中不断总结经验和教训，并及时作出标准，使其在全面推广过程中发挥出借鉴作用。

9.2.7.1　开展样板区5S活动的必要性

1. 使全面推行5S活动更加简单有效

对一些规模比较大的企业，由于车间、分厂分布在不同的地点，各部门的职责不尽相同，认识上也有一定的差距，在这种情况下，要所有的部门协调一致地开展5S活动，操作上有一定的难度。因此，可以制定某个部门作为样板区，首先在这些地方开展5S活动，等样板区取得成效后，让其他部门来观摩学习，以提高他们对活动的认识，增强改善的主动性，这样，全面推行5S活动时推进工作简单有效得多。

2. 改变员工观望、怀疑的态度，给员工以信心

一个企业，如果过去搞过5S活动而后来又停滞中断的话，员工对重新开展这项活动就必然会有抵触情绪或持怀疑态度。要改变这种状况，唯一的办法就是改变过去的做法，并设法在短期内使5S活动显现出成效，给员工以信心。指定一个样板区，在样板区内彻底做好5S，是达到这一目的的捷径。

3. 重新激活员工参与5S活动的热情

全面开展5S活动3个月以上，如果还是"悄无声息"的话，员工就会产生消极情绪，领导也会出现动摇，严重时，可能导致5S无法进行下去。为了避免这种情况的发生，可选择5S活动中问题多、工作开展迟缓的部门或责任区作为样本区，集中企业优势兵力彻底帮助这个部门或责任区推进5S活动。当这个部门或责任区的5S水平得到根本提高的时候，就要因势利导地在其他部门进行强有力的推广，这样可减少5S推行过程中的阻力，消除疑虑，重新激起员工对5S活动的热情。

流程型企业5S攻略

9.2.7.2 如何选择样板区

5S样板区活动的目的就是要在企业范围内找到一个突破口，并为大家创造一个可以借鉴的样板。为了达到这样一个目的，在选择5S活动样板区的时候应注意以下事项：

1. 选择硬件稍差的部门作为样板区

如果一个硬件条件好（比如说新建的厂房、新买的设备等）的车间或部门，短期的5S活动很难创造出令人信服的效果。相反，选择一个硬件稍差的车间或部门，通过短期集中的5S活动，将使管理现场得到根本的改变，特别是一些长期脏、乱、差的地方得到了彻底的改观，将对员工产生巨大的视觉冲击，使样板区真正发挥示范引领的作用。

2. 选择具有代表性的部门作为样板区

在选择5S活动样板区时，还应考虑所选择的样板区应有一定的代表性，现场中所存在的问题具有普遍性。只有这样，改善的效果才有说服力，才能被大多数人认同和接受。不然，就很难达到预期的效果，也就不能给其他部门提供示范和参考作用。

3. 所选样板区的责任人改善意识要强

要想样板区的5S活动在短期内见效，选择改善意识比较强的负责人尤为重要。否则，再好的愿望都将会落空。

9.2.7.3 5S样板区的创建要领

样板区的整改活动，主要是针对整理、整顿和清扫这3个S来开展的。值得注意的是，5S样板区的活动必须是快速而有效的。因此，应该在短时间内突击进行整理，痛下决心对无用物品进行处理，进行快速的整顿和彻底的清扫。

在样板区的改善中，应注意进行过程记录和结果记录，为下一步的全面推进积累详实的第一手资料。在样板车间5S推进过程中，用照相机将改善前和改善后的现场状况拍摄记录，以便于进行效果对比。要注意将实施的方法与经验进行标准化，制定成规章制度，便于在随后的过程中进行推广。

9.2.8 领导亲为，显示威力

9.2.8.1 领导重视，要体现在行动上

在企业当中，如果你问企业老总是否重视5S，他会毫不犹豫地说重视。但如果你问他几天会去巡视一次车间现场，却只有很少的领导敢回答每天都去。

5S管理是做出来的，领导的重视要体现在行动中。人都有惰性，员工也会如此，所以，在5S活动的推进过程中，员工会看领导怎么做，现场主管会看公司老总怎么做。领导真重视还是假重视，下属看得清清楚楚，群众的眼睛是雪亮的。领导不重视，员工就会偷懒，所以各级领导的亲力亲为、以身作则非常重要。

1. 以身作则

俗话说："说千遍不如自己亲自做一遍。"5S 管理是做出来的，在活动的推行中，部下会看上级怎么做，中基层看公司领导怎么做，所以各级领导以身作则非常重要。在一些企业，明明要求穿工装进入车间，但看到有些管理人员以陪同客户为名不穿工装，违反规定，这就会导致一些员工效仿，结果影响 5S 的推行效果。各级管理人员一定要率先垂范，不搞特殊化。如果公司领导在现场巡视时能主动地捡起地上的垃圾和跌落的零件，那么下级管理人员及员工也自觉捡起地上的垃圾和跌落的零件就不足为奇了。

2. 现场巡视检查

领导的重视体现在经常去现场巡视检查，定期参加 5S 会议，积极参与 5S 推进过程中的一些专题，如：红牌作战、重点污染源改善、重大危险源改善等。

5S 推进需要采取强有力的督导与控制措施，对于个别多次教育都不愿意行动的人员，领导必须显示出决心与手段，甚至可以对管理人员提出"不换思想就换人"的鲜明口号，要动真格的，这将对 5S 管理的推进产生巨大的推进作用。

 **某公司领导对 5S 管理推进的重视和决心**

有一家企业的炼铁一车间在 5S 管理推进的前半年每月被评为倒数第一，但该部门经理说："我们已经是省内炼铁车间现场管理最好的了，你说哪里还有更好的，我去学习。"无论推进办怎样督促他都拒不按要求进行整改，最后公司领导当机立断撤换了该经理。新经理上岗后两个月，车间的现场管理发生了巨大变化，后来几次被评选为公司 5S 管理前三名。可以看出，对于不求上进、不按 5S 管理要求做的管理人员，公司领导的重视与决心是非常重要的。

9.2.8.2　宣传造势，鼓舞人心

5S 计划、方案比较容易推出，但如何让员工更好地了解这些内容是更重要的工作。在这个时候，我们就有必要进行大规模的宣传造势活动，创造良好的活动气氛，激起员工对 5S 管理的热情和兴趣，在企业上下掀起 5S 的管理热潮。

5S 推进要全员重视、参与才能取得良好的效果，因此如何调动全员参与的积极性就显得十分重要。5S 管理的本质是为了营造一种追求卓越的文化，营造一个良好的工作氛围，养成良好的工作习惯。氛围与"势"是有紧密关联的，因此，适当的宣传造势活动有助于 5S 管理文化的建立，宣传工作要贯彻于 5S 管理工作的始终。

宣传可以起到潜移默化的作用，旨在从根本上提高员工对 5S 的认识，改变员工的 5S 观念，通过教育宣传，使 5S 理念深入人心。

9.3 流程型企业成功推行 5S 的案例

流程型企业中以钢铁企业最具代表性，包钢集团、河北钢铁集团承德分公司、河北迁安市九江线材有限公司、唐山东华钢铁公司等大中型企业都是我们近几年推行 5S 的企业，并且在推进实践中积累了一些成功的经验。

 案例一 包头钢铁(集团)公司 5S 管理推进效果

一、包钢集团推进 5S 管理的背景

（一）包钢是新中国成立后最早建设的钢铁工业基地之一。1954 年开始建设，1959 年投产，同年 10 月，周恩来总理亲临包钢为 1 号高炉出铁剪彩。包钢拥有"包钢股份"和"包钢稀土"两个上市公司，是我国主要钢轨生产基地之一，品种规格较齐全的无缝钢管生产基地之一，西北地区最大的板材生产基地，是我国稀土工业的发端和最大的稀土科研、生产基地。包钢始终致力于打造资源节约、环境友好、社会认可的绿色钢企，努力成为内陆钢厂与城市和谐相处的典范。截至 2010 年末，包钢资产总额 779 亿元。

（二）钢铁市场低迷，夯实基础管理是必然选择

近几年，钢铁市场低迷，产能严重过剩，大型钢铁企业处于亏损或微利状态；在钢铁行业的发展方向上，钢铁企业依靠大规模产量扩张的时代结束，取而代之的将是未来钢铁企业产品、技术、服务、产业链优化等的全面竞争。

面对极其激烈的市场竞争环境，包钢既承受着压力，又面临着新一轮洗牌带来的挑战和机遇。在压力和机遇面前，转变增长方式，变粗放式管理为精细化管理，练就内功，夯实企业基础管理，是在激烈的竞争环境下最明智的选择。

（三）包钢"十二五"规划，对管理提出新需求

包钢在"十二五"规划起始之年，提出"思想大解放、推动大发展、建设大包钢"的口号，推动再创业，实现年销售收入达到 1000 亿元以上，本部产钢 1650 万吨的宏伟目标。

包钢的快速发展，必然对管理上提出更高要求，在一手抓发展的同时，一手抓员工队伍培养，这是包钢在现阶段发展中最重要的课题。包钢导入 5S 管理推进项目，是包钢再创业的急切需求，正如包钢董事长周秉利所说："5S 管理是包钢新时期追求卓越现场管理、提高员工素养、提升管理水平的重大管理项目，也是包钢历史上首次实施的现代化企业管理项目。" 5S 管理的实施，对夯实包钢基础管理，有巨大作用。

2011 年 4 月开始，包钢高层决定计划用一年时间完成全公司 5S 管理推进项

目，到 2012 年 4 月，全面实现目标。包钢 5S 项目推进一年，在包钢党政领导干部的高度重视下，在各二级单位领导全力响应和广大员工积极努力下，在各级 5S 管理推进机构和公司各专业部室紧密配合下，在咨询专家的倾力指导下，包钢 5S 管理推进工作按照总体目标顺利推进，取得了圆满成功，达到了预期效果。

二、包钢 5S 管理推进主要方法

（一）系统规划，分步实施

按总体推进方案要求，包钢 5S 分为四个阶段，即："5S 项目启动"阶段、"整理、整顿、清扫"阶段、"巩固清洁、素养"阶段、"固化、提升"阶段。

1. "5S 项目启动"阶段

为使干部职工对 5S 有一个深入彻底的了解，先后对 400 多名高中层领导进行理念导入培训，对 110 多名督导员进行了重点培训，并组织结业考试，成绩合格颁发督导员合格证；对生产单位 2700 多名科职干部进行了 22 期轮训；各单位都相继组织了内部全员培训。员工培训率普遍在 95% 以上，有许多单位达到了 100%，为 5S 推进筑牢了坚实的群众基础。

2. "整理、整顿、清扫"阶段

包钢 5S 项目启动大会的召开，标志着 5S 管理推进进入到了"整理、整顿、清扫"阶段，用时 5 个月，打造包钢整洁、清爽、有序的现场。

"整理、整顿、清扫"阶段主要任务是区分并处理现场有用与无用的物品。在这一期间，先后打造了两批样板，共计 31 家单位，实现了从钢铁冶炼到稀土生产，从矿山开采到销售服务，从生产单位到医疗教育系统的全覆盖。

3. "巩固清洁、素养"阶段

"清洁、素养"阶段的主要的目的是维持 3S 改善成果，使现场永远保持干净、整洁、有序；通过制度化、标准化使前 3S 日常化、规范化；使 5S 管理成为企业现场管理的基础和手段；提升企业知名度和企业形象，培育管理文化。从而实现人员素质提升，形成优良风气；让企业员工严格遵守规章制度，培养高素质人才；营造充满良好风气的工作环境；形成持续改善与自主创新的企业文化。"打江山容易，守江山难"，为进一步提升标准、巩固 3S 成果，包钢开展了"回头看"活动，发现问题、寻找差距，将 5S 管理制度化、标准化、常态化，实现 5S 管理全面胜利。

4. "固化、提升"阶段

通过前 3 个阶段的实施，在持之以恒地执行和自主改善中，使职工按标准化操作、团队协作的职业习惯得到强化。对各阶段工作不断进行 PDCA 循环，注重对过程的确认、实施和评价。

在每一阶段推进过程中，包钢始终重视舆论宣传和导向作用，通过电视、报纸、网络、看板等媒介进行宣传造势，使广大员工从中受到教育，思想认识得到提高，并在日常工作中得以应用。举办知识竞赛、演讲比赛、摄影比赛、员工 5S

流程型企业5S攻略

管理自主改善活动等员工喜闻乐见的活动,让员工参与5S、感悟5S、享受5S!

（二）狠抓"一把手"工程不放松

在借鉴咨询公司以往项目经验的基础上,在5S项目开展伊始,便强调5S推进是"一把手"工程,各单位主要领导是推行5S成功与否的第一责任人。"一把手"要真正参与到整个推进过程中,对5S的推进有深刻的认识和感悟,当断必断,由此产生推进的魄力和阶段性的果敢行为。"一把手"要在参与中利用职权合理配置资源,解决实际问题；要形成团队的力量,整个领导班子全体成员要分工负责、协调配合,积极落实各项推进工作。

在整理阶段,董事长亲自视察现场、参加验收,要求验收组严把质量关。

每周5S综合组例会上,公司5S管理推进综合组组长、公司党委副书记亲自参加会议,与会人员对各种问题进行反馈,组长负责协调解决,专家组对下一步工作提出建议。

公司级其他领导也经常去自己的责任区检查5S工作开展情况,特别是阶段验收时,公司领导均会亲自到自己的责任区参加验收,听取汇报和点评,同时对二级单位不能落实解决的问题,立刻采取解决对策和办法,召开现场办公会解决推进中的问题。

现场指导时,各单位5S主管领导和各部门负责人都会一起陪同,对专家提出的问题尽快落实,具有很强的执行力。各二级单位厂长负总责,经常与员工一起滚战。

在包钢,"一把手"工程真正落了地,随着项目开展,"一把手"工程逐渐升级为"一把手"自尊,各单位间形成了浓郁的竞争氛围。

（三）建设强有力的推进网络,有序推进、真抓实干

1）项目伊始,成立高站位的推进机构：董事长任5S管理推进委员会主任；党委副书记任5S推进综合组组长；各主要职能部室一把手牵头的推进专业小组,协助解决推进中的专业性问题；成立5S管理推进办公室,作为日常办事机构；各二级单位按照公司指示成立相应的5S机构,上下对接,形成强有力的推进网络。

2）坚持定期例会制度,提高例会效率和其决定的权威性,按阶段有序推进；推进机构要增强责任感,提高工作质量。

3）充分发挥各层级推进机构的作用,做到人人有事做,事事有人管。按总体方案分阶段、分步骤实施,有序推进,形成管理的闭环。

4）严格选拔、培养5S督导员,建立一支高素质的专业指导、推进队伍。

5）各单位是推进5S工作的实施主体,对推进的进度和效果承担责任；各单位要结合本单位的实际,理清推进思路、重点、难点,采取有效措施,保证推进效果。

6）各单位要发动全体员工参与,不搞应付,不搞短期行为,克服困难真抓实干。

Flow-type Enterprise 5S Manual

(四）样板先行，整体推进

启动大会上，公布了第一批样板单位名单。在"样板先行、整体推进、以点带面、辐射全局"方针指导下，结合包钢范围大，一批样板单位代表性不强的特殊性，又确定了第二批样板单位。两批样板单位中，整体样板单位11个、样板区域11个、样板车间10个，其中包括包钢稀土2家，包钢西创2家，其他均为包钢股份的单位。这样，钢铁主体样板的覆盖率近乎100%，同时，也为稀土和西创打造了样板。两批样板单位重点开展"整理"阶段工作，为后续整体推进积累了经验，实现了以点带面、辐射全局的效果。四个月后召开样板单位经验交流暨5S管理深化推进大会，标志着包钢5S工作全面推开。

（五）实战性培训与实效性指导相结合

1. 理念先行，提高认识

为确保全体干部职工对5S管理活动有一个深刻的了解，在项目启动阶段，先后进行了全厂范围的培训。

2. 现场指导，注重实效

5S管理，源于现场，终于素养。只有搞好现场活动，才能为提高员工素养打下坚实基础。包钢占地面积大，现场工艺复杂，历史欠账多。结合包钢实际，咨询组对每一个单位均进行拉网式、针对性指导，每一个单位均指导三次以上。指导过程中，在给员工指出现场存在问题的同时，更多的是告诉他们为什么会出现这样的问题，怎样去避免或改进，并始终强调"5S要用经济的头脑去做，不是靠花钱买来的，鼓励员工发挥自己的聪明才智，进行自主改善"。

（六）制度文件，适时跟进

在项目的推进过程中，适时下发5S管理标准、员工5S管理手册、各阶段工作计划等文案，可以让员工在工作中有章可依，减少因方向不明确而出现的反复。文案的及时跟进，可以让管理者有的放矢，更加游刃有余地开展工作。管理者与员工配合默契、一鼓作气，取得项目的胜利。

（七）充分发挥舆论导向、舆论宣传、舆论监督的作用

在5S推进过程中，始终重视舆论的宣传和导向作用，通过电视、报纸、网络、看板等媒介宣传5S管理推进的总体方案、推进目标和方针、5S管理标准、管理工具和技巧、推进中的先进经验、先进事迹和个人、问题曝光等内容，使广大员工从中受到了教育，思想认识得到提高，并在日常工作中得以应用。

（八）阶段性评价、考核

在项目推进过程中，每一阶段实施后，均进行认真、严格的验收，验收本着公正、公平、公开的原则，程序标准、队伍有素，专家组点评全面、深刻、细致。验收中还邀请该单位的主要负责领导参加。

每次验收结束后，推进办公室对结果进行汇总分析，结合咨询专家的意见，排定名次，并对通过验收的单位给予表彰和物质奖励，对没有通过的单位择日要重新复查。

（九）按项目管理的规律推进5S

项目开展过程中，严格执行计划管理，运用甘特图制定全年工作计划，并分解成阶段计划、月计划，把每一件小事分解到每一天。并在实施计划时进行过程控制，通过周总结、月总结、年度总结，咨询组分阶段、及时对工作开展情况进行分析；同时，注重对项目资料的收集和整理，坚持"日事日毕"，做好知识管理。包钢的5S项目，每一项工作的开展，都结合包钢实际，在方案实施过程中反复修改，最后打造了包钢清新、亮丽的现场，培养了一批高素质人才。

三、持续推进，效果显著

通过一年的5S管理推进，包钢获得了巨大的经济效益和社会效益，包钢厂区面貌发生了深刻改变。变化之大、成果凸显，这是有目共睹的，也得到了广大员工和各级领导的普遍认可。

1）在5S推进过程中，从上到下，从领导到员工，大家做了很多工作，牺牲了个人休息时间，很辛苦、也很累，付出了极大的心血和汗水。但同时大家也普遍地感觉到包钢面貌发生了根本性变化。特别是一些员工由开始推动时对5S不理解、被动地去做，逐步到现在的感悟和认可，进而逐渐感受到5S管理带来的好处，这一飞跃转变是难能可贵的。

2）由于"一把手"工程得以贯彻实施，建立和健全了各个层面的5S管理推进组织；5S管理推进总体方案严格按计划推进；样板单位的认真选拔和精心培育指导；全员5S管理理念的导入和大范围的员工5S知识培训，确保了5S管理推进有序进行。

3）各单位组织对不良资产拆除，对现场物品的整理，彻底解决了多年以来积压在现场的"不要物"，节约了能源成本、储备成本。对废旧物资的利用和处置，促进了公司降本增效活动的开展。特别是对现场物品和库存物品进行了认真梳理，有效控制了超储，这将对今后的压缩库存、消除堵塞、加快资金周转起到至关重要的作用。如今，现场的空间增大了，物流变得有序了，安全生产和操作环境变得干净整洁了，员工开始享受到了5S的成果。

4）生产环境大大改变，现场灰尘、油污、垃圾清理了，设备擦亮了，备品备件、现场生产物料、工具器具重新整合，使用更快捷方便了。特别是对员工操作环境、工作环境、休息环境的大幅度改善，极大地惠及了员工，充分体现出企业以人为本的社会责任。

5）据各二级单位数据统计，5S管理推进共清理出现场备品、备件及工具器具类"不要物"20万余件，清理出现场废旧物料及废旧钢、铁、铜等有色金属共5.6万多吨，仅这三项盘活物资近1.6亿元。现场不要物统计数据显示，现场共盘活资金3.2亿元。

另外，拆除废旧建筑10万多平方米，拆除废旧管线8.9万延长米，清理垃圾7万多吨，排查"6源"1448项，已治理1263项。

上述"不要物"的盘活和处置，有效缓解了相关单位成本压力，促进了降本增效；现场"6源"排查"跑、冒、滴、漏"的治理，有力促进了企业节能降耗；拆除后的场地可以大面积增加绿地，提高厂区绿化覆盖率，为包钢打造花园式工厂奠定了基础。

6）员工素养显著提升，现场工位器具、备品备件摆放整齐，工具用完后清洁归位、依形迹摆放，按照清扫制度要求保持工作现场并坚持交接班记录；主动利用间歇时间维护设备、现场，操作室、休息室内保持干净明亮；自主改善意识增强，合理化建议与改善成果不断增加，各项工作不断精细化、规范化。

7）包钢厂区和现场发生的巨变，引起了内蒙古国资委领导班子的重视和兴趣，他们在调查干部任用时，5S的工作推进情况是其中一项议题。不仅如此，包头电视台、内蒙古电视台都到包钢就5S的推进做了专题采访。5S管理的推进不仅在降本增效、现场改善中发挥了重要作用，对建设大包钢、树立企业新形象也做出了巨大贡献。

8）现场改善对比的图片。

现场改善对比图片

▶ 改善前的泵房

▶ 改善后的泵房

▶ 改善前的水泵

▶ 改善后的水泵

流程型企业5S攻略

▶ 改善前的压力容器

▶ 改善后的压力容器

▶ 改善前的灭火器

▶ 改善后的灭火器

▶ 改善前的清扫工具

▶ 改善后的清扫工具

Flow-type Enterprise 5S Manual

▶ 改善前的水管

▶ 改善后的水管

▶ 改善前的备件

▶ 改善后的备件

▶ 改善前的汽修车间发动机段

▶ 改善后的汽修车间发动机段

流程型企业5S攻略

▶ 改善前的运输车间岩石站道口

▶ 改善后的运输车间岩石站道口

▶ 改善前的边坡车间休息室

▶ 改善后的边坡车间休息室

▶ 改善前的电修车间维修库

▶ 改善后的电修车间维修库

Flow-type Enterprise 5S Manual

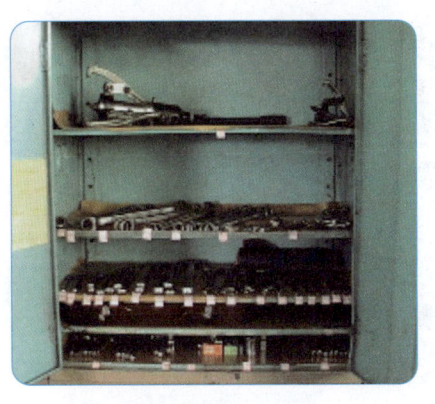
▶ 改善前的工具柜

▶ 改善后的工具柜

▶ 改善前的磨机大齿漏油

▶ 改善后的磨机大齿漏油

▶ 改善前的油桶漏油

▶ 改善后的油桶漏油

流程型企业5S攻略

▶ 改善前的球磨机甘油润滑漏油

▶ 改善后的球磨机甘油润滑漏油

▶ 整理前的钢球槽

▶ 整理后的钢球槽

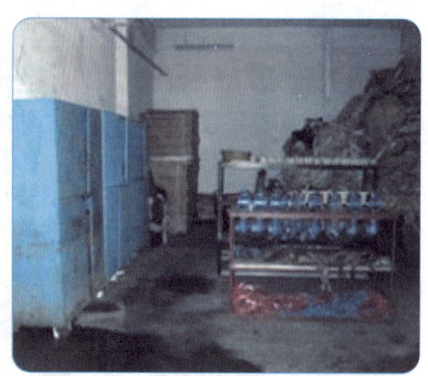

▶ 整理前的库房备件架

▶ 整理后的库房备件架

Flow-type Enterprise 5S Manual

▶ 整理前的油桶

▶ 整理后的油桶

▶ 整理前的清洁泵间操作箱

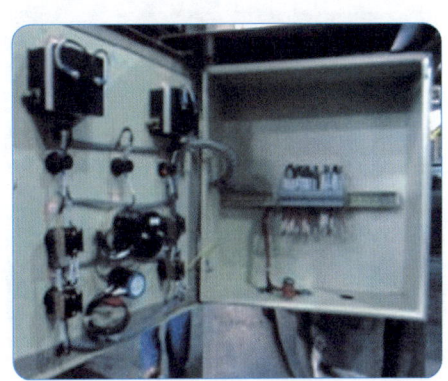
▶ 整理后的清洁泵间操作箱

▶ 亮化前的管道防腐

▶ 亮化后的管道防腐

流程型企业5S攻略

▶ 亮化前的球磨机防腐　　　　　　　▶ 亮化后的球磨机防腐

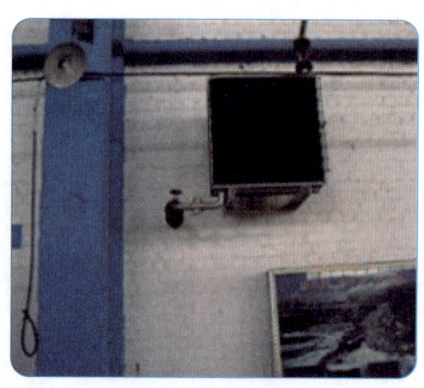 

▶ 改善前的墙面　　　　　　　　　　▶ 改善后的墙面

▶ 改善前的机械车间综合泵站　　　　▶ 改善后的机械车间综合泵站

Flow-type Enterprise 5S Manual

▶ 改善前的高线轧钢车间备件摆放

▶ 改善后的高线轧钢车间备件摆放

▶ 改善前的轧钢车间职工休息室

▶ 改善后的轧钢车间职工休息室

▶ 改善前的辊环磨削间备品备件摆放

▶ 改善后的辊环磨削间备品备件摆放

流程型企业5S攻略

▶ 改善前的加热车间业务室

▶ 改善后的加热车间业务室

▶ 改善前的吊车电源盘箱

▶ 改善后的吊车电源盘箱

▶ 整理前的库房杂品存放

▶ 整理后的库房杂品存放

Flow-type Enterprise 5S Manual

▶ 整理前的材料库

▶ 整理后的材料库

▶ 整理前的备件库

▶ 整理后的备件库

▶ 整理前的一车间前处理空压机房

▶ 整理后的一车间前处理空压机房

流程型企业5S攻略

▶ 整理前的前处理配酸间

▶ 整理后的前处理配酸间

四、包钢5S推进取得成效的原因分析

1)"一把手"工程在包钢真正得以落实,生根发芽。5S管理推进一开始就明确了"一把手"负总责,从公司主要领导到二级单位党政"一把手",再到车间、班组"一把手"都主动承担着5S管理的主要责任,并充分和有效地发挥了领航作用。

从公司到各二级单位班子成员都按照领导分工负责、各自包片负责,层层落实责任,为5S管理推进奠定了坚强的组织保证。

2)紧紧抓住思想和理念先行,广泛地宣传和发动,形成5S推进强大的舆论攻势。推进中始终充分发挥舆论导向、舆论促动、舆论监督的作用,通过包钢电视、报纸、网络、看板等媒介宣传5S管理推进的总体方案、推进目标和方针、5S管理标准、管理工具和技巧、推进中的先进经验、先进事迹和人,使广大员工从中受到了教育,思想认识得到提高,并在日常工作中得以应用。

3)扎实开展全员培训、普及5S知识。公司启动大会上就对高中层领导进行理念和知识导入;之后对基层管理者进行普遍轮训;对全公司督导员进行重点培训;各单位都相继组织了内部的全员培训。样板单位员工培训率普遍在95%以上,有许多单位达到了100%,为5S推进筑牢了坚实的群众基础。

4)坚持以人为本的改善,把惠及员工的事情放在首位。在5S推进中,首先改善的是员工的操作环境、休息环境、更衣环境、洗浴环境、卫生环境、绿化环境等。目前,操作环境和工作环境得到根本性改善,广大员工普遍赞扬现场改善的巨大变化,享受到了改善中的实惠,感受到了尊重。

5)严抓"6源"排查,全面综合治理。样板单位整理阶段一开始,公司就下发了"6源"排查表,明确整理阶段的指导思想。各单位贯彻得力,通过大量查找和堵漏,解决了许多长期难以解决的问题,有些问题通过改善得到了根治。这为后续的5S提升创造了良好条件,也为安全生产、节能降耗、设备正常运行提供了保证。

通过一年的5S管理推进,各单位夯实了基础管理,现场环境显著变化,员工素养、精神面貌明显改变，包钢各项管理水平全面提高。5S管理的开展提升了企业的综合竞争力尤其是"软实力"，使包钢这个有着近60年建设发展史的老工业企业再次焕发了勃勃生机，为实现包钢持续不断的管理进步，打造"百年老店"目标的最终实现铸就了基石。

 **包钢焦化厂持续推进 5S 管理**

在2011年公司对3S检查验收以后，我厂按照公司5S推进总体部署，在巩固前3个S"整理、整顿、清扫"成果，认真开展"回头看"活动的基础上，扎扎实实推进了"清洁、素养"阶段工作，下面简要介绍我厂在"回头看"及5S制度化及考评体系这两方面所做的工作。

一、巩固"整理、整顿、清扫"成果，认真开展"回头看"活动

1. 落实"一把手"工程

针对公司下发的《包钢（集团）公司5S管理检查标准（试行）的通知》《关于巩固"整理、整顿、清扫"阶段成果，认真做好"清洁、素养"阶段工作的通知》《关于开展5S管理全面检查验收工作的通知》，焦化厂党政领导高度重视，多次召开5S专题会议，研究制定了推进方案，形成了《关于焦化厂巩固"整理、整顿、清扫"阶段成果，认真做好"清洁、素养"阶段工作安排》指导文件，5S工作的好坏与各生产部门党政一把手考核奖励进行挂钩。

为了更好地推进5S管理工作，我厂召开动员大会，要求全厂干部职工严格贯彻落实公司及我厂的5S文件精神，将5S管理标准要求，在日常生产管理及生活中落地生根。在5S推行过程中，厂领导亲自带队多次现场检查督导，即由厂长、书记带队各管理科室参加的厂级5S检查督导组的检查，各生产部门区域一把手组织部门检查，每次对各作业现场区进行联查，查出问题，当场拿出整改和处理意见，当场宣布红牌，做到发现问题当即治理。1~3月份，厂领导在生产、基建繁忙工作中仍抽空检查27次，厂领导组织的检查和管理科室5S专业检查小组检查结果，纳入当月绩效考核，在"一把手"参与和督促作用下，我厂5S管理各项工作效率较高，5S真正落到实处。

2. 加强职工的教育培训工作

为了巩固好"整理、整顿、清扫"阶段成果，更好地开展"清洁、素养"阶段工作，我们加强宣传培训教育，在厂部集中组织培训教育的同时，各基层部室结合实际开展有针对性的培训教育，为此项工作开展创造了有利条件。我们先后组织了专题讲座，播放了"公司5S管理清洁、素养阶段专题培训"录像，组织了5S清洁、素养阶段重点工作培训及5S管理手册的班组培训。并通过厂部干部大会，生产经营分析会，厂部5S专题例会，每天早调会，车间、班组宣传板报等，组织开展多种形式的教育培训活动。通过学习培训，提高了职工素养，规范了职工行为，使职工牢固掌握5S管理的基本技巧和方法，培养职工团结协作、严谨细致、标准化作业的良好习惯。

3. 不断完善"整理、整顿、清扫"工作

继续完善"整理、整顿、清扫"工作，彻底治理重点部位，例如：

1）运焦办公楼后陈年垃圾聚集区清理。
2）焦化厂区运输部铁路两旁"三不管"地带清废及场地平整。
3）筒仓西侧马路两旁施工遗留垃圾清理、场地平整。
4）回收旧化验室区域治理。
5）回收车间拖地工艺管道部分治理。
6）筒仓施工单位大临区域治理。

4. 推行5S星级管理评价活动

为了更有效推进5S管理工作，根据厂部制定的文件精神，在全厂范围内开展5S管理星级评定活动，将5S管理活动水平分为5个星级。厂级5S活动领导小组安排检查验收，每月一汇总、一评比、一奖励，并且每月评选出"金牛奖"和"蜗牛奖"，达到星级的生产部门在干部大会上进行通报表扬，形成了具有焦化特色的5S管理体系。从去年公司检查验收前全厂所有生产部门都通过三星级后，全厂各生产部门一直在努力完善整改现场管理制度，至二月份，5S管理星级评定结果为：各生产部门已全部通过厂级验收达到四星级；对排前三名的研究室、检修维护部、自动化部进行奖励；对排名后两名的煤气净化部、备煤部进行考核。其中煤气净化部评为"蜗牛"。到3月份，通过厂5S检查组的检查评定，全厂各单位都达到厂5S竞赛五星级标准及厂级5S标准。

5. 认真开展"6源"排查治理活动及做好六个结合工作

我厂组建了十个5S专业管理小组，重点工作是认真开展"6源"排查治理活动及做好六个结合工作。我厂属于煤化工企业，各类管道、阀门错综复杂，冬季容易泄漏，给生产、检修安全带来较大困难。通过各5S专业组工作，全厂治理各类跑冒漏点大约1300处，处理现场各类安全生产隐患180处，配备安装各类气体、火灾报警装置39处。

据统计，动力部自去年采暖期开始至2012年3月底，共计处理各类漏点统计如下：风管道5次，水管道25次，水采暖管道600余次，气暖管道400余次，蒸汽漏点50余次。干熄焦在不停产情况下，处理锅炉连排、定排、除氧器、减温水、水封槽、常用放散、紧急放散各类漏点330处，干熄焦回收各种冷凝水小时量约3t，既治理了跑冒滴漏，又节省了能源消耗。

强化安全生产管理，杜绝安全事故的发生。每周主管安全生产厂长带队，组织安环部及车间安全员进行联合大检查，深入开展了安全生产执法、治理活动，突出抓好隐患治理及违规违章违制的管理活动，对发现的事故隐患及不符合安全生产条件的坚决予以整改，对整改不了的要制定出安全防范措施，厂部进行跟踪督查，实现隐患闭环管理。活动期间处理现场各类隐患180处，配备安装各类气体、火灾报警装置39处,增设各类安全生产栏杆及检修平台360m²。

6. 开展员工自主创新活动

为进一步激发广大员工参与自主改善活动的积极性和主动性,给深入推进5S管理营造良好的氛围,在全厂范围开展员工5S管理自主创新活动,大力弘扬员工5S自主改善,不断发挥员工积极参与自觉改善的能动作用,营造勇于创新、持续改善的良好氛围。厂部决定从收到的26项员工自主创新成果中评选出铣工刀具架、材料架等10项优秀奖进行奖励,奖励额度达到1.3万元。

▶ 职工自制备品备件摆放架

 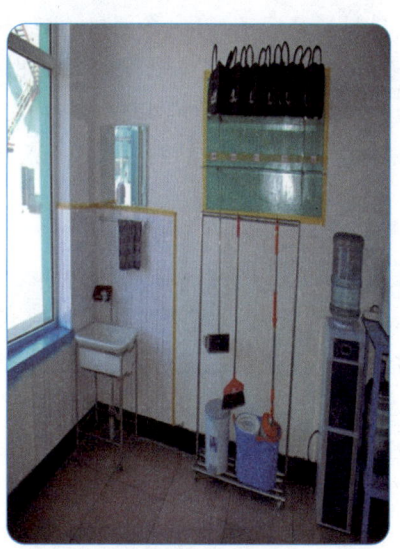

▶ 班组清扫工具架

▶ 加工成品架

▶ 手动葫芦架

7. 坚持5S管理检查考核

全厂在厂领导及各专业组的检查、督促下，通过实施厂级5S星级评价体系及金牛奖、管理创新奖、蜗牛评价及红牌督战法，对各部室进行考核及奖励。在近3个月的"以评促改"活动中，全厂共亮红牌27张，各种考核共计11.9万元，奖励1.68万元。

二、扎扎实实做好"清洁、素养"阶段工作

5S管理工作是一项长期工作，要想让5S工作落地生根，建立健全我厂三级5S管理各项规章制度至关重要，但关键点是班组级5S管理手册的建立、实施，使5S管理推进有了强有力的制度保障。

1. 建立健全5S管理各项制度，完善考评体系

我厂制定编写了厂级、车间级、班组级三级5S管理各项规章制度，重点是班组5S管理手册的编写，对各班组编写提出了具体要求，要有针对性、实用性、可操作性和全面性。编写、制作班组不要物评定及处置制度、"6源"排查及治理制度、清扫制度、检查考核制度、5S管理交接班制度、设备点检5S管理制度及各种相应记录等。

2. 制作现场可视性制度看板

为了让班组5S管理制度落地生根，方便职工现场执行制度，让职工现场操作一看就会、一干就对，我厂实行现场可视化制度看板的方法，方便职工掌握制度、运用制度，一改让制度留到计算机里、放到办公室的做法，使制度进现场，让职工看得见、用得上、不出错。全厂制作了各类制度牌2680块，制作现场各类看板576块，为5S管理制度规范化、常态化、习惯化、可视化打下基础。

3. 职工素养的提升工作

作为一个有2800多名职工的大企业，我们深知拥有一支高素质的职工队伍对于企业的发展至关重要。为了提升职工素质，培养职工良好素养习惯，我们在抓好职工教育培训、组织开展各种活动的同时，强化日常管理，促进良好工作习惯的

养成。我们注重加强三支队伍建设，培养高素质的管理人员、专业技术人员和操作人员队伍，加快建立以重实绩、比贡献为取向的分配机制和激励机制，"以一流人才创造一流业绩"为人才培养目标，把高技能人才的积极性和创造性引导好、保护好、发挥好，创造人才辈出、人尽其才的良好局面。

2011年，组织了职工专业技术培训32个班次，培训职工2497人次；组织党员积极分子培训班6期，培训党员积极分子728人。我们在厂局域网开设了心灵氧吧，开展健康生活教育，建立QQ群供职工相互交流。心灵氧吧有两名专业心理咨询师，一名工作人员。心灵氧吧组织了一次心理调节专题讲座，有180余名职工参加了讲座学习；还组织了两次小型座谈会，心理咨询师与部分人员进行了面对面座谈，解除心灵忧虑，进行心理调试。2012年，我厂深入开展职工大讲堂，开展各类有针对性培训，组织700余名职工完成职业技能鉴定，开展党员积极分子培训班6期，培训党员积极分子960人。

通过不断深化的5S管理工作，坚持推行4S活动的习惯化，坚持每天每人5分钟5S管理活动、班组员工行为规定活动的开展。内容有：遵守劳动纪律，不随意脱离岗位，不违章操作；不在厂内吸烟，打电话不唠闲话；劳保穿戴齐全，衣服整洁；进入危险区域要带报警装置等。从而促进职工良好行为习惯的养成，促进素养的不断提升。清洁、素养阶段，我厂承办了原料片区11家兄弟单位参加的5S演讲比赛，而且我单位有2名职工进入复赛，取得较好的成绩。5S演讲比赛对全员认识参与5S，养成爱清洁的良好素养习惯起到积极作用。

三、巩固成果、查找不足、安排好下一步工作

焦化厂是有着50多年煤化工老企业，设备腐蚀、老化严重，生产现场跑冒滴漏问题较多，粉尘、烟雾较大；很难在短时间内彻底得到根治。例如：炼焦区域焦粉清理难度大；选煤、备煤通廊内粉尘清理干净后不容易保持；化产区域腐蚀难治理；化产区工艺管道设计安装未考虑5S；工艺管道布置较乱、不合理，给生产设备及管道维护、检修带来很大困难；更重要的是影响职工安全健康。

推行5S管理工作以来，在较短时间内，焦化厂人的思想、观念有了很大变化，但离公司通过5S管理，实现员工行为规范，促进素养提高，达到国内一流企业员工的素养的要求，还有一定差距。

下一步重点工作安排：针对发现的问题按照PDCA管理方法进行治理，逐步减少直至消除问题，建立健全长效机制，把5S管理与日常生产管理相结合，使5S管理制度化、日常化、常态化，促进职工良好行为习惯的养成。

5S管理成果展示如下：

▶ 亮丽的焦炉一侧

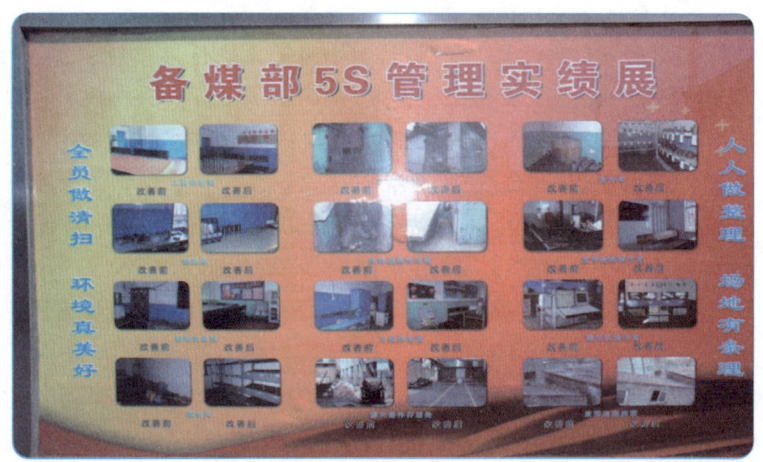
▶ 备煤部 5S 改善看板

▶ 改善后的焦炉地下室

Flow-type Enterprise 5S Manual

▶ 整齐明亮的备件库

▶ 清爽干净的污水泵房

▶ 安全警示的水泵房

流程型企业5S攻略

第 9 章　5S 推行成功的经验与案例

▶ 改善前的浴室

▶ 改善后的浴室

▶ 改善前的交接班室

▶ 改善后的交接班室

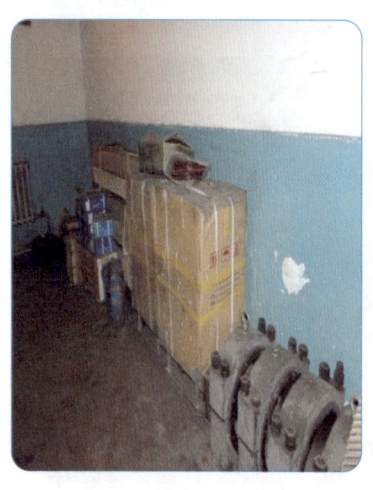

▶ 改善前的库房

▶ 改善后的库房

▶ 改善前的除尘系统

▶ 改善后的除尘系统

▶ 改善前的泵房

▶ 改善后的泵房

我们将不断查找不足、克服各种困难，逐步完善我厂的 5S 工作，继续加大 5S 管理推进力度，为包钢"十二五"快速发展，为包钢打造"百年老店"争创一流企业，做出我们焦化厂应有的贡献。

 白云铁矿 5S 管理推进的做法

白云铁矿全面贯彻公司推进要求，在公司领导、相关部室及专家组的指导下，全矿干部职工求真务实，真抓实干，以实现 5S 管理活动"巩固成果、强化考核、提高素养"为方针，积极开展了"回头看"活动，巩固"整理、整顿、清扫"阶段成果，认真落实"清洁、素养"阶段的各项工作。

流程型企业5S攻略

矿领导及各单位精心规划和周密部署，使5S管理工作达到持之以恒、常抓不懈，并不断得到优化和深化。现场面貌焕然一新，物品有效定置，标识明确，整齐有序，物品进入受控状态，现场可视化水平进一步提升，职工工作、生活条件得到持续改善，职工的思想观念、精神面貌发生了显著变化。

一、5S"回头看"活动成效

1. 5S管理体系较为完善、组织得力

坚持领导重视、全员参与、持之以恒、持续改进原则，成立了强有力的矿级5S管理推进领导组织，明确了责任区域，在坚持铁矿领导区域负责的基础上，管理重心进一步下移，重点强化车间、部室一级的"一把手"工程，检查考核车间、部室主要领导及班子成员对5S管理推进的责任分工及落实情况，形成明确的问责机制。在矿区组织的5S检查过程中，矿领导对车间领导进行考试，询问5S知识、车间5S管理推进的总体安排及班组的责任分工体系。

2. 建立健全5S管理运行体系，达到制度化、标准化5S

强调的是标准和制度，关注的是细节，要求的是执行，从而营造一种"人人积极参与，事事遵守标准"的良好氛围。矿里制定和修订了5S管理制度、5S管理标准、5S管理检查制度、5S管理评价考核制度等文件。

目前已形成矿、车间、工段、班组四级管理制度及标准，各单位清扫记录、点检记录、交接班记录、安全检查记录、操作记录等各项记录齐全。针对各单位清扫记录不规范、不统一的情况，矿里制定下发了5S清扫记录标准样式，以确保从清扫到检查、确认、复查的闭环管理。力争做到制度建设文件化，贯彻实施常态化，考核管理制度化，持续改善，固化成果。

3. 总结典型，鞭策落后

为形成比、学、赶、帮、超的良好态势，从矿里到车间均按5S制度和标准对各单位、工段、班组、个人进行了评比，矿里对5S先进单位、个人进行了隆重表彰，各单位也组织了相应的表彰，矿领导亲赴生产现场颁奖，并对5S推进差的车间、工段、班组进行了帮教与考核。

4. 巩固"整理、整顿、清扫"阶段成果

各单位在保持"整理、整顿、清扫"阶段成果的基础上，集中开展了专项治理活动，重点查生产现场、工段班组、办公区域是否存在不要物，物品是否有效定置，各种标识是否统一、规范，工作现场是否得到彻底清扫，"6源"是否得到根治。各单位对工作现场的所有角落进行了彻底清扫，特别加强卫生死角的清扫，对区域进行划分，实行区域责任制，责任到人，确保清扫质量，促进清扫标准化。生产现场物品通过科学编码和标识，提高了工作效率。

对各种标识进行了检查，标识的制作遵循统一、标准、经济、实用、创新的原则。对破损的标识重新进行了制作，在"回头看"活动中各单位基本都购置了彩色打印机和塑封机，这两个设备仅需600余元，各单位自行制作标识，大幅降低了制作

费用，保证其经久耐用，同时促使深入学习5S管理标识标准，提高了职工对5S的认知度。

5. 深入开展现场"6源"治理活动

组织各单位对污染源、清扫困难源、故障源、浪费源、缺陷源、危险源进行深入排查，与自主改善活动相结合，依据"6源"排查工作流程，对其来源途径进行分析，制定措施予以改进，通过效果与实效评估再加以完善巩固，循序渐进，力争从根本上杜绝其再出现的可能。

二、清洁、素养阶段重点工作

1. 加强培训宣传，规范职工行为

为了从根本上提升职工的"5S"管理意识，铁矿组织各单位充分利用培训、专题讲座、调度会、班前会、电子显示屏、板报、周报专栏、展板等各种形式进行宣传。各单位均制定了2012年5S培训工作计划，很多单位均由车间领导亲自进行授课，职工5S培训率达100%。

矿区5S培训宣传工作始终强调一个理念，即广大职工既是5S管理的执行者，同时也是决策者，只有汇集全体职工的智慧才能使5S管理推进工作胜利完成。通过强化培训宣传，使职工深刻理解5S管理对铁矿发展的深远意义，自觉、主动地投入到治理工作当中，使员工养成遵章守纪、团结协作、严谨细致、自觉执行标准化作业的良好习惯，形成和谐的工作氛围，促进精细化管理工作的开展。

2. 调动职工积极性，鼓励职工自主改善

我矿在前3S阶段自主改善项目成果显著，上报的6项5S管理员工自主改善成果，一个项目获一等奖，两个项目获二等奖，两个项目获三等奖。以上成绩的取得极大提高了职工自主改善的积极性，又一批自主改善项目成果相继实施或完成，如发动机解体平台制作、发动机存储架、K38/K2000E发动机活塞连杆存放平台、自贮水式智能电暖气、大型铲斗衬垫以及氧气、乙炔带卷筒等。我们将进一步加大改善成果的奖励力度，充分调动职工参与自主改善活动的积极性，营造勇于创新、持续改善的良好氛围，使现场管理持续得到细化和提升。

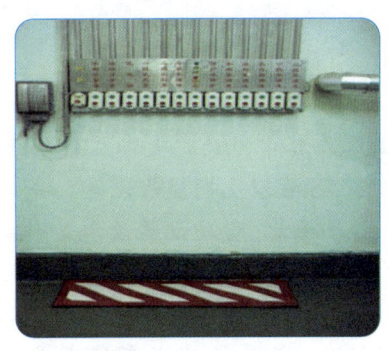
▶ 开关可视化管理

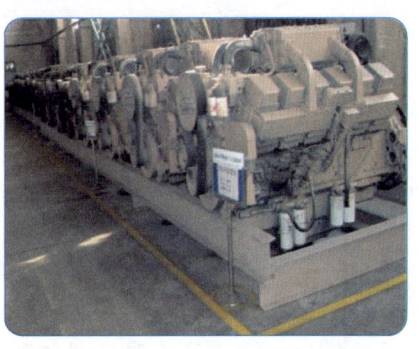
▶ 发动机存储架

3. 以5S为抓手促进各项专业管理工作

我矿在5S的推进过程中，非常注重将5S管理与现场管理、设备管理、安全管理、环境管理、降本增效、对标升级等专业管理相融合，矿里规定在以后修订或新增的各项管理制度都要将5S管理纳入其中，使其作为基石促进精细化管理工作的开展。

使"清扫即点检"工作得以深入实施，按简单明了的流向、可视的点检路线、最大的点检便利等原则设计了点检路线，制定了设备点巡检手册标准，从细化点检标准及润滑标准、绘制设备点检路线图、编制点检计划、点检实施的基本工作、设备点检、设备润滑考核标准、记录分析和利用、点检改进等八个方面进行了详细的规定，以此为总纲编制完成了一套15册设备点巡检手册，囊括了铁矿的所有设备，设备点巡检手册按照车间区域进行划分，使设备点检工作向精细化、规范化管理方面发展，并规范了点巡检工作流程。

4. 继续改善职工工作、生活环境

安全、舒适、明亮的工作和生活环境，可构建和谐融洽的管理氛围，可提升职工真、善、美的品质。通过5S管理使职工的工作、生活环境得到了明显改善。针对白云地区水质较差，含氟较高等情况，部分单位引进了净化水或直饮水设备，使车间职工喝上了纯净甘甜的纯净水。

▶ 净化水设备

▶ 直饮水设备

5. 开展了丰富多彩的5S活动

我矿开展了丰富多彩的5S活动，使职工参与其中，让广大职工能够真正做到学习5S、参与5S、感悟5S、享受5S。如举办了5S管理主题摄影比赛，先后征集到反映铁矿5S管理丰硕成果，如厂容厂貌、生产场景、基础设施改观的作品130余幅，评出一等奖2名，二等奖5名，三等奖8名。优秀作品通过铁矿OA网、展板等形式进行了展览。为提高铁矿职工的学习能力和综合素养，提升职工服务矿山发展的能力，持续推进学习型组织创建工作，开展了"书香伴我成长"为活动主题的青年读书活动。在二季度将举办5S知识抢答赛及5S管理成果PPT展

示演讲比赛。

▶ 5S摄影比赛作品展板效果图

三、下一步工作规划

通过近一年的5S管理推进工作，5S管理带来的好处是直观的、潜移默化的，生产组织更加井然有序，多年的卫生死角得以清理干净，职工在干净整洁的工作环境中心情舒畅、干劲十足。这些变化源于我矿职工对5S管理发自内心的认可，体现着我矿以推进5S管理夯实基础管理的决心。5S只有开始，没有结束，我们要由"基础5S"向"精细5S"再向"精益5S"迈进，向创建国内一流矿山发起冲刺，达到管理一流、指标一流、工作环境一流。

1）在固化5S成果的同时，逐步提升职工素养，养成职工严格遵守规章制度的习惯和作风。5S管理始于素养，终于素养。通过提高人员素质，实现5S管理工作的固化及常态化。

2）积极开展培训与宣传教育。开展多层次、全方位的培训，在深入开展5S培训的基础上，开展学习型企业、精细化管理、企业文化建设、执行力等方面的培训，拓宽广大干部、职工看问题的视野，提高现场执行5S的技能和信心，提升干部和员工素养，锻炼管理人员的执行力和创新力，使职工由被动接受到逐步理解，再到提出问题共同探讨解决，使职工在观念上有很大的变化，态度上由消极变积极，行动上由被动变主动。

3）不断完善5S推进方案及标准。结合我矿的实际情况、工作特点和重点加以改进与创新，没有最好，只有更好，使其形成独具铁矿特色的5S管理模式，使其更具生命力，形成不断改进的标准体系。因此，要调动广大职工的积极性，让职工广泛参与其中，集思广益、献计献策，激励职工发挥积极性和创造性。

4）认真抓好现场管理。建立5S管理长效机制，防止短期行为，并以此为契机，将铁矿管理水平提升至新的高度。将5S管理纳入安全评比及设备管理星级车间评比等一系列评比之中，纳入我矿的绩效考核体系当中，进一步完善安全管理规范、生产组织规范、现场管理规范、点检规范、故障处理规范、润滑规范、大中修规范等。

5) 继续与专业管理相结合，如与生产组织、安全管理、设备管理相结合，着力于降低劳动强度、提高劳动效率、节约生产成本、提高职工能力素质。

6) 大力开展职工自主改善，倡导人人参与现场改善。各单位要倡导和引导职工针对现场不合理、不方便、有污染、有浪费、流程不顺畅等问题，开展项目改善攻关。通过改善优化流程、改进工作方法，进而提高工作质量、降低劳动强度、保障安全、节约能源、改善环境。

7) 积极组织各项5S活动，如5S知识抢答和征文活动、提案改善活动、阶段性评比活动、现场观摩学习、互访交流活动等，提高职工的参与度与认知度。

8) 实施矿内轻型车门禁系统，不同车辆划定不同的工作区域，并通过GPS定位，以规范轻型车行进路线和降低油耗。此项目已在实施中。

案例四 包钢热电厂5S管理推进

热电厂5S推进的关键事件：

2011年7月13日，热电厂热力车间顺利通过公司首批样板车间"整理"阶段验收。

2011年7月15日，全面启动"整理、整顿、清扫"阶段推进工作。

2011年11月23日，热电厂顺利通过公司"整理、整顿、清扫"阶段验收，全面进入"清洁、素养"阶段。

一、积极开展"整理、整顿、清扫"阶段"回头看"活动

1) 落实"一把手"工程，发挥各级领导的关键作用，确保成果固化。

▶ 现场改善效果

2) 以改善现场环境为切入点，全员参与，增强员工自主改善的积极性，提高员工的职业素养。

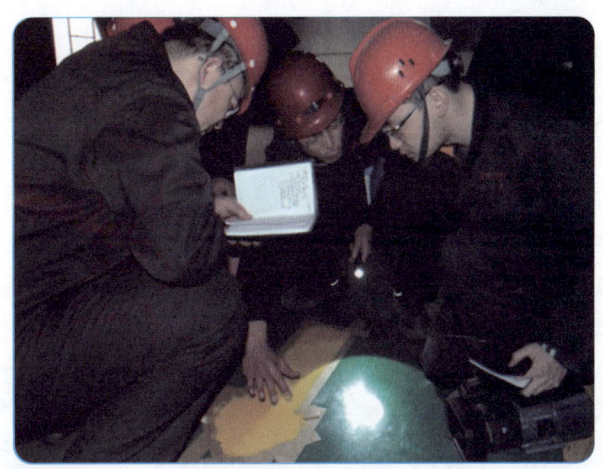

▶ 员工自主改善

▶ 仪表颜色管理，一目了然

▶ 改善前的车间一角

▶ 改善后的车间一角

3）牢固树立以人为本、持续改善的理念，将治理成果惠及员工。

二、"清洁、素养"阶段工作成效显著

1) 完善制度,健全考核,营造高效的执行环境。针对我厂各车间人员结构、区域面积、设备状况、难易程度不同,月考核扣罚的比例也不同。锅炉车间老系列为当月扣罚金额的80%,汽机车间老系列为当月扣罚金额的85%,汽动鼓风机区域为当月扣罚额的90%。

2) 专业部室积极参与,运用5S管理方法,创新实践,使5S管理发挥出更大效益。例如,2012年1月份同比减少软水补水量45t,明显降低了能源消耗和运行成本。

采暖期	热电厂2009~2012年各加热站补水量统计					
	平均各月软水补水量(单位:t)					
	1月	2月	3月	10月	11月	12月
2009	162	160	142	122	160	160
2010	175	145	132	104	145	148
2011	145	135	125	64	90	82
2012	100	85				

该表为热电厂各加热站补水量近三年统计表,通过以上数据可以看出,近三年来我厂各加热站补水量逐年减少。其原因主要是由于公司实行5S管理后,一些闲置厂房和废弃管道均拆除,减少了管网的热水损失;同时生产部加大了能源检查力度和考核力度,使一些跑、冒、滴、漏现象能够及时得到处理。另外,我厂也加大了对外网管道跑冒滴漏的检查与检修,避免了水量的过多浪费。尤其是2011年下半年采暖水投入以后补水量明显减少,10月份较去年减少补水40t,11月份较去年减少55t,12月份较去年减少66t

▶ 热电厂2009~2012年加热站补水量统计

▶ 定置管理 物流有序

3）加大宣传培训力度，营造良好的推进氛围，促使职工素养不断提升。

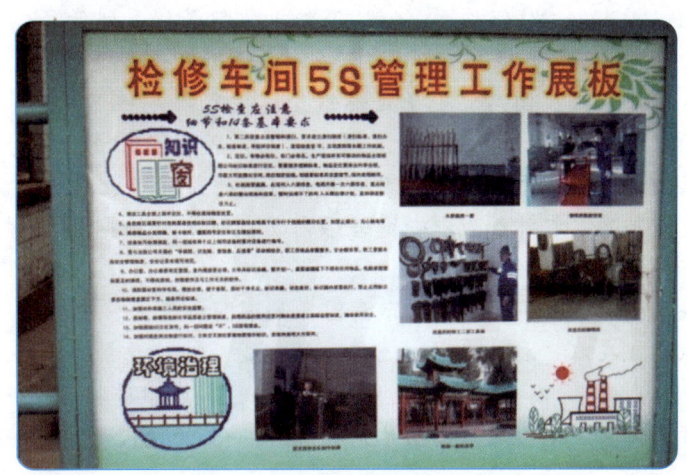

▶ 5S 管理看板

把职工行为规范教育融入到工作的方方面面，帮助职工深刻认识公司推进 5S 管理的必要性、必然性和紧迫性，让职工认识 5S、参与 5S，促使职工养成良好的职业素养。

三、今后工作及努力方向

1. 全员的 5S，创新的 5S

精细管理每一天，创新实践每一天。

2. 永远的 5S，持续的 5S

5S 效果看得见，持之以恒是关键。

3. 以人为本，惠及员工

按网络计划开展除尘脱硫改造。计划对部分休息室、操作间的门窗进行更换。最终目标是：为职工创造一个安全、舒适、整洁的工作环境。

 **河北钢铁集团承德钢铁分公司 5S 管理推进效果**

河北钢铁集团承德钢铁分公司（以下简称承钢）始建于 1954 年，是苏联援建我国的 156 个项目之一，是中国钒钛产业发祥地和先导企业。2008 年 6 月，河北省组建成立河北钢铁集团，承钢成为河北钢铁集团一级子公司。

50 多年来，承钢不断发展和完善钒钛磁铁矿冶炼技术、钒提取和加工应用技术，逐步形成了以钒钛产品和冶炼、轧制含钒钛低合金钢材为主业，冶、炼、轧、钒完整的钒钢生产体系。2009 年，承钢形成钢产能 800 万吨、钒渣产能 36 万吨、钒产品产能 3 万吨的规模，主体装备实现了大型化与现代化。

承钢主要产品有钢、钒、钛三大系列：一是含钒低合金螺纹钢、高速线材、圆钢等优质长材产品以及热轧卷板、热轧中等宽度带钢等优质板材产品；二是五氧化二钒、三氧化二钒、50钒铁、80钒铁、氮化钒、高纯氧化钒等钒系列产品；三是高、低品位钛精粉。

承钢并入河北钢铁集团后，也正是肆虐全球的经济危机席卷而来之时。在应对这场空前的经济危机中，承钢人从上到下，层层签订目标责任书，层层分解指标任务，层层传递形势压力，层层落实措施责任，形成了万众一心迎挑战、同舟共济渡难关的良好局面，以效益为中心，苦练内功，深入对标挖潜、节能降耗，各项工作均取得了较大的进步。

河北钢铁集团承钢公司组织架构示意图，如下图所示。

目前，承钢正在以"打造世界一流的钒钛钢企业"为愿景，以降本增效、节能减排、消除浪费为重点，以整体管理能力提升为手段，以推进精益生产和精益管理为目标，群策群力，上下同欲，向世界先进、国内一流的现代化钢铁企业大步迈进！

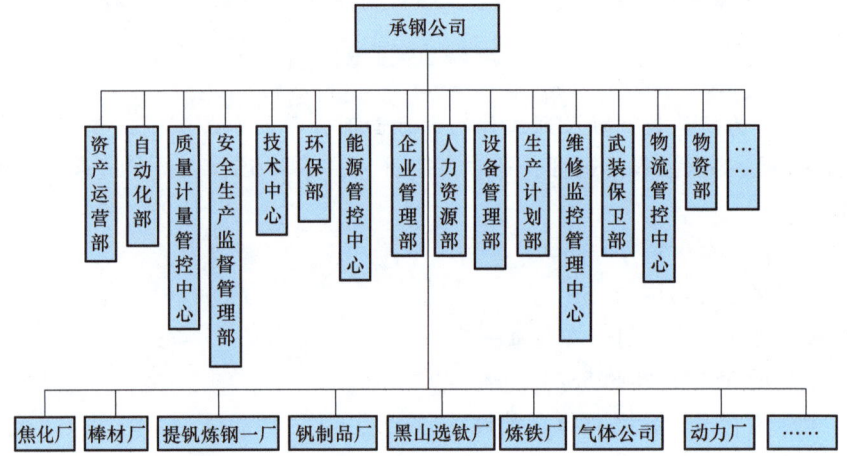

▶ 河北钢铁集团承钢公司组织架构示意图

一、承钢推进5S管理的背景

2009年，在日趋恶化的市场形势下，面对困难和挑战，承钢的广大干部职工通过学习实践科学发展观，解放思想、坚定信心，积极响应集团公司号召，按照集团的统一部署，不断调整产品结构，确定产品定位，坚决贯彻集团公司以销定产、以效定销的营销思路，强化对再建项目的审核，减少投资的浪费，降低了近亿元成本。

为了实现公司董事长提出的"走特色精品之路，铸一流钒钛承钢"的"十二五"发展规划目标，实现"国内领先、世界一流"的企业战略目标，公司决定自2009年7月起，用一年半的时间在公司范围内全面开展5S管理活动，进一步提升现场管理水平，夯实基础管理，提升全员素质。

承钢公司开展5S管理的必要性和重要性：

1)伴随着钢铁行业的快速发展,钢铁企业面临的市场环境正在发生着深刻的变化。面对当前的市场竞争环境,承钢公司既承受着市场竞争的巨大压力,又面临钢铁行业振兴规划实施带来的新的发展机遇。在压力和机遇面前,全面贯彻落实科学发展观,转变增长方式,变粗放式管理为精细化管理,是强化企业管理的必然选择。

2)承钢的发展历程是一个不断强化管理的过程,面对新的机遇和挑战,深刻剖析自身的管理现状,既要看到管理对公司发展的贡献,又要看到公司在作业环境、标准作业、员工素质、自主管理意识、持续改进能力等方面的不适应,这些不适应制约了"国内领先、世界一流"的企业目标的实现。开展管理提升活动亟需从强化基础性工作入手。

3)5S管理是企业最基础的管理。承钢公司目前面临巨大的挑战,最终体现在企业的综合实力竞争、管理的竞争、企业文化的竞争等方面。而5S管理正是企业解决这些问题、夯实企业基础管理的杀手锏,它所管理的对象是企业的人、机、料、法、环,所以,它是企业管理的基石。

4)5S管理是企业改变面貌、员工素质提升的良药。5S管理首先是改善企业的生产环境和工作环境,通过人对环境的改变和创造,营造一个整洁、有序、有规矩的良好氛围,而人又在这个美好的环境中受到感染,行为得到改变,素养得到提高,养成遵守纪律的良好习惯,进而在工作中按标准化作业,提高工作效率,有效提升团队业绩。在实践中培养人的科学思维,培养员工遵章守纪、执行企业制度、按标准化操作、积极自主改善和自主管理的意识,打造让员工有成就感和归属感的企业,让员工心情舒畅地工作,有尊严和进取精神,培养员工以厂为家的情感,使企业的竞争力得到全面提升。

5)5S管理为企业健康和持续发展带来好处。5S管理是企业各项管理的基础活动,它有利于消除企业在持续发展中可能面临的诸多不良影响。5S管理在推进过程中,经过整理、整顿、清扫的基本活动,建立成为固化、制度化、标准化的清洁,最终体现在提升员工的职业素养方面,夯实了企业基础管理,进而促进了企业各项管理能力的提升。

二、承钢5S管理推进的主要内容

承钢公司的5S管理,是全员参与、步步深入的,通过知识培训、现场指导、制定规范、执行规范、验收评价、不断改善来推进。

承钢公司5S管理的内涵就是结合承钢公司的实际,以现场改善为重点,以全员参与为载体,以素养提升为目标的管理活动。

1. 承钢5S方针

坚定目标,上下同欲;系统规划,分步实施。

样板开路,整体推进;步步为营,杜绝蜕化。

2. 承钢5S的推进目标

承钢5S的推进目标分为短期目标和长期目标。

(1) 短期目标

1) 公司各二级单位的作业环境显著改善，达到整洁、有序、规范、一目了然的标准。

2) 公共区域环境整洁，各类标识和标牌醒目清晰，厂容厂貌实现显著改善。

3) 员工素养显著提高，标准化操作、团队协作的职业习惯得到强化，培育一支懂5S管理的专业队伍。

(2) 长期目标

1) 要形成以自主管理为特征的持续改进机制。

2) 员工职业素质大幅度提升。

3) 管理体系运行的有效性显著提高。

三、承钢5S管理的基本做法

(一) 按照公司整体规划，分阶段有序推进

1. 5S管理导入及整体策划阶段（2009年7月）

按照5S管理的目标和实际情况，2009年7月，推进办公室以作业文件的形式下发了《关于推进5S管理活动的指导意见》，该《指导意见》强调了5S管理的推进目标、原则、推进方法、推进计划以及各部门职责等内容。为使员工更加深入地了解5S知识，5S推进办公室邀请咨询专家分别对公司领导、各单位及部室"一把手"和主管领导、科段级干部进行了5S知识的系统培训，使5S知识深入人心，为持续推进奠定了基础。

2. 5S管理整理阶段（2009年7~8月）

根据5S管理整体规划，7~8月份为整理阶段，该阶段的主要任务是区分并处理生产现场有用与无用的物品。为了实现该任务，5S推进办公室及时下发了整理阶段的相关标准和工具，要求各单位按照公司总体要求拟定本单位的推进计划，拟定现场物品"要"与"不要"的判定标准，填报现场物品汇总表，对现场物品进行统一整理。

根据上述内容推进办公室邀请专家分别对各单位5S主管领导和5S督导员进行了重要培训，同时为配合各单位活动的开展，推进办公室定期了解各单位的工作进度，由咨询专家对公司样板单位（区域）逐个进行培训，并收集了各单位的相关资料。

2009年8月底，推进办公室牵头组织对公司各二级单位和部室对整理阶段进行验收。为了引导各单位的推进工作，推进办公室在检查前专门下发了检查通知，通知对检查范围（单位）、内容、程序、方法和时间等都做出了明确的规定。通过检查发现，阶段性成果初步显现，整理的工具和方法得到较充分的运用。8月底举行了对各单位的验收，根据综合评议，整理阶段验收评定出优、良、一般三个级别。

3. 5S管理整顿阶段（2009年9月~2010年1月）

整顿阶段的主要工作是将现场物品按照"有物必有位、有位必分类、分类必标识、标识必规范"的原则进行合理摆放。这个阶段是5S管理持续时间最长、工作量最大、难度也最大的阶段。

为做好整顿阶段工作，5S推进办公室在2009年9月下发了《关于提高整顿效果的通知》，要求各单位在认真总结整理工作的基础上，继续沿用成功的经验，对整顿阶段的事项进行整体策划，形成整顿方案。同时推进办公室邀请专家对各单位进行整顿知识的培训和现场指导，有效地推动了整顿工作的开展。

经过近5个月的推进，2010年1月初，5S推进办公室组织对公司各单位及部室的整顿阶段工作进行验收。此次验收首次采用申请制，即各单位需在规定期限内向5S推进办公室提出验收申请，推进办公室负责对申请材料进行审核，申请材料评审通过的单位方可进行整顿阶段验收。对于首次申请验收未通过的单位，在规定的期限内5S推进办公室对其进行复验，如果复验仍未通过，视为未通过整顿阶段验收。

通过整顿阶段的推进，大部分单位生产现场、操作室、休息室及办公区域都发生了较大变化，现场废弃物逐渐减少，物品定置规范，作业环境发生了明显改善。同时，员工对5S的理解也逐渐加深，并积极参与5S管理，部分单位员工亲手制作桌椅、毛巾架、工具器具等，亲自动手粉刷房屋、划定置线。在全体员工的共同努力下，公司5S管理活动整体向前迈进了坚实的一步。

4. 5S管理清扫、清洁阶段（2010年2～6月）

清扫的主要任务是巩固新环境，达到保持干净、整洁、有序的效果，深化落实"清扫就是点检"，达到设备整洁、完好、工作高效的效果，同时对前期工作进行补课和纠偏，真正实现前2S的目的。清洁的主要工作是建立、完善制度，与专业管理、日常管理相结合把清扫的标准细化到每一台设备，完善检查考核机制，保持制度、标准、考核三要素整体运行的有效性。

为了实现清扫、清洁阶段的任务，5S推进办公室提前下发了《关于做好清扫、清洁阶段工作的通知》，对推进的具体内容和方法等做出了明确规定。2010年3月9～10日，推进办公室邀请专家对全公司所有机关部室、二级单位的5S主管领导、科段级干部及各级督导员500余人进行清扫、清洁阶段知识的培训，起到了良好的效果，使大家充分认识到清扫是对环境的维护和设备的点检，清洁是将前期的做法制度化、标准化并维持成果。

在清扫、清洁阶段的推进过程中，5S推进办公室要求各单位按照先进性（对基础条件好的单位）、针对性（要针对本作业区的设备、作业现场、原材料、各站室、仓库细化标准）和改善性（通过标准的实施，对现场进行改善）的原则将公司下发的5S标准细化为各作业区、工段近期适用的标准。为使推进效果更明显，5S推进办公室成员以及咨询专家多次到各单位进行调研、指导，加强对各单位的现场辅导，一方面及时掌握各单位的推进情况，另一方面通过指导，引导各单位的5S工作向前推进。

经过 5 个月的推进，2010 年 6 月，5S 推进办公室牵头组织对公司 17 家二级单位和所有机关部室清扫、清洁阶段工作进行验收。本次验收以各单位内部自行细化后的标准为依托，并充分考虑到各区域治理的难易程度，对各单位进行综合评定。经过清扫、清洁阶段的推进，公司整体水平上了一个新台阶。

5. "311"工程——固化提升阶段（2010 年 7～12 月）

承钢公司决定对过去一年推进工作总结表彰之日即是新一轮 5S 的启动之时。新一轮推进工作总体思路是在巩固成果的基础上，向纵深拓展。坚持"固化成果、深化推进、效益导向、素质提升"的原则。深化推进的具体内容是全面实施"311 工程"，即打好"二次空间战"、"二次效率战"、"二次堵漏站战"三大战役；"搞好厂容环境综合治理"、"抓好全体员工素养提升"两大专项活动。目标是为实施以"走特色精品之路、铸一流钒钛承钢"为特色的"十二五"规划，实现"国内领先、国际一流"的企业战略目标，固本强基。

1)"二次空间站"：是针对目前生产现场各类物品存放的现状，进行再次彻底的整理，进一步扩大现场空间，减少事故隐患，清理和盘活闲置资产。

2)"二次效率战"：是针对现场物品定置标准不高、不尽规范的现状，进行再次彻底整顿，进一步提升现场秩序和作业效率。

3)"二次堵漏战"：是针对生产现场仍然存在的"跑、冒、滴、漏"和管理上的漏洞进行再次彻底清扫，进一步减少浪费，降低成本。

4) 厂容环境综合治理：是指对厂容环境进行再次彻底改善，实现生产环境改善的配套跟进和提升，展现良好的企业形象。

5) 员工素养提升：是指针对新环境对员工素质提升提出的新要求，大张旗鼓地开展全面提升员工素质的活动，使员工成为企业最重要的资产。

（二）公司领导审时度势，为推进工作把关定向

随着推进工作的深入，一方面各单位不断加大推进力度，巩固推进成果；另一方面，制约推进成果进一步深化的问题也逐渐显现出来。针对这一现象，公司领导高度关注，在 5S 管理推进的关键时刻，由公司领导亲自把关，召开各类 5S 推进会议，为整个工作确定方向，同时提出了各时期的明确任务和要求，保证推进工作的顺利实施。召开的六次具有重要意义的 5S 推进会议具体见下表。

六次具有重要意义的 5S 推进会议

时间	参会领导、人员	解决的主要问题
2009 年 11 月 6 日	公司董事长及公司其他领导、咨询顾问、各二级单位和相关部室主要领导	使各单位领导对"一把手"工程的内涵重新认识，对各单位的一把手提出新的要求，在全公司形成全力推进的氛围

Flow-type Enterprise 5S Manual

(续)

时间	参会领导、人员	解决的主要问题
2009年12月7日	总经理及公司其他领导、咨询顾问、各二级单位和相关部室主要领导	强调职能部室在5S推进工作中的重要性，要求各职能部室要将5S工作与专业管理紧密地结合起来
2010年2月1日	董事长及公司其他领导、咨询顾问、各二级单位和相关部室主要领导	肯定整顿阶段取得的成绩，强调巩固扩大整顿阶段的成果，并对清扫、清洁阶段的工作提出要求
2010年3月11日	总经理、咨询顾问、六个推进单位和相关部室的主要领导	总结六个单位的做法与经验，对六个单位提出做示范单位的要求
2010年4月9日	董事长及公司其他领导、咨询顾问、各二级单位和相关部室主要领导	总结当前5S推进工作的制约因素，安排相关部门对"四害"问题抓紧治理及对闲置设备的处置加快落实
2010年5月23日	董事长及公司其他领导、咨询顾问、各二级单位和相关部室主要领导	针对当前5S管理清扫、清洁阶段推进工作，公司领导作出重要指示，要求各单位在制度、标准、机制、固化方面狠抓落实，并为5S管理第二个循环的工作指明方向

通过一系列的推进会议，使承钢公司的5S推进工作保持了正确的方向，提高了推进效率，达到了较好的推进效果，使"一把手"工程的作用在公司层面得到了深刻的体现，保证了5S管理工作的稳步推进。

（三）以现场改善为重点，学习与现场指导相结合，高效率推进

5S管理推进初期，为提高各单位及部门对5S活动的认识，借鉴开展5S活动的经验，转变观念，由公司党委副书记带队，各单位及部门5S推进工作主要负责人及督导员一行53人赴太钢学习考察。

进入到清扫、清洁阶段，为进一步深化推进，5S推进办公室人员同部分二级单位督导员一行14人再次赴太钢学习5S管理推进工作，重点针对5S管理评价考核体系、5S管理制度及炼铁、炼钢等难度较大区域的推进方式等问题同太钢5S工作负责人进行沟通和交流。

为确保全体干部职工对5S管理活动有一个全面的了解，5S推进办公室组织对公司所有二级单位和职能部室的主要领导、科段长、班组长、5S督导员进行了系统的、分阶段的和实战性的培训。培训内容涉及5S知识、5S工具、操作方法、操作中存在的问题等方面。同时，还有针对性地就如何提高领导者的责任意识、如何结合本单位实际理清推进思路和推进方法等进行了系统的辅导。

通过培训使员工加深对5S认识的同时，推进办公室成员又深入到各个基层单位进行现场指导，同时咨询顾问也和推进办公室成员一起到各个单位进行指导，

流程型企业5S攻略

一方面保证了基层单位对 5S 知识的理解，另一方面又使 5S 知识与本单位实际情况充分相结合。研究本单位的推进特点和推进思路，使我们可以在一个相对短的推进时间里达到一个比较好的效果，进一步提高推进效率。

（四）不断完善制度、标准和推进机制

在 5S 管理推进初期，推进办公室首先起草并下发了《关于推进 5S 管理活动的指导意见》，对推进 5S 的必要性和重要性、原则和目标、5S 推进机构和职责界定、推进的方法和标准等内容作了全面的规定；又根据每个阶段的推进重点，不断修订、完善、细化标准和制度，先后下发了《承钢公司 5S "红牌作战"实施办法》《关于提高整顿效果的通知》等 12 个作业文件，对每项内容都做出了详细的规定，为推进工作指明了方向。

在 5S 管理推进的关键时期，5S 推进办公室协同相关部门研究制定了《承钢 5S 管理标准》，进入整顿和清扫、清洁阶段后，引导各个单位把公司的基础标准细化为本单位各工段、作业区、班组的标准，并使 5S 管理标准与设备点检相结合，便于操作，同时随着推进效果的固化，标准随时进行调整，不断提高。

在制定了详细的制度和标准的基础上，为了使制度和标准能够顺利实现，5S 推进办公室还下发了《承钢 5S 管理检查、评价、考核实施办法》，对检查、评价、考核的相关内容做出了明确规定，并要求按照公平、公正、公开的原则严格执行。

（五）开展多种形式的全员参与活动，培育全体员工参与的推进氛围

1) 5S 知识竞赛：为在全公司范围内宣传、普及 5S 知识，为员工提供一个直接参与和展示学习成果的机会，2009 年 10 月，5S 推进办公室牵头组织了 5S 知识竞赛。

2) 5S 演讲比赛：进入到清扫、清洁阶段，为提高员工认识，提升全员素养，于 2010 年 3 月，5S 推进办公室牵头举办了以"参与 5S、感悟 5S、享受 5S"为主题的演讲比赛。通过演讲比赛，使员工通过发生在身边的真人真事以及环境变化真正地感悟到 5S 的内涵，享受到 5S 给员工和企业带来的变化，激发了员工参与 5S 的热情。

3) 5S 员工自主改善提案成果发布会：自 5S 推进以来，各单位发动员工针对现场存在的问题，提出并实施了改善建议，取得了很好的效果。为鼓励员工立足岗位发挥敬业和创新精神，建立员工自主改善的长效机制，2010 年 4 月，成功举办了员工自主改善提案成果发布会。本次活动共收到各单位及部室的自主改善提案 119 份。公司领导出席了此次成果发布会并为 23 份获奖提案进行颁奖。

四、承钢二级单位推行 5S 管理的做法

承钢公司在推进 5S 的过程中，二级单位是实施主体。

（一）承钢棒线厂推行 5S 管理的主要做法

棒线厂在 5S 的推进过程中，注重与实际相结合，取得了较好的成效。

1. 固化推进方法，保持整理、整顿成果

厂长负责全面，生产厂长主抓，班子成员分线负责，抓日常管理的同时抓专业5S管理。通过这一举措，加强了各部门的管理，理顺了各专业管理关系，为5S高效、高质地推进提供了保障。

棒线厂确定了每周五召开5S调度例会制度，厂领导带头参加；采取对各部门逐一走访、座谈、交流、培训等形式，通过宣讲5S知识及其实施的目的、意义，使广大员工增长了知识，明确了实施的标准和方法。

▶ 棒线厂剪坑整理前和整理后的对比

2. 加强检查考核力度，建立专业5S管理体系

进入清扫、清洁阶段后，棒线厂及时制定了《清扫、清洁阶段三级检查制度》，明确了班组、工段、厂级的5S职责、要求及考核办法；同时加大现场的检查及考核力度。为了进一步提高维检中心、自动化部的服务意识及责任感，棒线厂制定了《关于维检中心、自动化部5S检查标准及考核管理办法》，明确了双方的5S标准及职责。

推行5S工作以来，为了使5S管理与专业管理相结合，充分利用5S专业化管理的配置资源优势，并形成制度化，棒线厂制定并下发了《关于全面启动建立棒线厂5S各专业考核管理办法的通知》，以此为基础，建立起了各专业的5S管理体系。

3. 创新推进方法，健全保障机制

在清扫、清洁推进过程中，棒线厂始终坚持对现场备品、备件、物料有用的"不浪费"、无用的"不放过"的两不原则。不丢弃一个备件，不乱花一分钱，首先由生产科、技术科、设备科进行确认，有用的集中到定置区规范摆放，将无用的备件、物料及垃圾进行清运。

4. 制定措施，治理污染源头，为员工创造良好的工作环境

粉尘治理工作，一直是棒线厂领导班子非常关注的问题，也是坚决要治理的一项工作，只有把粉尘治理工作搞好，那么才能美化工作环境、降低员工清扫的劳动强度，减少疾病的发生。轧线粉尘治理主要对轧机出口进行喷雾除尘，这项工作采用上报公司实行招标形式，招标后两个月之内完工，实现了预期目的。

5. 除"四害"，保设备稳定运行

进入清扫、清洁阶段，棒线厂加大设备点检工作，进一步精细设备岗位点检标准，制定并下发了《棒线厂 A 类设备 5S 清扫标准》《设备科 5S 管理清扫检查标准》等文件，规范了日常检查标准及点检员和岗位工的职责，为设备清扫、保养提供了基础保障。在此阶段，棒线厂始终把治理"四害"作为首要任务来抓。

6. 开展员工自主提案活动

进入清扫、清洁阶段，为了鼓励员工主人翁意识和创新精神，弘扬员工的自主管理做法，探索建立员工自主改善的长效机制，使员工的自主改善提案能够不断涌现，棒线厂制定了《关于员工 5S 自主改善提案的通知》，所有上报的提案评审小组将认真进行评选，对于好的提案在全厂进行推广并给予奖励，此活动将长期开展下去。

7. 多措并举，扎实推进

为了使各部门 5S 标准更加细化，棒线厂制定并下发了《机关、现场两级办公区域职责、标准及考核办法》与《工段职责、标准及考核办法》，通过细化标准，明确了各部门的清扫部位、清扫对象、清洁周期、清洁标准，确定了各区域的责任人以及工段、班组、5S 督导员的职责、检查、考核的标准。

为了使 5S 管理工作更好地向纵深发展，从 4 月份开始，由 5S 推进办牵头并组织了棒线厂"5S 星级"评选活动，即 5S 星级班组、5S 星级操作台、5S 星级库房、5S 星级工具箱。通过"5S 星级"评选、奖励等措施，使班组在 5S 推进过程中的作用逐步发挥出来，调动了广大员工参与 5S 的积极性，为充分发挥班组在 5S 推进工作中的作用提供了精神动力。

8. 固化现有成果，改善现场不完善处

随着 5S 推进工作的逐步深入，现场一些不完善之处逐渐凸显出来，如：员工休息室、操作室工作环境较差，备件区的备件摆放不规范，现场还存在垃圾死角，各类标识有损坏、脏污现象等。对此，棒线厂在固化现有成果基础上，对一些不完善之处加大整改力度，并投入一定的资金逐步改善现场工作环境。

▶ 棒线厂二高线操作台改善前后对比

9. 解决现场备件存放问题，提升备件定置水平和取放效率

1）出现的问题：前一阶段，为了使现场达到一个干净、整洁的视觉效果，没有按照实际生产需要所需的使用周期进行现场备品与备件的分类、分区存放，存在过度强调现场尽量少存放备件的现象。

生产常用或急需的备品、备件存放区距离现场较远，导致在使用时取用的时间较长，给生产带来不便。

2）改进的措施：以"生产管理源于5S，5S服务于生产管理"为原则，重新根据生产对备品、备件使用周期的要求，进行科学合理的分类整理，将急需、常用的备品、备件放置在现场适当区域，并重新划定定置区。对使用周期较长的分类整理放置到平台下或其他区域。

3）取得的效果：既充分满足生产的需要又符合5S管理的要求，节省了取用时间，提高了工作效率，避免了混放不便取用的现象。

10. 解决机械式清扫问题，提升清扫效果

1）出现的问题：前期对现场导位及备件进行清扫、清洁时，为了到达表面无粉尘、油污、整洁的目的，直接用水进行冲洗。

由于长期用水对备件及导位进行冲洗，造成了个别导位轴承锈蚀，导致了不必要的浪费，这并不符合5S管理的初衷及降本增效的要求。

2）改进的措施：导位加油时尽可能的不加冒，以此来减少油污来源。对下线油污较多的导位及备件可采取使用小铲子先清理油污，再使用破布对其进行擦拭，平时用笤帚及时将导位或备件上的粉尘进行清扫。

3）取得的效果：达到现场导位或备件既整洁又能达到5S管理的要求，并且不会产生锈蚀的目的，也减少了不必要的浪费。

11. 棒线厂在5S管理推进过程中不断摸索，形成了一套行之有效的改善方法和工具运用机制

1）"三边整理法"：即边检查、边整改、边验收，主要是针对较简单的整改项目所采取的一种方法。5S推进办公室在检查过程中发现需要整改的项目，处理起来比较容易，责令其相关部门当场整改、当场验收。

2）"检查、督办法"：主要是针对较困难的整改项目所采取的一种方法。5S推进办公室在检查过程中发现需要整改的项目中，对处理起来比较困难、耗时较长的按部门分别下达多项整改，明确责任单位、责任人和完成时限，期间还要对进展缓慢的单位进行督办。责任单位完成后由5S推进办公室进行验收。

3）"突击治理法"：主要是针对整改困难的项目所采取的一种方法。棒线厂从各单位抽调10余名员工成立了整理突击队。对于处理起来劳动强度大、耗时长、责任划分难的整改项目，5S推进办公室组织突击队按照整理、验收、交接、保持的步骤，集中人力物力进行突击整理，然后逐一验收，逐一交接，达到最终保持其成果的目的。

4)"定点摄影法":主要用于各条生产线区域整理前后的照片进行对比。5S推进办公室在检查过程中发现需要整改的项目和区域时,用照片的形式把现状记录下来,责令各工段突击治理,并把整理后的区域也用照片形式记录下来,并通过OA的形式发给各生产线负责人,要求今后按照照片上所显示的标准保持下去,作为5S成果固化下来的有效管理手段。

棒线厂自2010年6月份推进5S管理以来,做了大量的工作,取得了显著成效。截止到2010年年底为止,取得的具体成效如下:

① 将现场有用的备件物料等集中到定置区域摆放,划分存放区18个。

② 将无用的进行报废,共清理废件、废钢1100多车,清理垃圾900余车。

③ 对5条生产线所有的油桶进行了清理摆放,画出定置区,明确责任人,下发管理办法。

④ 清理大小仓库26处,全部达到了干净、整齐的要求。

⑤ 对厂房外墙彩板进行了清洗,修复破损彩板82处,达到了外形美观、整洁。

⑥ 对多条生产线的设备、平台面和安全护栏进行了更换和粉刷。

⑦ 对违章、破损的建筑进行治理,共计拆除12处,极大地改善了工作空间,也美化了工作环境。

(二)承钢黑山选钛厂推进5S管理的主要做法

该厂是早期建设的矿山选矿企业,起点低、标准低,条件差,员工观念陈旧,尤其是车间厂房按重选—电选工艺建成后,又变更设计,主工艺改为强磁选浮选,工艺变化导致车间布置不合理、不协调,拥挤杂乱。因选钛生产工艺特点,各工序又都离不开水,再加浮选药剂腐蚀,设备、平台、管路锈蚀严重,致使5S工作难度很大。

▶ 改善前的强磁机

▶ 改善后的强磁机

1. 健全组织,建立例会制度,为5S工作推进提供保障

该厂成立了以厂长为组长的推进领导小组,配备了两名5S督导员,建立了以厂长、科段长、班组长从上至下的5S管理推进组织,并明确其职责;确立了每旬一次的5S工作例会制度,研究决定5S管理的重要事项、方案,总结上旬工作,安排

布置下旬5S工作,为5S工作有序、稳步推进提供了有力的保障。

2. 领导重视,强力推进

为确保不影响公司整体形象的提升和公司5S管理工作的进程,该厂领导把5S管理工作和生产经营工作放到同等重要的位置。厂领导高度重视5S工作,定期主持召开5S专题会议,从解决认识、提高意识,制定规划、方案、制度,具体工作布置、落实及检查考核等方面积极参与和主导,并经常深入现场检查督办指导,有力推动了选钛厂5S管理工作的开展。

3. 加强培训,提高员工意识、技能和素养

推进5S管理,培训先行。该厂非常重视5S知识的教育培训工作,认真制订培训计划,编制通俗易懂的5S培训教材,举办了4期培训,并请5S专家进行5S专题讲座,利用板报、观看幻灯片、知识竞赛等方式,对全体员工进行5S知识培训,使全体员工对5S管理的意义有了进一步了解,提高了员工意识、技能和素养,为推动选钛厂5S管理工作奠定了坚实的基础。

4. 脚踏实地,真抓实干抓落实

根据公司5S各阶段的要求,结合选钛厂的现状,从企业的长期发展目标考虑,按照"纵向深化实施精细化管理,横向对标提升执行力"的思路,制订出各阶段的推进计划。为确保5S各项工作能够按计划、稳步推进,根据公司5S要求,扎实地开展了5S的各项工作,以旬为单位安排工作,每项工作做到有标准、有措施、有时限、有责任人及责任领导,由综合科负责对此项工作进行督导检查,并将检查结果纳入考核。

▶ 改善前的搅拌机

▶ 改善后的搅拌机

为确保5S工作的深入开展,选钛厂5S推进领导小组组长及成员与现场建立联系负责点,直接联系到班组,深入现场对所负责联系的班组进行5S工作检查督导,确保5S工作不做表面文章。真正做到了每项工作都落到实处,使5S各项工作能够按计划、稳步推进。

5. 加强检查督导考核、评比工作,建立巩固成果、发展成果的长效机制

1) 在整理、整顿阶段,推进小组按"5S管理标准"每周对各区域、班组进行

全面检查两次，检查以定点拍照形式进行，并以此作为考核和月评比依据；每月底推进小组认真开展5S管理评比活动，生产班组、辅助班组每月分别评出前两名并给予适当奖励。

2）在清扫、清洁阶段，选钛厂实行三级检查制，检查采用全面检查和抽查方式进行。每月至少进行一次检查，由综合科牵头组织，每次检查不少于5人，检查表统计分数作为考核和月评比依据。科室由科长每周对本科责任区进行一次检查。工段由工段推进小组每周对责任区进行一次检查，每次检查不少于3人。班组由班组长负责每班对责任区进行一次督促检查。依据检查表统计分数对各班组进行评比，评为先进、优秀的班组给予适当奖励，不合格班组进行适当扣罚。

通过检查、考核、评比，固化了5S成果，使员工进一步养成了按照5S管理标准、制度办事的习惯，提升了员工的素养。

（三）承钢钢轧二厂推行5S管理的主要做法

根据承钢公司5S推进的总体部署，钢轧二厂结合内部实际情况，在5S的基础上，增加了一个S——安全，形成6S管理模式。

钢轧二厂在推进5S的过程中，通过夯实基础，建立标准，求真务实，不断改进改善，取得了较好的效果，在很大程度上促进了员工队伍综合素养的提升，向打造行业一流企业的目标迈出了坚实的一步。

1. 走出去与先进企业对标，虚心学习，为全面推广5S管理理念奠定基础

2008年8月份，分厂派出了第一批对标队伍奔赴莱钢。回到承钢，考察人员向分厂领导班子详细汇报了莱钢之行的收获，更加坚定了厂领导班子导入5S管理理念，打造国内一流企业的信心和决心。经过紧张的筹备，《5S管理手册》快速发送到每一名职工手中。"八零工厂"是手册中全新的管理理念，让卷板人开始为之奋斗。在全厂的层层宣传发动下，全体干部、职工开始了"洗脑、更新、渗透"的进程。

2. 制定规划，明确标准，强化管理，分阶段进行全面推进整理、整顿工作

结合实际，通过计划标准制定，狠抓落实、全面提升，巩固成果、总结提高三个阶段进行推进。

3. 注重培训，坚持考核，不断改进改善，促进整顿水平不断提高

从全面推进5S管理活动开始，分厂一直坚持每周一次的5S管理培训，通过不断的理念灌输和实战演练，让全体干部深层次了解和掌握5S，为实际工作提供强有力的理论依据。分厂5S管理推进组坚持每天进行推进组工作检查，对存在的问题限期整改，分厂领导每星期至少参加一次检查。

4. 巩固整理、整顿成果，紧锣密鼓地做好清扫、清洁的转段工作

为了防止出现反弹现象，厂部进一步加大了日常检查和现场督导力度，即使春节长假期间也没有放松。作业长们在节日期间配合分厂，丰富本单位的自主管理内容，确保了节日期间没有出现反弹现象。

结合实际情况，制定下发了《清扫、清洁阶段工作安排指导意见》和相关作业文件。根据企业发展需要，厂所属各单位正在进行第二轮的清扫、清洁标准分解和细化工作，经过逐步完善后最终装订成册，正式纳入全厂员工岗位作业标准体系中。

5. 强化过程管理，强调全员参与，按阶段组织好清扫、清洁各阶段工作

以作业区为单位，组织好阶段培训，扫清干部职工在认识上存在的误区。通过不断的培训和宣传，绝大部分干部职工都对清扫、清洁的概念、内容和意义有了正确的认识。

6. 设备管理与5S清扫、清洁初步实现了融合

提升设备管理水平，是全厂推进5S清扫、清洁工作中的重头戏。设备稳定运行才能保证高产高效。2010年设备管理推行"四化"管理模式，即趋势化、初始化、数字化、周期化管理。

总体工作思路是：从现场入手，同实际工作紧密结合，将工作内容实现实用化、现场化、标准化；通过5S管理，找准切入点；在不断推进过程中，使大家清楚设备管理重点、管理理念，使设备日常管理工作责任明晰，分工清楚；使轧线设备和人的行为紧密结合；从任何设备都能看到点检员工作的痕迹，任何设备能够显示出良好的状态；从而实现故障为零，设备全功能运行，设备面貌保持清新。

五、承钢5S管理取得的初步成绩

经过持续不断地努力，承钢现场环境得到改善，经济效益得到提升，员工的行为与习惯甚至企业文化得到升华。

1. 现场环境显著改善

环境的改善是5S工作的基础，也是整个5S管理活动进入良性循环的保障。因此，自推进工作开展以来，各单位一直将改善现场作业环境作为推进工作的首要任务。厂区内现场环境得到了极大的改善，这些改善主要体现在以下几个方面：

（1）生产现场空间得到释放

无论是炼铁、炼钢、轧钢这些以往作业环境较差、基础薄弱的区域，还是在动力管网、自动化仪表等方面均取得了显著的改善。通过前阶段各单位的不懈努力和各相关部室的通力协作，使得生产现场物资随意堆垛、现场拥挤的现象大为改观，既为工艺操作创造了有利条件，提高了作业安全系数，又为设备故障率的降低起到了积极作用。在一年的推进过程中，已拆除废旧管道约15000延长米，规范现场电缆线81000m，清理废件、废钢13392.37t，清理垃圾47400.69t。

（2）现场变得整齐有序，标识清晰

现场的整齐有序，各类标识齐全、清晰，是5S推进一年以来的又一显著变化。这样的变化使得现场物资存储同生产工艺更加协调配套，提高了物品取用速度，从而提升了劳动效率。据不完全统计，自5S活动开展以来，公司共制作各类标识牌108380个，设置定置区域8603处，更换、粉刷走梯护栏22311m，粉刷墙面304208m^2，硬化、平整地面14725m^2。

流程型企业5S攻略

▶ 改善前的除鳞泵站　　　　　　　　　　▶ 改善后的除鳞泵站

（3）职工更衣室、操作室、各类站室显著改善

职工更衣室、操作室、休息室等是职工最能直观感受到5S推进成果的窗口，这些区域的改善使职工在享受5S推进成果的同时，对调动职工参与5S推进的积极性起到了重要作用。在一年半的推进过程中，各单位共粉刷与更换工具箱、更衣箱5741个，更换座椅3634个。

2. 跑冒滴漏现象的改善效果初步显现

目前活动推进至今，虽然在"四害"问题上并未取得根治，但是随着各类会议不断的宣传以及推进工作的不断深入，跑冒滴漏现象已经引起了各单位及部门的重视，同时在适当的区域治理"四害"的工作已经展开。一年来共治理跑冒滴漏问题4909处。

3. 以效益为导向的推进思路得到贯彻和落实

随着5S管理活动的深入推进，现场闲置资产的处理问题也摆到了各生产单位的面前，如果放任不管则推进工作将陷于停滞状态，如果处置不当又会产生更大的资产浪费及流失。为此，推进办公室组织相关部室及单位数次召开会议，分清责任归属，捋顺处置渠道，同时多次开展现场闲置资产清查工作。

据不完全统计，经物流管理控制中心对库房内无效库存进行初步清查、盘点，无效备件的价值约580万元，无效二类机电设备的价值约450万元。各二级单位由设备管理部确认上交物流管理控制中心的报废、闲置的备品备件、电器元件价值约230万元。随着推进工作的深入，更多的闲置资产将得到清理和盘活，有利于公司的挖潜、降本增效。

4. 5S观念得到转变，认识得到提高

职工观念的改变、认识的提高是推进5S活动一年以来所取得的另一项重要成果。

通过一年的推进，员工的观念发生了显著改变，初步树立了"永远的5S、全面的5S、全员的5S"、"人造环境、环境育人"、"5S是我日常工作的一部分"、"现场永远需要不断改善"、"保持的最好办法是持续改进"等观念。

观念的转变，带来思路的转变；思路的转变，导致行为的转变。广大员工的职业素养正在发生着积极的变化,在参与的过程中真正享受5S,通过享受5S进一步认识到5S并不是简单的清扫卫生,更不是无缘无故的浪费,而是一项对公司工艺、设备、操作、环保、管理流程乃至企业形象等全方位提升的有效载体。

5. 职工行为的改变

通过对整理、整顿阶段成果的不断巩固和清扫、清洁阶段各项工作的逐步推进,公司全体干部职工的行为也发生了很大的变化。各单位职工参与自主管理、自主改善的主动性明显提高,每天一次的日常自查,已经逐步成为了日常工作的固定内容,岗位职工对于各项标准,也从最初的被动执行逐步转变为主动参与,逐步和员工的岗位作业标准相融合。

随着环境的改变、标识的健全,现场作业提示的增多,这些都对职工的操作行为起到一定的影响作用,职工的行为正在潜移默化地发生着改变。

六、承钢推进5S的感悟

1. 5S推进是"一把手"工程

一年来的推进实践充分验证了"一把手"工程的重要性。"一把手"工程的内涵体现在三个方面:一是"一把手"真正参与到整个推进过程中,在参与中形成影响力和推动力;二是"一把手"在参与中利用职权合理配置资源,解决实际问题;三是形成团队的力量,整个领导班子全体成员要分工负责、协调配合,积极落实各项推进工作。

如焦化厂厂长带头承包本单位任务最重、治理难度最大的净化作业区磁力泵站,使这个泵站由原来的遍地焦油转变为现阶段焦化厂内部的示范点。在每个阶段,厂长亲自带队,率领各科室及作业区"一把手"对本单位进行拉网式的排查,发现问题及时整改。在"一把手"积极参与下,在全厂职工的共同努力下,焦化厂的5S管理工作一直走在公司的前列。选钛厂厂长以高度的责任感,全过程亲自参与了5S推进的策划、培训、实施、指导和检查验收工作,培育了员工现场改善和自主创新的氛围,使该厂的整体面貌发生了翻天覆地的变化。

2. 思路清晰,求真务实

在推进过程中,充分体现了5S工作只要真抓实干,就一定能显现出效果。在每个推进阶段,要有清晰的推进思路,充分掌握本单位的实际情况,制定出明确的方案,按步骤、有计划地实施。

炼铁厂5S管理工作在整理、整顿阶段处于落后位置,但在清扫、清洁阶段,炼铁厂明确目标,秉承"尊重现场,持续改进"的原则,以"改善现场环境,提高设备安全"为目标,以"建立制度,完善标准"为方法,以"指导与督导相结合,强力推进5S管理"为手段,在全厂范围内开展各项工作。炼铁厂克服治理难度大、劳动强度大的困难,从领导班子到各岗位员工都积极参与到5S管理中来,使得现场环境变化明显,尤其是喷煤区域较前一阶段相比,向前迈进了一大步。

3. 以现场改善为重点，培训与辅导相结合

5S 推进过程中，要把重点放在生产现场，在现场发现问题、解决问题。同时在整个的推进过程中我们深刻地认识到随着推进工作的逐步深入，培训、尤其是现场辅导的作用越发明显，通过培训，公司各个管理层面直至基层操作岗位的 5S 思想意识有了可喜的转变，通过现场辅导，基层推进管理水平及 5S 管理技法的运用日趋成熟，现场环境的变化逐渐显现出来。

4. 5S 与专业管理、日常管理紧密结合

专业管理的作用在深入推进过程中尤为重要，并直接关系到推进的成败，只有充分发挥专业职能在设备管理、公共区域管理、废弃物资管理、污染源治理、体系融合等方面的专业优势，并融入到日常工作中，才能使推进成果得到充分体现。

在整理、整顿阶段，部分单位由于在专业管理与本单位日常管理相结合上认识模糊，在解决现场存在的具体问题上力度不够，导致前期推进效果不明显。经过认真总结分析，我们逐渐意识到只有充分发挥专业管理的作用，才能不断提升 5S 推进效果。清扫、清洁阶段，通过各职能部室、各专业科室的积极参与，一定程度上解决了设备跑冒滴漏、单位间界面划分等问题，促进了 5S 活动的整体推进，也使得现场环境与前期相比变化十分显著。

5. 制度、标准、机制三位一体，相互促进、相互补充

制度是提升员工素质的行为规范，标准是动态的，随着持续改善要不断提高。5S 管理推进至今，我们根据不同时间段的推进特点，不断修订、完善、细化各项制度和标准，并按照制度及标准的规定，采取相应的检查机制，配套实施，形成闭环。如在整顿阶段验收时，将验收标准细化为主辅生产线标准、物料存放标准等 6 部分；在清扫、清洁阶段验收时，依据本验收单位内部自行细化的标准对每一项内容进行检查。这样既确保了制度和标准的有效运用，更重要的是促进了各单位的推进。

6. 全员参与，持续改进

5S 活动的生命力在于以绩效为导向和以现场改善为主要形式的全员参与。只有参与才能真正让参与者加深体会，转变观念，规范行为，珍惜成果，从而形成一种良性的推进氛围，提高推进效果，持续改进。

 河北迁安市九江线材有限公司 6S 管理推进效果

一、九江线材公司 6S 推进背景

河北迁安市九江线材有限公司（以下简称九江线材）是一家大型民营钢铁企业，成立于 2002 年 4 月，员工总数 14000 人。从成立之日起，九江线材就一直处于高速发展过程，经过短短不到 10 年的时间就发展成为亚洲单体线材生产的最大企业。九江线材现下设钢铁总厂、焦化总厂、合金厂、煤焦油精制厂和煤炭储运公司等多个分支机构，拥有年产铁 600 万吨、钢坯 600 万吨、线材 560 万吨、焦炭 420 万吨的生产能力。

在未来，九江线材把目标定位在成为世界一流的高速线材制造企业，然而相对落后的基础管理已经不能支撑这一目标。

生产现场管理的基础薄弱，现场状态脏乱差问题突出，很多地方缺乏管理痕迹，现场布局、物料堆放缺乏规划，跑冒滴漏随处可见，安全隐患较多。

另外，各项规章制度落实不到位，缺乏现场整理整顿清扫标准；一线管理人员（工段长、班组长等）自我约束能力尚可，但管理经验缺乏，组织能力不强；一线员工工作努力，但文化程度和整体素质较低，对企业的认知能力不够。

为了夯实企业进一步提升的基础，九江线材高层领导果断决定对企业进行精益管理改善，提升企业整体竞争力。为了稳步进行企业改善，九江线材从6S管理着手，奠定现场管理的基础。

6S活动的开展是一项系统性工程，看似简单，实则不易，为此，公司决定聘请咨询公司指导九江线材开展6S活动。

二、九江线材6S推进总体规划

九江线材在大规模进行6S推进之初，就确定了总体思路、推进方针和推进目标。

（一）九江线材6S推进的总体思路

1）推进6S是"一把手"工程。各级单位"一把手"是本单位推行6S成功与否的第一责任人，具体体现在参与本单位6S管理推进中的各个关键节点，体现在培育良好的推进环境，并解决推进过程中的关键问题。

各级单位"一把手"要在各种场合积极宣讲推行6S管理工作的重要性、必要性以及不达目标誓不罢休的决心，要深入基层检查指导6S管理工作，拓展6S管理工作的深度和广度。

2）全员参与，引导全体员工主动参与到6S管理的推进活动中。6S管理活动，是一个全员的活动。它不是一个人或是一个部门的事，而是每一个员工都要参与的基础管理活动。

通过全员参与，提高全体员工对6S管理的认识，有意识地培养员工正确做事的习惯，全面提升员工的素质。

3）以提高效率、消除浪费、降本增效、素质提升为终极目标。推进6S管理既要关注环境的改善，更要有利于员工素质的提升，有利于各单位把自身的本职工作做精做细，全面提高各项技术经济指标水平，完成公司制定的降本增效目标。

4）以生产现场为6S改善中心。各现场单位是实施6S的责任主体，对本单位的6S推进工作进展、落实效果负责。

5）公司、分厂两级推进机构为组织保证。在公司层面成立公司"精益管理推进委员会"与"精益管理推进办公室"，在各生产厂与车间成立6S管理领导小组和6S推进办公室。公司推进委员会和分厂、车间领导小组由本级最高领导担任责任

人，同时各级推进办公室也由相关主要领导担任主任。各级推进机构明确成员责任，以保证在全公司上下同步推进6S，高层的决策能够通过各级推进办公室在基层迅速落实，形成全员参与的氛围。

（二）九江线材6S管理的推进方针

九江线材6S推进的整体方针是："系统规划，分步实施；样板开路，整体推进。"

1. 系统规划

从一开始就制订《6S总体规划》《6S管理推进办法》《6S管理工作标准》《职能处室6S管理职责分工》等，为6S管理的稳步推进指明基本方向。

2. 分步实施

按照6S（整理、整顿、清扫、安全、清洁、素养）的流程推进现场改善活动，而且每个阶段都是从培训开始，以现场指导改善为方法，至阶段性验收评价检查结束，保证一步一个脚印、每个阶段都有改善效果。

3. 样板开路

为了迅速见到6S改善效果，为九江线材全面推进提供示范和信心，九江线材选定了9个样板单位，其中钢铁总厂6个样板单位，焦化总厂3个样板单位。这些单位本身具有较强的典型推广价值，比如：原料、炼铁、炼钢、轧钢、备煤、炼焦六大生产系统各有一个单位入选样板单位，它们的成功直接为九江线材的主要生产单位提供了借鉴。

通过设立样板单位来树立标杆、固化经验、以点带面、共享成果、稳步推进。

4. 整体推进

在样板单位取得了初步成果之后，迅速在全公司展开6S管理工作。在6S样板启动的第三个月，非样板单位就开始展开现场改善活动，这样用了半年多的时间，即在春节前就初步完成了与现场相关的改善工作。

（三）九江线材6S管理的推进目标

1）各现场单位环境显著改善，达到整洁、有序、规范、一目了然的标准。
2）公共区域环境整洁，各类标识、标牌醒目清晰，厂容厂貌实现显著改善。
3）公司重点污染源得到根本性治理。
4）公司安全隐患得到消除，安全事故有效遏制。
5）5S管理体系基本建立，基本实现了制度化、规范化。
6）员工素养显著提高，标准作业、团队协作的职业习惯得到强化。
7）培育一支懂6S管理的专业队伍。

形成以自主管理为特征的持续改进机制，各种污染得到根本治理，形成良好的作业现场环境。员工职业素质大幅度提升，管理体系运行的有效性显著提高。

以现场环境展示的企业形象成为企业文化的重要内容，成为公司核心竞争力的重要组成部分。

三、九江线材6S推进过程

2010年7月初，九江线材正式启动6S管理活动，他们把这一年作为6S管理攻坚年，用一年的时间实现生产现场直至整个公司的大跨越，为全面管理提升奠定基础。

（一）项目启动

2010年7月12日，九江线材召开了6S管理推进项目启动大会。会议上，公司总经理李申、常务副总经理唐秀东发表了重要讲话。

总经理李申在启动大会上强调："推进6S管理，不允许任何人、任何单位讲客观，不允许打折扣，不允许被动应付，不允许短期行为，只能一步一个脚印地向前走。"这一讲话使各单位对6S工作的重视程度发生了重大转变，在全公司形成了重视推进、加大推进力度的氛围。

为保证九江线材现场管理水平提升和6S有效推进，公司决定成立"精益管理推进委员会"与"精益管理推进办公室"。推进委员会和推进办公室职责明确，各种工作任务层层分解，为实现全员参与奠定了组织基础。项目启动之后，九江线材迅速制订了《职能处室6S管理职责分工》和《6S管理工作标准》等，为后续6S现场活动的快速推进奠定了组织基础和明确了工作标准。

（二）全员培训

九江线材现有基层员工有很多是当地农民，没有受过良好的基础教育和专业教育。所以基层员工在接受新理念、新方法时会慢一些，6S活动的收效也相对较慢。

多年来，员工已经习惯了"平时任意摆放，检查时就突击"的习惯，6S管理让他们一时难以适应。为了让广大员工认识6S、理解6S，九江线材开展了全员培训。在培训之前，编制了《6S读本》作为教材。为了让所有员工都有机会了解到第一手的6S知识，三万多字的《6S读本》人手一册。6S管理项目启动当天，就对高中层领导进行了6S理念的培训。接着，公司推进办公室所有成员都接受了为期两天半的全面培训，并以此揭开了九江线材开展6S活动的序幕。

此后，公司组织各级管理人员和岗位职工分期分批学习6S管理。通过各种级别、各种形式的培训，能够做到平均每月人均培训一次，让全厂一万多名职工更加深刻地了解什么是6S管理。通过培训和落实6S活动，员工们逐步了解到：原来6S管理不仅仅是大扫除，而是一项对现场人、机、料、法、环进行全面改善的基础性活动。

（三）选定样板单位

九江线材公司规模比较大，几十个分厂、车间，公司认为目前的6S现状不适合于在全公司内马上全面推广6S，根据以点带面、循序渐进、由易到难的原则，公司领导决定首先选择9个样板车间（分厂）率先推进6S。

在9个样板车间率先推进6S活动，将样板区做试点，摸索出了一套适合九江线材的具体做法。在试点过程中不断总结经验和教训，及时制定出各种标准，使样板区在九江线材全面推广过程中发挥示范作用。

公司集中所有精锐力量"攻克"一批样板区域，设法在短期内使6S活动显现出成效。样板区的变化能让所有员工认识到推进6S活动的巨大作用，给员工以信心，减少了6S管理推进过程中的阻力，消除疑虑，使员工能积极地参与6S活动。

样板单位成功后，迅速全面展开，以点带面、逐步深入和普及。通过试点和样板，既缩短了摸索过程，少走了弯路，也使九江线材全面推进6S活动变得更有效，效果更好。

（四）样板单位整理阶段活动

2010年7月23日，样板单位"6S概述与整理阶段推进方法"第一次培训开始，拉开了整理阶段工作的帷幕。

九江线材的6S管理是严格按照阶段推进的，6个S分六个推进阶段，每个阶段都是从本阶段推进实施方法的全员培训开始。

九江线材在进行非必需品清理过程中，最大的问题就是观念的转变，比如，许多单位宁可把近10年没有用的东西堆在某个角落，也不愿意处理掉。理由是说不定哪天就能使用，如果处理掉了，将来万一需要时怎么办。结果是一些谁也无法准确说清楚的物品日积月累占用了大量宝贵的场所。这类物品不仅占用了场所，而且因为这些不要物的存在，导致现场管理混乱，给日常管理、查找、清洁、安全和质量等都带来负面影响。

为此，九江线材进行了强力推行与督导，改变了员工的观念，及时有效地推进整理阶段的工作。

▶ 整理前的维修钢材区

▶ 整理后的维修钢材区

下面以样板单位之一的轧钢二车间为例来介绍整理阶段的活动过程。

1）现场检查、物品梳理阶段。轧钢二车间对自己所管辖区域内的所有物品进行梳理，确定备件种类及数量，认真填写现场物品清单，其中工艺备件79项，维修备件367项。

2）确定现场必需品及保留数量。轧钢二车间根据本车间工艺特点和设备状况确定必要物及保留数量，工艺备件45项，维修备件261项。

3）现场非必需品的清理。经过短短一个月的时间，轧钢二车间清理了大量的不要物。具体数量见下表。

轧钢二车间不要物清理汇总

不要物种类	清除数量
使用频率低返大库物品	28件
无使用价值物品	40件
废旧钢铁	170.4t
各种垃圾	7t
万向轴	167根
导板	279副
底座	15个
跑槽	76副
架梁	14架
导卫盒	23个
导轮	48个
电焊机	2台

4）为了保证上述过程能够顺利推进，车间6S推进办公室统一规划、合理布置，根据各工段特点给其下达相应的任务量，要求各工段必须保质保量完成任务，对于有困难或确实难以解决的问题及时上报车间6S推进办公室，由推进办公室统一协调、解决。

8月23日到26日，公司推进办公室组织相关部门对各样板单位的整理阶段工作情况进行了验收检查与评价。在验收检查过程中，检查小组发现现场变化显著，不要物已基本得到清理，必要物摆放整齐有序，样板单位各处都能使人产生耳目一新的感觉。

整理阶段验收完成后，各样板单位迅速转入第二阶段，开展整顿的工作。

（五）样板单位整顿阶段活动

不要物清理完之后，对剩下来的必要物进行整顿。整顿就是要对所有必要物（备品备件、工具、材料等）进行有序的分类、定置和标识，按照工作空间进行合理布局，按照工作的实际需要，摆放在"伸手可及"、"醒目"的地方，以保证"随用随取"。

再以另一个样板单位——炼钢二车间的整顿阶段活动为例来介绍活动具体做法。

炼钢二车间为了使工作场所一目了然，在整顿阶段，对物品、工具、备品备件和小零件的放置制定了如下方法：

1）对于备品备件首选货架放置，各工段制作货架并且统一油漆（定为蓝色）。对备品备件进行分类，空间重新布局，明确放置位置，画出定位线。二车间采用黄色油漆对分类的备品备件划分区域线。

▶ 整顿前的库房

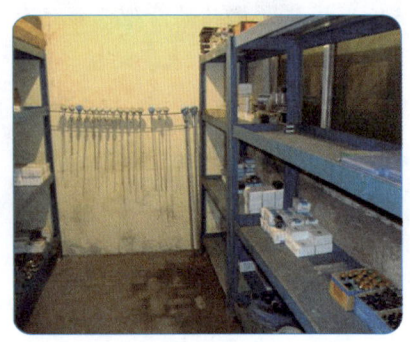

▶ 整顿后的库房

2）对胶圈、挂钩、架子采取挂放，节省了大量空间。

3）重物、大件如电机、减速机、钢坯夹等，划分区域，放置地面。如确定结晶器区、氧枪区、钢材区、拉矫区、冷料区、钢坯夹区等，并且制作标识牌。

▶ 整顿前的天车库房区

▶ 整顿后的天车库房区

4）部分工具采用形迹管理，在地面、墙壁上、桌子、机器旁等地方，按其投影形状绘图或采用嵌入等方法进行定位标识。办公室办公用品、工段办公用品采取投影形状绘图方法进行定位。

5）小物品如螺栓、螺母等分类放置在铁盒、塑料盒等容器内。

6）针对车间内现场散乱的氧气带、水管进行定位放置管理。

以前，九江线材各车间的扳手等工

▶ 工具形迹管理

具放置凌乱,用后随手乱丢,使用时乱找一通,既浪费时间,又容易出错。现在所有设备、工具都有固定位置摆放,产生的废弃物和暂时用不上的工具都不允许出现在生产现场或检修现场,职工眼前清亮,手脚利索,工作效率提高了,差错率也降低了。

▶ 整顿定置前的乙炔瓶

▶ 整顿定置后的乙炔瓶

经过短短两个月的整顿阶段活动,各样板单位变化明显,文明、整洁、高效的生产工作环境令人赏心悦目。备品备件、工具、物料等物品放置得整齐划一。办公室里窗明几净,桌椅、书柜摆放整齐,内部物品也井井有条。

(六)生产现场全面开展6S改善活动

10月下旬,随着样板单位整顿阶段活动的结束,九江线材开始在整个公司全面展开6S活动。九江线材全公司的6S推进不仅整体上是按照清晰的6S各阶段来逐步推进的,而且每个阶段的套路也基本一致。每个阶段初期进行全员培训,接着迅速展开本阶段的现场指导和改善活动,最后进行阶段性检查验收评价。

6S活动中前四个S"整理、整顿、清扫、安全"是以现场改善为主的。下面为其中部分活动的介绍。

1. 积压物资再利用

在推进6S管理前,各分厂、车间私搭乱建小库房,小库房里摆放的物品杂乱无章,一些有用的备件被"埋没"其中,难以有"用武之地"。随着6S活动的开展,各单位都统一规划了库房,各种库存物资都梳理出来,一些有用的旧备件终于重见天日,派上了用场。

为了降低成本,将可修复设备或部件进行修复再利用。对另外一部分旧设备分类后统一拆解并回收,将可用的拆分备件进行分类收集处理,这部分有使用价值的零件拆卸下来组装后继续使用。

6S活动推进仅半年时间全公司就回收备件近两万件,回收废钢、废铁等2000

多吨，查出账外物资总价值达 8000 多万元。不仅车间现场腾出了空间，还避免了过多进货、存货，盘活了物资，为进一步强化成本核算和公司库存统筹管理打下基础。

▶ 清理前的轧钢厂轧机配件　　　　　　▶ 清理后的轧钢厂轧机配件

2. 改造五室两箱

五室两箱分别是指：职工浴室、更衣室、休息室、控制室、交接班室、更衣箱、工具箱。九江线材由于发展太快，前期厂区设计以及各种配套设施严重不足，所以导致职工浴室不足，更衣室、更衣箱缺口较大，许多员工生产维修工具与个人用品混放在一起，更衣箱、工具箱合二为一，员工工作与生活都很不方便。休息室、控制室、交接班室则大都非常简陋，墙面灰暗，办公用具陈旧甚至破损。

▶ 改善前的工具箱　　　　　　▶ 改善后的工具箱

本着让职工受益的原则，九江线材在 6S 推进初期就将"五室两箱"的改造、扩充纳入计划之中，并对此进行了较大数额的投资。在短短不到一年的时间里，他们就完成了如下的现场改善：

1）公司各主要生产单位修补地面和墙面合计面积 26072m^2，改造操作间、会议室、办公室 311 个。

2）公司各生产单位员工自己动手改造工具箱592个，制作新工具箱316个；自己动手改造更衣箱887个，新做更衣箱474个。

3）公司为车间配置五节柜774组，为3870名职工配备了更衣箱。

3. 油漆作战

在6S推进不久，员工们发现即使进行了认真的清扫工作，现场效果仍然和预想还有较大差距。部分原因是因为九江线材现场基础差，机器设备表面油漆脱落，锈迹斑斑；工具柜表面破损，油漆已经见不到本来颜色。在这种情况下，即使清扫工作做得再好，视觉效果也不能达到令人满意的程度。

▶ 整顿后的发电厂水泵房

为了改善这种状况，现场各车间员工在秋季对场所、设施、机器设备进行油漆作战。设备、管道被除锈然后再刷漆，墙壁重新刷上涂料，地面彻底清洁后划上通道线，工具柜经过维修和内部结构改造后进行刷漆翻新，整个生产现场焕然一新。

经过短短几个月的奋战，各生产单位员工参与粉刷工房、厂房、休息室、操作室、工业走梯、栏杆，消耗油漆和涂料8829桶，粉刷面积220725m^2。

4. 自己动手，自主改善

在推进6S活动之初，九江线材就定下了"自己动手，勤俭节约"的原则，能自己动手承担的决不外委，能自己想办法做的决不外购。各单位积极组织职工自己动手制作简易标牌，自己动手制作工具箱、工具架、铁挂钩等放置工具。

在进行现场整理整顿的同时，还对安全隐患和污染源进行了大规模整治。截止到2010年年底，各生产单位自己动手制作各类标识牌14989个，全公司范围内安全隐患治理1581项，污染源治理692项。

5. 现场规范，养成习惯

生产一线的员工在工作过程中，常常将生产性工具、检修用工具、用过的手套、喝水的杯子、手机等物品随意乱放，既影响环境，又存在安全隐患。对此，九江线材把这些小物品都进行了形迹管理，既美观又方便，并制定了相关规范，改变了员工随意乱放的行为。

（七）巩固和提升6S改善成果

随着前四个S的顺利推进，现场有了很大的改善，接着，如何维持和巩固已经取得的成绩成为新的课题。

1. 前4S回头看

在2011年春节前，九江线材完成了前4S的现场改善工作。由于刚刚推进6S仅半年的时间，现场人员还没有形成自主管理的能力，在春节期间，现场6S管理水平略有滑坡。

春节后，为巩固各单位在前四个阶段的成果，促使现场管理在清洁和清扫阶段取得更大的改善和突破，九江线材决定在春节后即刻开展"4S回头看"工作，认清、梳理、解决6S前四个阶段中存在的问题，并为清洁和清扫阶段的迅速推进奠定基础。回头看主要包括十部分内容：

1）现场多余的不要物是否已经拿走，是否建立了处理新的不要物的流程和制度。
2）现场所有的物品是否已经确定了摆放的区域，进行了定置管理。
3）现场的物料、备品备件、更衣箱是否已进行了合理的摆放，并进行了规范标识。
4）现场的管道、阀门、控制柜等是否进行了标识。
5）生产现场目视化管理是否已经建立。
6）清扫的五要素是否已落实到各个班组和岗位。
7）设备的清扫制度、内容和标准是否已落实，污染物是否已经查找并逐步治理。
8）现场危险源是否已进行了认真的辨识和处理。
9）现场安全隐患是否已进行了收集和整改。
10）现场的安全警示提示是否已经到位。

2. 强化6S检查与考核体系

完善检查体系是维持巩固6S现场改善成果的重要武器。通过制定标准与制度，并按此进行检查，及时发现6S推进中的闪光点和存在的不足，使闪光点能及时得到推广应用，不足之处得到及时纠正、改善，确保公司6S管理工作持续、稳定、有效地开展。

九江线材6S检查分为四种：日常红牌作战检查、每周生产副总抽查、旬综合检查、阶段性验收评比检查。

1）日常检查（红牌作战）：公司推进办公室和二级单位几乎每天都进行现场5S检查，对发现的较严重问题下发红牌，限期整改。对未按期整改者进行考核，每月进行落实。每周例会对本周红牌作战的结果进行总结。
2）抽查：每周开展一次由生产副总带队的周抽查，推进办公室、安监处、环保处等各相关部门领导参加，对各单位6S推进工作及现场情况进行抽查，对发现的问题进行考核，对工作创新亮点进行奖励，每周兑现。
3）旬综合检查：每旬一次，由推进办公室牵头组织安监处、环保处等相关部门对各个单位进行6S管理的全面检查，并进行打分。每月进行汇总、排名，对排名靠前者进行奖励，对排名靠后者进行罚款。

4) 阶段性验收评比检查：每一两个月推进一个 S，期末对每个二级单位进行一次验收评比检查，验收通过者转入下一阶段。

3. 宣传造势，强化员工理念改变

为了提升九江线材的 6S 氛围，公司先后举办了演讲比赛、知识竞赛、安全小品大赛、改善成果发布会、6S 示范区成果发布会、6S 主题摄影漫画书法感言大赛等活动。

通过这一系列群众性活动和主题活动的开展，让 6S 理念深入人心，强化管理基础和管理意识，无形之中提高了员工的团队意识和团队精神，逐步形成了良好的工作氛围，员工通过在良好的环境中不断得到熏陶，提升了基本素质。推进办公室通过 6S 管理简报、6S 专刊、黑板报等手段进行宣传，及时报道 6S 管理的工作动态，强化培训、教育和引导，部署推进过程的重点工作，沟通共享信息，介绍各单位工作得失和整改措施。用定点摄影法进行效果对比，用照片进行曝光和推广，使员工对问题点产生共识，统一思想，进一步认识 6S 的实质和 6S 管理的重要性。

四、九江线材 6S 成功实施的关键点

1. "一把手"工程

6S 管理推进工作是"一把手"工程，九江线材 6S 推进工作顺利展开是和公司高层领导的关心、支持和积极参与分不开的。在 6S 推进期间，公司最高领导多次去现场检查、指导 6S 工作，并对 6S 推行工作多次做出指示，对工作中遇到的困难和问题，及时地给予解决。公司生产副总每周都会抽出半天时间到现场进行 6S 推进效果抽查。

6S 是公司生产早调会和公司综合旬调会的重要汇报内容之一，领导在会议上的重要指示，与会的中层领导就会马上进行传达和执行。有了高层领导的关心与参与，各级领导都积极推进甚至直接参与现场活动，领导力转化为了执行力。

2. 6S 管理和专业管理相结合

九江线材是一家规模较大的钢铁企业，在推进 6S 的过程中，如果只依靠推进办公室的几名督导员很难实现预定目标。所以，从一开始，就将安监处、环保处、设备处、电仪处、办公室、监察处等部门纳入到推进体系中来。

由推进办公室统一指挥、统一协调，各职能处室负责制定本专业与推进工作相结合的制度、标准、考核机制。各职能处室拟定的有关制度、标准、考核机制由推进办公室统筹研究确认。

在进行 6S 检查时，有关专业职能部室也参与其中，尤其是与设备、电气、安全等相关领域的检查，这些职能部门的专业能力起着非常大的作用。

反过来，随着 6S 的推进与现场基础管理水平的提升，公司在安全管理、环保管理、备件管理、设备维护等方面的工作也得到带动和促进。

3. 分阶段培训与全员培训

九江线材6S推进过程中，每个S都是一个相对独立的阶段，每一两个月推进一个S。为提高全体员工对6S推进方法的了解，每个阶段开始后都进行一轮本阶段的推进方法培训。每轮都先进行班组长以上的培训，培训结束后，再由这些现场主管在班内或班后对每一名职工进行培训。为了确保每次对全体员工进行6S培训都不走过场，推进办公室和培训科还成立检查小组对培训过程进行监督，对培训效果进行考核。通过全员培训和检查考核，有效提高了员工对6S的认识，使员工都对6S推进的方法和重要性有了深刻的理解。

4. 以计划为指导

6S活动在推进初期就制订了总体规划。每个月，公司推进办公室制定月度指导性计划，每个二级单位都依此制订月度推进计划。每周，公司推进办公室制定周指令性计划，每个二级单位都依此制订详细的周推进计划。

每周六，公司召开由各单位6S分管领导和督导员参加的周例会。会前，各推进单位上交本周总结，总结必须全面、认真。

在周例会上，各单位依次汇报工作，总结上周工作计划完成情况，宣布下周工作计划。通过周例会这种形式，总结上周、计划下周，承前启后，每周一个PDCA循环。

5. 标准、制度和检查考核进行保障

为了确保6S工作能够顺利推进，九江线材公司层面先后制定了一系列标准和制度，比如：《6S整理回库物资的有关规定》《可视化标准》《阶段性验收评比管理办法》《6S管理工作检查评比与考核办法》等。同时，各二级单位也制定了许多具体推进标准与管理办法，比如：《物品放置规范》《现场清扫规范》《6S日常检查管理办法》等。每制定一份标准或制度，就立即予以贯彻执行。为了保证6S的顺利推进和标准制度的有效贯彻，九江线材进行了严格而规范的检查评比与考核。

九江线材在6S启动不久，就进行了规范的日常检查，保证管理活动尽快见到效果。推进办公室组织有关人员定期检查督导，遵照PDCA的管理思路用好正负激励。检查过程中重点抓好6S管理的全面性、彻底性，检查重心放在死角、死面和薄弱环节。对于在6S管理方面做得较好的部门按照规定每月进行奖励，对于检查不过关的部门进行通报批评，并要求及时整改到位。

除了日常检查外，每个阶段推进结束前都会进行阶段性验收评比检查，这种方法更是确保了6S推进的阶段性成果。

五、九江线材6S推进一年取得的成果

经过短短一年的6S管理活动推进，从开始的疑惑、畏难、消极，到后来的积极参与、主动改善，九江线材的员工亲身经历了一次思想的转变，感受了一次变不可能为可能的飞跃。

（一）现场改善

通过持续不断地开展现场6S整治工作，九江线材从主要生产部门到辅助生产部门，从设备到建筑物，从生产现场到办公场所，环境面貌发生了根本变化，各种缺陷和隐患大部分都得到了有效治理。

生产现场环境得到净化，大量的积灰、积尘减少了，生产现场的"脏、乱、差"得到整治；机器设备的跑冒滴漏得到整治，"脏、松、缺、锈"得到改善；厂区整体环境进行了大规模整治，企业形象得到重新塑造。不仅全公司现场整体有了非常明显的改善，更是出现了一批标杆性单位、示范性区域。

漫步在生产现场，处处井井有条。与原来杂乱堆放、满地都是物料和尘土的现场相比较，现在，工具在员工自制的柜架上，摆放有序，标识清晰；设备、管道和仪表上积淀的厚厚的灰尘已经销声匿迹；随意堆放的炮泥、测温管、取样杆得到了定位放置。"不用到处有，用时找不到"的现象得到根本改变，生产现场显得明亮、清洁、整齐和规范。

环境的改善不仅带来视觉美感，也为职工提供了一个安全、整洁的工作环境，还为稳定高效的生产秩序奠定了良好的基础。以前九江线材的客人、客户要到现场参观，现场单位都要提前准备，现在许多单位不必准备就可以直接迎接客户了，因为6S活动已成为员工日常工作的一部分。现在生产现场成为展示公司管理水平的一个窗口。

（二）员工好习惯

事实上，在推进6S管理的初期，面对整理、整顿、清扫等严格的现场管理要求，九江线材的员工们也很不适应。但随着6S管理活动的逐步推进，员工们通过亲自动手营造起一个秩序井然的现场环境、主动改善的工作氛围。他们逐渐看到了好处，尝到了"甜头"。

生产现场发生了质的变化，员工日常行为也变得规范了，营造了"人人积极参与改善，事事遵守工作标准"的良好氛围。不间断地狠抓"6S"显示了强制成习惯、习惯成文化的效果，使员工的素质得到有效提高。

6S活动潜移默化地提高了员工的综合素质，使员工们能自觉做到现场环境干净整洁有序，养成了遵守规定的习惯，认真对待每一件小事。他们从开始时的"不习惯"到如今自觉主动遵守。

（三）员工参与自主改善的主动性和积极性明显增强

在6S活动中，九江线材不仅进行了现场环境改善，也加大了后勤投入，改善员工更衣、洗浴、就餐、如厕环境，提升员工的生活满意度，努力让员工从内心找到家的感觉。员工的抱怨少了，心情舒畅了才会更加积极地投入到生产中去，才能更好地提升员工的凝聚力、改善员工的精神面貌，使企业焕发一种强大的活力。员工有了尊严和成就感，对自己的工作尽心尽力。

随着现场的改善和员工意识的改变，员工尝到了甜头，工作热情高了，劲头

流程型企业5S攻略

更足了，工作变被动为主动，变要我干为我要干，变畏缩不前为积极创新。

（四）锻炼了管理队伍

在迅速推进6S的过程中，公司推进办、各单位都出现了一些有动手能力、培训能力或推动能力的优秀现场主管、6S督导员甚至普通员工。

从整顿阶段开始，现场各单位就开始进行现场问题改善和创意改善，设计便于物品整齐放置的货架、挂架、挂钩等，实现挂放、插放和形迹管理。在随后展开的清扫阶段与安全阶段，现场人员对污染源、跑冒滴漏点和安全隐患点等进行改善。在改善的过程中，涌现出一批有创新思想和动手能力的基层主管和一线员工。

九江线材6S培训采用的是层层培训的传达教育方式，所以，中层主管要对基层一线员工进行全员培训。在培训过程，不少主管或督导员的培训能力得到提升和展现。6S的全员式培训为基层内部培训师的培养提供了机遇。

由于6S推进初期时间紧任务重，需要一部分基层主管或6S推进人员下大力气去抓，在这推进过程中，不仅需要推动现场人员参与活动，还需要与相关部门进行协调，许多人的推动能力和协调能力得到展现和提升。不到一年的时间里，有多名6S推进人员由于表现优秀而得到提升。

案例七　唐山东华钢铁公司6S推进效果

一、唐山东华钢铁公司基本概况

唐山东华钢铁企业集团有限公司成立于2009年，注册资金40000万元，是集烧结、炼铁、制氧、炼钢、轧钢于一体的现代化钢铁企业。

公司地处中国经济发展引擎之一的环渤海经济圈核心地带——河北省唐山市，北依燕山，南濒渤海，毗邻曹妃甸、京唐港、天津、秦皇岛，享有发展钢铁工业得天独厚的资源条件和区位、交通优势。公司占地1300亩，职工2000余人，其中大学本科以上（中级职称以上）专业技术人员530余名。高炉、转炉铁水预处理和炉外精炼、连铸坯热装热送、高效蓄热、平立交替轧制等技术达到行业较高水平。

2012年，面对不乐观的经济形势，公司始终坚信"祸兮福所倚"，视危机为机遇，变压力为动力，以开放性思维、全行业视角，努力延伸产业链，全面转型升级，追加投资，努力实现新的进步和跨越式发展，并适时推行6S管理。

二、短平快推进6S，成效大显

唐山东华钢铁公司6S管理项目自2012年7月5日开始启动，在以总经理为首的公司高层领导下，咨询项目团队与公司推进办公室全面策划和有力推进，各二级单位领导带领全体员工积极参与实施，经过前期调研、文案准备、组织机构成立、项目启动、6S全面推进，现场变化显著，取得了一定的成绩。针对脏、乱、差的现场进行了全面的、大规模的不要物排查判定，并坚决果断地对不要物按流程进行彻底清理，扩大了生产空间，物品有序摆放；同时通过对整理留下来的物品进行现场确认定置，基本实现了"有物必有位、有位必分类、分类必标识、标识必规范"。推进成效得到公司上下的普遍认可。

三、推进的主要方法

（一）始终坚持"一把手"工程

针对推进过程中暴露出的问题和不足，花大力气、下大决心去认真落实和改善，把全公司上下的思想统一到真心实意抓6S推进、实实在在抓6S改善上来；始终坚持抓住"一把手"工程不放松；始终坚持"一把手"参与和践行6S；始终坚持单位主要领导是推行6S成功与否的第一责任人；提高"一把手"的紧迫感和责任感，确保6S巩固和持续提升，从而形成"一把手"抓推进，行动快、力度大。

（二）始终坚持6S管理指导专业管理与之融合

唐山东华钢铁公司严格按照6S管理第一号红头文件《唐山东华钢铁企业集团有限公司关于全面推进6S管理、促进企业快速发展实施方案》的规定，充分发挥6S管理推进委员会对全公司6S管理推行工作监督和领导功能，发挥6S推进办公室的引领和指导作用，对各单位推进工作给予人力、财力、物力上的支持，切实解决推行过程中的重点难点问题。发挥6S推进办公室职能，协调、组织生产设备组、安全保卫组、工程建设组、办公环境组、营销服务组等五个专业推进组，发挥专业管理的作用，解决6S管理推进中的焦点问题。

（三）始终抓住班组这个管理重心

推进一开始就狠抓班组长等骨干分子的培训，注重现场指导，使6S推进有了坚实的基础，实现了自上而下的推进，自下而上的改善，效果很快显现出来，形成了东华钢铁特色的6S管理推进新路子。

（四）充分发挥专业管理部门的指导作用

推进中特别在纵向管理上对二级单位加强指导和检查，如对设备点巡检、"6源"排查治理、交接班制度落实、清扫责任落实等基础性管理认真指导，帮助二级生产单位改善提升。

（五）始终坚持以现场改善为中心

5S管理推进不懈怠、不动摇，将解决现场问题、持续现场改善作为专项活动的重中之重，紧抓现场管理，提升整体形象。

唐山东华钢铁公司6S推进的特点是短、平、快，在实践中总结出的方法和经验适合于中小钢铁企业及机械制造企业借鉴。

流程型企业5S攻略

唐山东华钢铁公司现场改善图片

▶ 1号烧结机

▶ 烧结风机房

▶ 高炉净环水泵房

▶ 炼铁厂高炉水工平台

▶ 烧结作业区（1）

▶ 烧结作业区（2）

Flow-type Enterprise 5S Manual

▶ 库房电缆盘放

▶ 库房导卫架放

▶ 库房备件架

▶ 炼钢管道标识

▶ 炼钢厂旋流井

▶ 炼钢连铸操作现场

239

流程型企业5S攻略

第9章 5S推行成功的经验与案例

▶ 炼钢厂物料摆放（1）

▶ 炼钢厂物料摆放（2）

▶ 炼钢厂现场

▶ 炼钢厂清渣区

▶ 炼钢厂坯料摆放

▶ 炼钢厂辊道

Flow-type Enterprise 5S Manual

▶ 炼钢废钢跨

▶ 氧气厂空分平台

▶ 制氧厂车间

▶ 氧气厂管道

▶ 轧钢厂成品跨

▶ 轧钢厂水泵房

流程型企业5S攻略

▶ 轧钢厂门号标识

▶ 轧钢厂辊加工

ow-type Enterprise 5S Manual

附 录

Appendix A

附录A

钢铁企业现场改善图片

流程型企业5S攻略

附录A 钢铁企业现场改善图片

1. 现场整体照片

▶ 棒材厂（1）

▶ 棒材厂（2）

▶ 氧气厂

▶ 氧气厂内部

▶ 路面标识线（1）

▶ 路面标识线（2）

Flow-type Enterprise 5S Manual

▶ CSP 加热炉

▶ 热轧轧辊间磨床

2. 安全通道与区域线

▶ 安全通道（1）

▶ 安全通道（2）

▶ 高线生产线（1）

▶ 高线生产线（2）

流程型企业5S攻略

附录A 钢铁企业现场改善图片

▶ CSP 轧机现场

▶ 准备间

▶ 钢板区域线定置

▶ 备件区域线定位

▶ 备件区域线

▶ 护栏区域线

Flow-type Enterprise 5S Manual

▶ 工具区域定置

▶ 备件四角定位

▶ 安全通道指向

▶ 清扫车定位

▶ 油桶小车定置

▶ 风机定置

3. 泵房站室

▶ 配电室编号

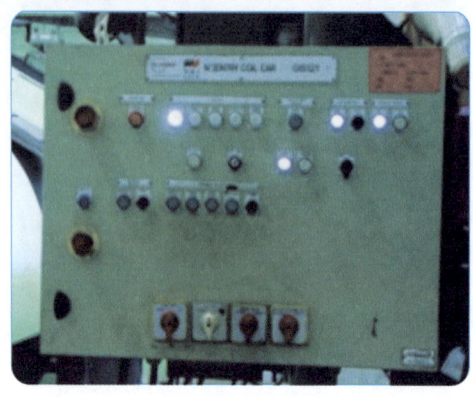
▶ 电源箱标识牌

▶ 配电室电气标牌

▶ 环境优雅的泵房

▶ 电气柜警示线

▶ 配电室全貌

Flow-type Enterprise 5S Manual

▶ 综合泵站操作室

▶ 操作室警示线

▶ 整洁明亮的主控室

▶ 物品放置有序

▶ 键盘四角定位

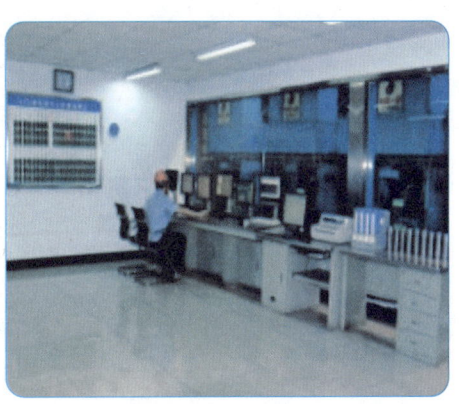
▶ 主控室全貌

流程型企业5S攻略

附录A 钢铁企业现场改善图片

▶ 更衣室

▶ 更衣柜内分类定置

▶ 员工休息

▶ 交接班室

▶ 班组休息室

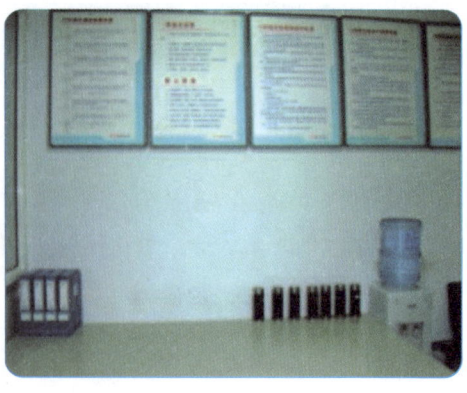

▶ 交接班室整洁有序

Flow-type Enterprise 5S Manual

▶ 标识清晰的液压站

▶ 干净明亮的液压站

▶ 库房划线定置

▶ 库房区域线

▶ 巴润矿业备件库

▶ 热轧厂备件库

4. 备件架物品架

▶ 发动机零件储存架

▶ 直流电动机转子放置架

▶ 轧辊架

▶ 库房货架

▶ 库房货架

▶ 特制重物放置架

Flow-type Enterprise 5S Manual

▶ 备件架

▶ 插件架

▶ 捣打料定容管理

▶ 倒链挂放

▶ 挡渣球定位

▶ 备件上架存放

流程型企业5S攻略

附录A 钢铁企业现场改善图片

▶ 电机架放

▶ 油漆涂料分区放

▶ 备件盘放

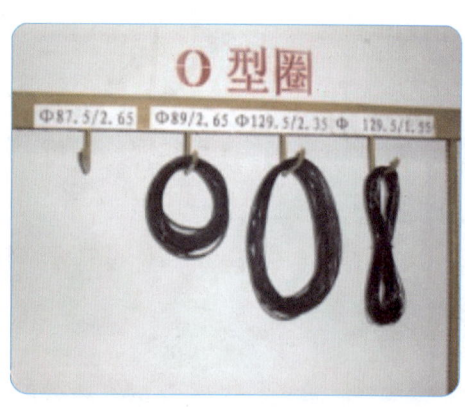

▶ O型圈挂放

▶ 备件立体放置

▶ 备件定置标识

Flow-type Enterprise 5S Manual

▶ 液压缸分层架放

▶ 备件架放标识

▶ 备件区域管理

▶ 库房电机架放

▶ 物资公司基建库

▶ 成品分区放置

流程型企业5S攻略

附录A 钢铁企业现场改善图片

▶ 电修车间成品区

▶ 矿山供应部材料库

5. 工具摆放

▶ 工具挂板（1）

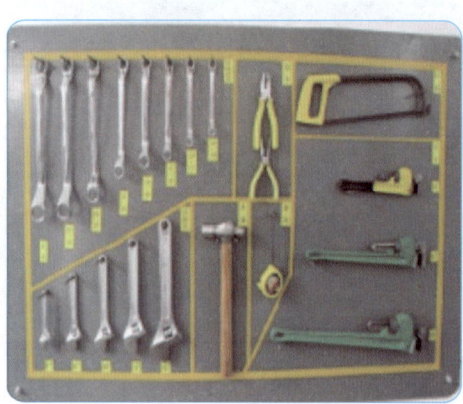

▶ 工具挂板（2）

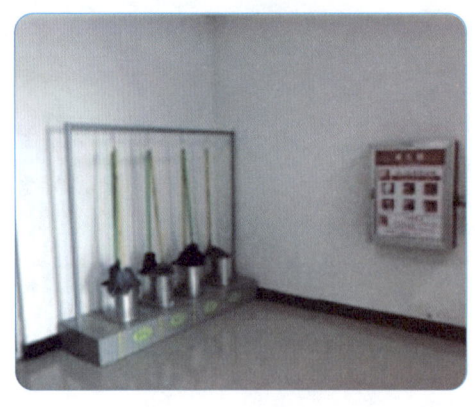

▶ 清扫工具摆放（1）

▶ 清扫工具摆放（2）

Flow-type Enterprise 5S Manual

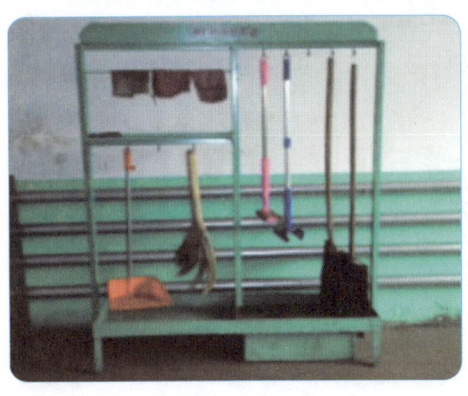
▶ 多功能工具架

▶ 带锁的工具架

▶ 工具小车

▶ 工具编号管理

▶ 工具标识管理

▶ 工具定置管理

流程型企业5S攻略

附录A 钢铁企业现场改善图片

▶ 工具形迹管理

▶ 工具分类放置

6. 管线放置

▶ 风管带的转轮

▶ 风管、气焊带的转轮

▶ 气焊流动作业台架

▶ 风管盘架

Flow-type Enterprise 5S Manual

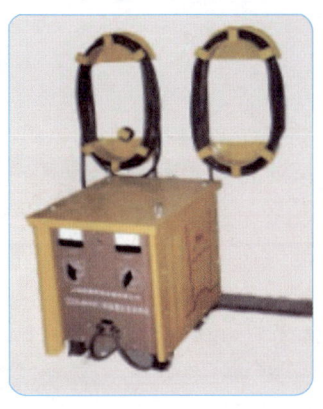
▶ 电焊机定置存放

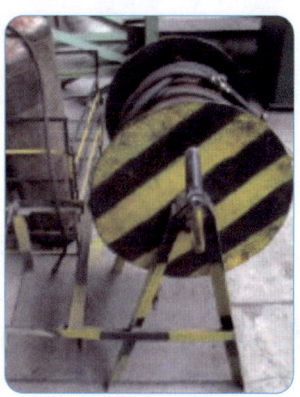
▶ 风管盘架

7. 安全帽放置

▶ 安全帽挂放（1）

▶ 安全帽挂放（2）

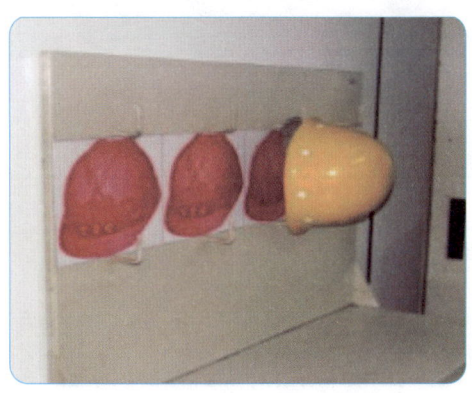
▶ 安全帽挂放（3）

▶ 安全帽与鞋分类分层定置

流程型企业5S攻略

附录A 钢铁企业现场改善图片

▶ 安全帽与水杯综合架

▶ 安全帽定位定人

▶ 安全帽、水杯等定置管理

▶ 安全帽等分层分类放置

8. 看板展示

▶ 综合看板

▶ 5S活动看板

Flow-type Enterprise 5S Manual

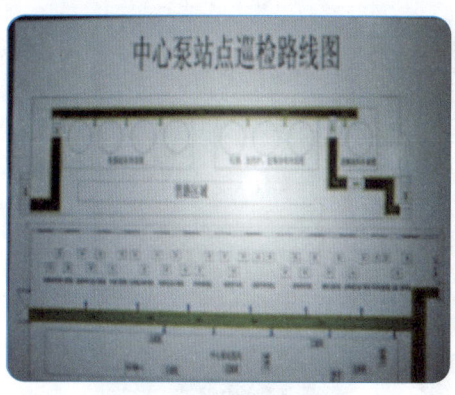

▶ 巡检线路看板

▶ 5S 管理宣传板

▶ 工艺流程看板

▶ 棒材 5S 管理介绍

▶ 5S 管理看板

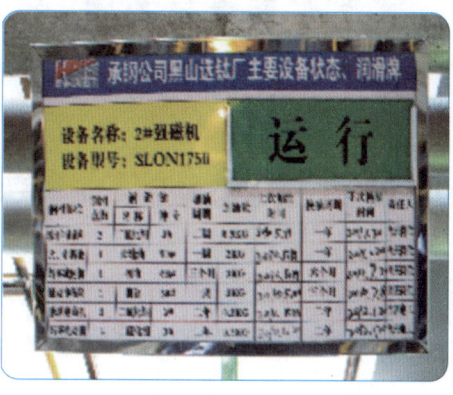

▶ 维护保养管理看板

流程型企业5S攻略

附录A 钢铁企业现场改善图片

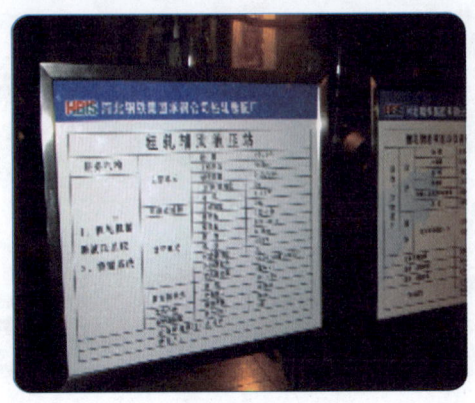

▶ 点检管理看板

▶ 宣传看板

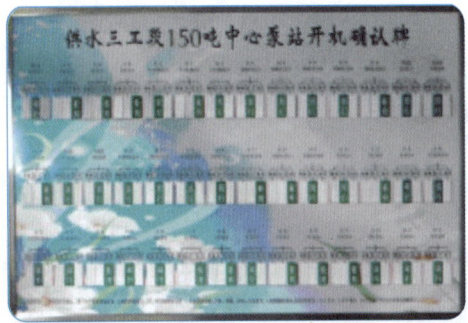

▶ 设备状态看板

▶ 炼铁厂宣传看板

9. 安全警示标牌

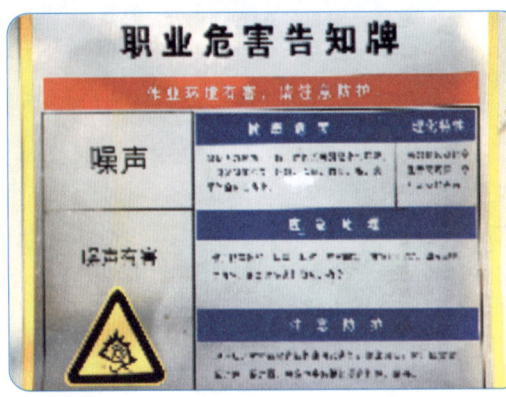

▶ 职业危害提示

▶ 警示牌组合

Flow-type Enterprise 5S Manual

▶ 斑马线警示

▶ 自制警示牌

▶ 关键设备警示

▶ 危险区域警示

▶ 危险气体警示牌

▶ 警示标识组合

流程型企业5S攻略

附录A　钢铁企业现场改善图片

▶ 煤气报警提示

▶ 灭火器标识定置

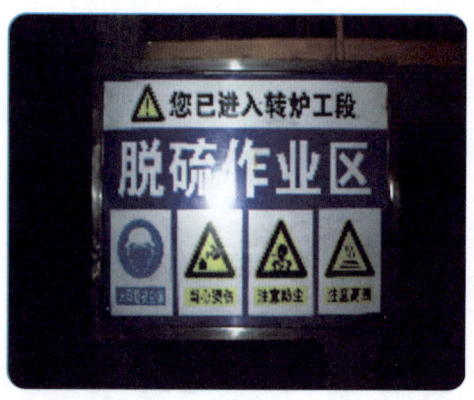

▶ 区域标识与警示标识

▶ 警示标识

▶ 警示标识综合牌

▶ 警示与提示标识

Flow-type Enterprise 5S Manual

10. 操作牌与钥匙牌

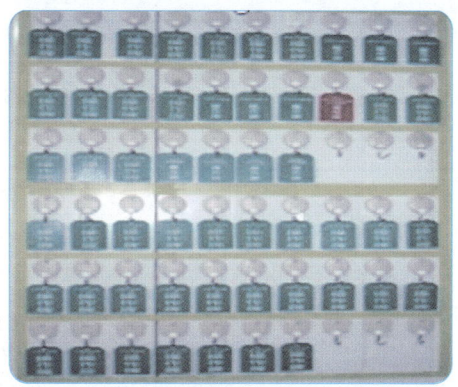
▶ 操作牌管理

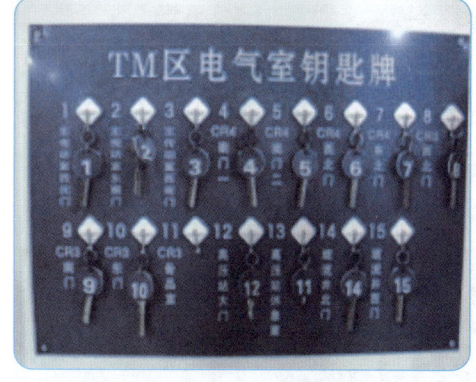
▶ 钥匙牌挂板

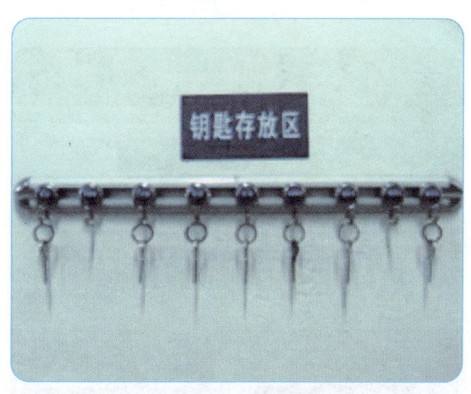
▶ 钥匙挂放

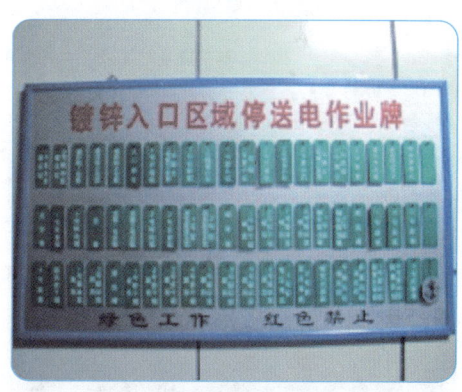
▶ 送电作业牌

11. 料斗垃圾斗

▶ 垃圾斗定置

▶ 垃圾箱定置

12. 标　识　牌

▶ 热轧二部

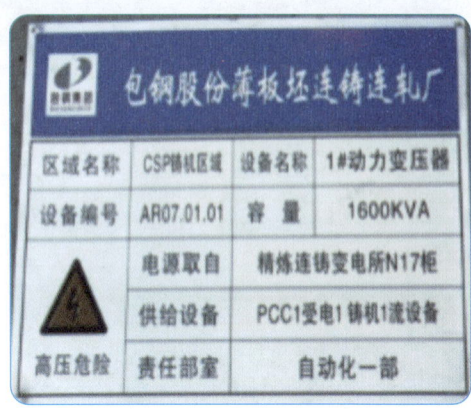
▶ 薄板厂设备标牌

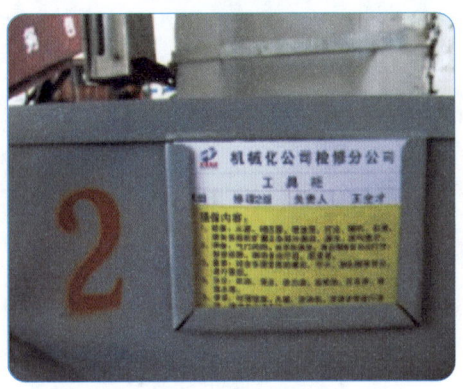
▶ 工具柜标牌

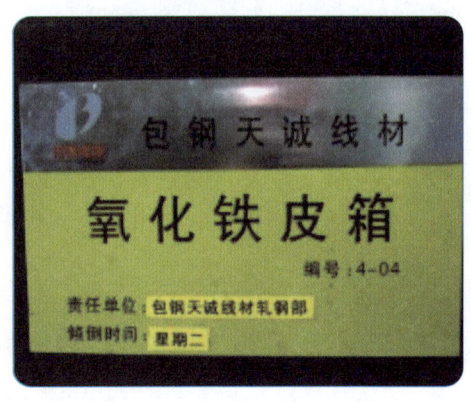
▶ 废料箱标牌

▶ 露天钢材库指示标牌

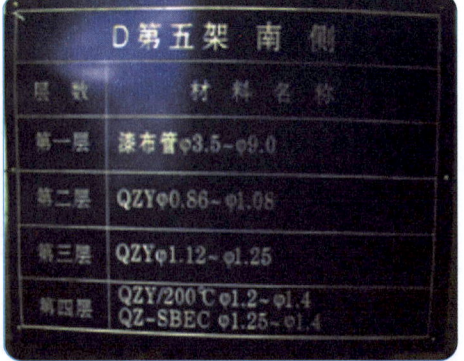
▶ 库房货架标识

Flow-type Enterprise 5S Manual

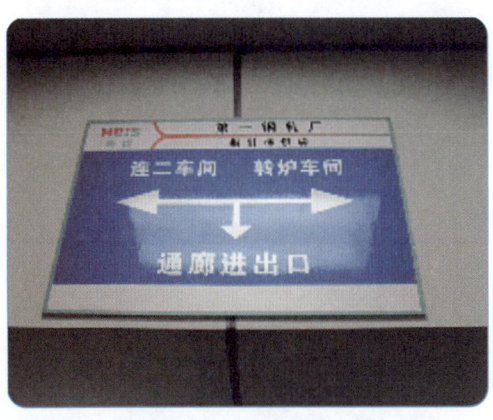
▶ 区域标识与指向标识

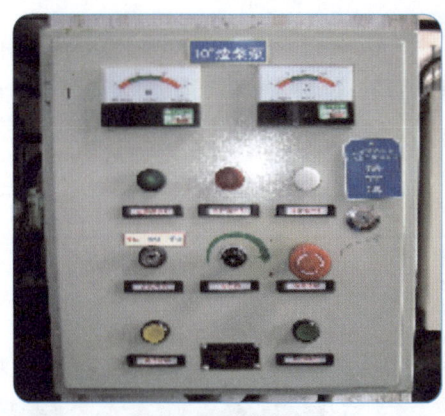
▶ 操作柜标识

13. 阀　门

▶ 阀门综合标识

▶ 阀门开关标牌

14. 管道标注

▶ 热电厂

▶ 泵房

流程型企业5S攻略

附录A 钢铁企业现场改善图片

15. 定置管理图

▶ 热轧部轧辊间定置图

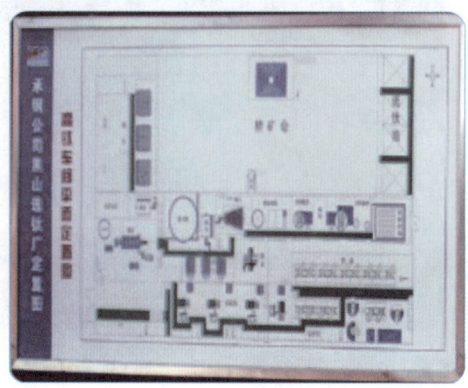
▶ 高钛车间平面定置图

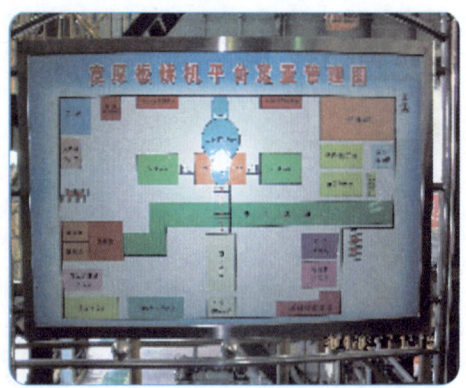
▶ 铸机平台定置图

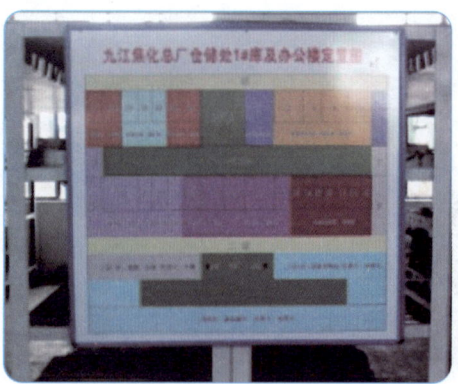
▶ 库房定置管理图

16. 编号标牌

▶ 厂区大门编号

▶ 设备编号

▶ 设备编号

▶ 成品编号管理

▶ 盖板编号标识

▶ 通道指向线

17. 限 位 标 识

▶ 仪表限位标识

▶ 限位标识

流程型企业5S攻略

18. 定置定位照片

附录A 钢铁企业现场改善图片

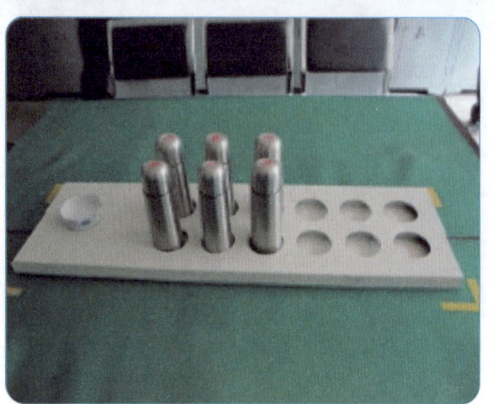
▶ 水杯定置

▶ 电话定置

▶ 铁口摆动沟挂放

▶ 异形吐丝管架

▶ 制点检钟表

▶ 设备关键部位标识

Flow-type Enterprise 5S Manual

19. 办公室改善对比照片

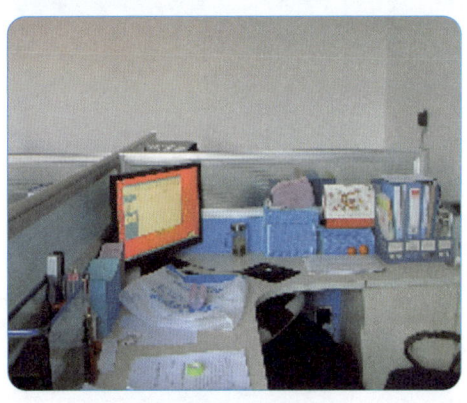
▶ 改善前的办公桌

▶ 改善后的办公桌

▶ 改善前的文件柜

▶ 改善后的文件柜

▶ 改善前的桌面

▶ 改善后的桌面

流程型企业5S攻略

附录A 钢铁企业现场改善图片

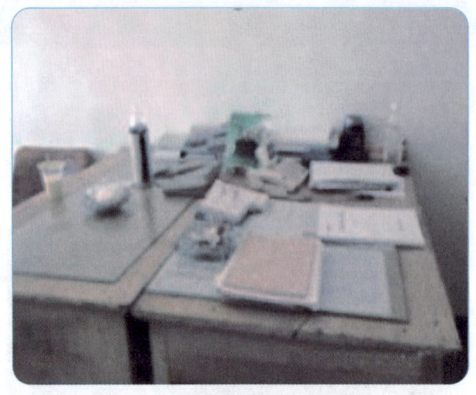

▶ 改善前的桌面

▶ 改善后的桌面

▶ 改善前的办公室资料柜

▶ 改善后的办公室资料柜

20. 办公室改善照片

▶ 定置有序、标识清晰

▶ 集中办公、放置统一

Flow-type Enterprise 5S Manual

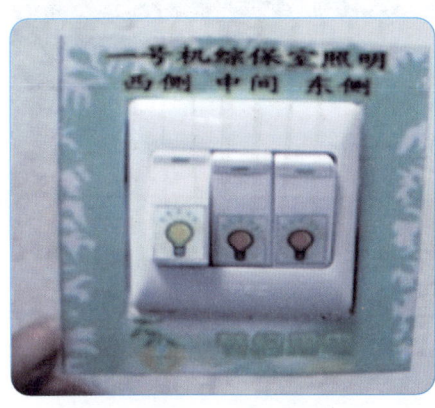

▶ 多个开关标识

▶ 单个开关标识

▶ 办公室衣架标识、抹布定位

▶ 文件分类标识

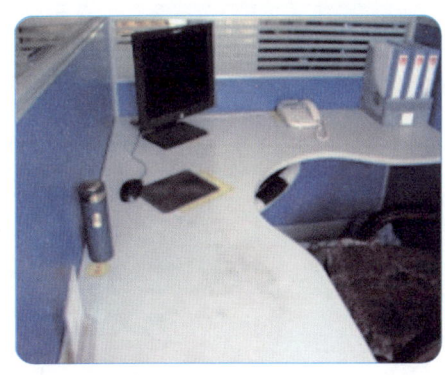

▶ 办公桌隐形标识

▶ 办公室岗位标签管理

流程型企业5S攻略

附录A 钢铁企业现场改善图片

▶ 文件管理规范整齐

▶ 文件使用色彩管理

▶ 简易工具架

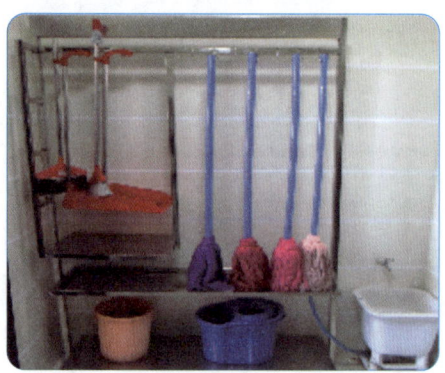

▶ 综合工具架

Appendix B

附录 B

5S管理知识测试题

流程型企业5S攻略

5S 管理知识测试题

单位：　　　　　　　姓名：　　　　　　　得分：

一、选择题（每题 2 分，共 10 分）

1. 区分要与不要的物品，保留要的物品，将不要的物品坚决清理出工作现场，属于 5S 中的（　　）。
   A. 清扫　　　B. 整理　　　C. 整顿　　　D. 清洁
2. 5S 中（　　）阶段重在使现场消除跑冒滴漏现象。
   A. 清扫　　　B. 清洁　　　C. 整理　　　D. 整顿
3. （　　）是 5S 对重要活动进行定期检查时所用的表格，是 5S 活动执行进度的标准。
   A. 检查表　　B. 红牌　　　C. 整改单　　D. 清扫标准表
4. 清扫活动除明确清扫责任人外，还要明确（　　）。
   A. 检查人员　B. 一把手　　C. 维修人员　D. 专职清洁人员
5. 对现场某问题点改善进行前后对比的方法是（　　）。
   A. 红牌作战　B. 定点摄影法　C. 抽屉法　　D. 可视化管理

二、填空题（每题 2 分，共 30 分）

1. 整顿四定原则包括：定____、定____、定____和定____。
2. 清扫包括____清扫、____清扫和____清扫，对设备的清扫就是____。
3. 清洁阶段的主要工作有维持 3S（整理、整顿、清扫）改善成果，将前 3S 工作进行____、____、____。
4. 现场标识大致分四类，它们是_____、_____、_____和名示牌。
5. 污染源治理的两个主要方面是_____和_____。
6. 整顿的三要素为_____、_____和_____。
7. 在 5S 现场找到问题，通过悬挂_____，让大家都明白并积极去改善，从而达到整理、整顿目的。
8. 改善提案是发动员工，针对____、____、____的问题提出解决方案的活动。
9. 可视化的目的主要有_____、_____、_____、_____等 4 点。
10. 清扫的 7 要素包括____、____、____、____、____、____和_____。
11. 形迹管理最适合对_____的管理。
12. 标识牌准确表述应包括：_____、_____、_____、_____和_____。
13. 整顿的要领是要做到：_____，_____，_____，_____。

14. 办公室文件管理一般采用_____、_____、_____的方法。
15. 定置管理主要是处理_____、_____、_____的关系。

三、简答题（每题 4 分，共 20 分）

1. 5S 指的是什么？分别说明每个 S 的含义是什么？

2. 整理的步骤有哪些？整理后的物品如何处理？

3. 清扫工具如何管理？

4. 简述推行 5S 过程中"一把手"的作用。

5. 5S 管理推进分哪四个阶段？每个阶段的主要工作是什么？请予以简要说明。

流程型企业5S攻略

四、案例题（每题10分，共20分）

案例一：某钢厂备件仓库内部堆放物品杂乱，无法分清型号。仓库管理人员也难以说清楚某种规格物品的位置，寻找时间较长。有的备件已经无法使用，落满了蜘蛛网和灰尘。仓库还存放私人自行车等物品。

请分析以上案例，若这个仓库用5S标准进行管理，指出存在哪些不符合项？并制定对这个仓库的5S活动改善方案。

案例二：某生产现场扫地工具随便丢弃，冲水胶管随地乱放，电焊机、小车用完后随意放置，给人一种"乱"的感觉。

请分析以上案例：

1. 按照5S的要求，上述哪些问题没有按5S要求做好？
2. 对上述每个问题应该如何改善，逐一进行描述。
3. 用什么方法避免类似问题再次发生？

五、问答题（共20分）

请分析你所在单位的5S现状，目前存在哪些问题？怎样制定对策？运用哪些工具去解决？（不少于500字）

参 考 文 献

[1] 大西农夫明. 图解5S管理实务 [M]. 高丹, 译. 北京: 化学工业出版社, 2009.
[2] 唐苏亚. 5S活动推行与实施 [M]. 广州: 广州经济出版社, 2012.
[3] 李安纲, 赵晓鹏. 弟子规 [M]. 北京: 中央编译出版社, 2010.